사회복지사가 꼭 알아야 할
취약계층 고용

편저: 김종석

고령자고용 · 여성근로자고용 · 외국인고용 · 장애인고용

법문 북스

머리말

최근 다양한 계층을 지원하는 고용정책이 많이 나오고 있습니다. 그 중에서도 고용 취약계층에 대한 정책이 많이 나오고 있습니다. 고용 취약계층은 「자신에게 필요한 사회서비스를 시장가격으로 구매하는 데 어려움이 있거나 노동시장의 통상적인 조건에서 취업이 특히 곤란한 계층」을 말합니다. 대표적으로는 고령자, 여성, 외국인, 장애인 등을 들 수 있습니다.

고령자에 대한 고용지원은 고령자 및 준고령자가 합리적인 이유 없이 연령을 이유로 고용차별을 금지하고, 그들이 능력에 맞는 직업을 가질 수 있도록 지원하고, 고령자 등의 고용독려 및 고용안정을 목적으로 하고 있습니다.

여성에 대한 고용지원은 여성근로자의 신체적·생리적인 특성을 고려하여 근로환경에서 보호를 받게끔 지원하고 있습니다. 특히 결혼, 임신, 출산 등을 이유로 경력이 단절되는 여성들이 다시 사회로 복귀할 수 있도록 돕고 있습니다.

외국인은 대한민국에서 취업하기 위해 취업활동을 할 수 있는 체류자격을 받아야 합니다. 그리고 외국인의 취업활동은 체류자격에서 정해진 범위에 한정됩니다. 취업이 가능한 체류자격으로 입국한 외국인근로자는 외국인등록을 해야 하며, 그 체류자격과 체류기간 내에서 취업활동을 할 수 있습니다. 그러나 외국인근로자도 노동기본권과 사회적 기본권을 보장받으며, 노동 관련 권리가 침해된 경우 권리구제절차를 통해 침해된 권리를 회복시킬 수 있습니다.

장애인에 대한 고용지원은 장애인이 그 능력에 맞는 직업생활을 통하여 인간다운 생활을 할 수 있도록 사업주의 장애인 고용의무 및 고용 시 지원에 관한 내용을 담고 있습니다.

이처럼 이 책은 위에서 설명한 고령자, 여성, 외국인, 장애인과 같은 고용 취약계층에 대한 고용지원 정책을 일반인도 알기 쉽게 정리한 책입니다. 간단한 개념과 고용지원을 받기 위한 절차를 상세하게 설명하였습니다.

　그리고 이 책은 사회복지사와 관련 업종에 근무하는 사람뿐만 아니라 일반인도 볼 수 있게 하기 위해 다양한 사례를 수록하였습니다. 그래서 고용지원과 관련된 어려움이 있는 분들에게 많은 도움이 되리라고 생각합니다.

　아무쪼록 이 책이 일반인이 고용취약계층 고용지원을 이해하는 데 미력하나마 도움이 되기를 바라며, 이 책이 만들어지기까지 도움을 주신 법문북스 김현호 대표님과 편집진에게 감사의 말씀을 전하고 싶습니다.

2021. 05월
편저자

목 차

제1장 고령자 고용

제2장 여성근로자 고용

하면 퇴사하여야 한다는 규정이 있었습니다. 취업으로 가계가 안정되면 임신을 계획할 생각이었던 지라 이러한 근무조건이 도저히 이해가 가지 않습니다. 명백한 차별행위 아닌가요? ··· 48

제3장 외국인 고용

고령자 고용

제1장 고령자 고용

제1절 고령자 고용이란?

1. 고령자의 기준

- "고령자"란 55세 이상인 사람을 말합니다.
- "준고령자"란 50세 이상 55세 미만인 사람을 말합니다.

2. 「고령자 고용 콘텐츠」 소개

1) 고령자 고용 콘텐츠 제공 정보(분야)

「고령자 고용」 콘텐츠에서는 고령자를 고용하는 사업주에 대한 지원 중 다음의 법령정보를 제공합니다.

분야	세부내용
고령자 고용 개요	고령자란?
고령자 고용 지원	■ 고용창출 지원 ■ 직업능력개발 지원 ■ 고용유지 지원 ■ 고용연장 지원 ■ 근로시간 단축 지원 ■ 고용안정 컨설팅비용 지원 등 ■ 고용환경개선자금 융자
사업주 의무	■ 우선고용의무 ■ 고용노력의무 ■ 정년제도 ■ 고령자 차별금지의무 ■ 위반 시 제재

2) 그 밖의 고령자 관련 법령정보 제공

그 밖에 이 사이트에서 제공 중인 고령자 관련 법령정보는 다음과 같습니다.

노인복지	퇴직급여제도
■ 경제적 도움 받기 ■ 일자리 구하기 ■ 복지서비스 이용하기 ■ 건강지키기 ■ 안전한 노후보내기	■ 퇴직급여 중간정산 ■ 퇴직급여 지급 ■ 퇴직급여 미지급 시 구제방법

Q. 저는 상시 300명 이상의 근로자가 있는 사업장의 사업주입니다. 일정한 비율의 고령자를 고용해야 할 의무가 있다고 합니다. 법적으로 고령자는 누구를 말하는 것인가요?

A. 「고용상 연령차별금지 및 고령자고용촉진에 관한 법률」에 따르면 "고령자"란 55세 이상의 사람을 말합니다.

◇ 고령자의 개념

☞ 「고용상 연령차별금지 및 고령자고용촉진에 관한 법률」에서는 인구와 취업자의 구성 등을 고려하여 취업 및 고용에 대한 지원이 필요한 고령자 및 우선고용직종에의 우선고용 등의 지원을 받을 수 있는 준고령자의 개념을 정하고 있습니다.

· "고령자"란 55세 이상인 사람을 말합니다.

· "준고령자"란 50세 이상 55세 미만인 사람을 말합니다.

제2절 고령자 고용 지원

1. 고용독려 지원

1) 고용창출 지원

(1) 지원 개요

고용창출을 위한 지원은 다음과 같이 실시합니다.

① 대상자

실업자를 피보험자로 고용하여 신규 고용을 창출하는 사업주

② 지원유형 및 요건

■ 일자리 함께하기 지원

다음 중 어느 하나에 해당하는 방법으로 실업자를 고용함으로써 근로자 수가 증가하는 일자리 함께하기를 실시하는 사업주에게 증가된 근로자의 임금의 일부, 근로시간이 감소된 근로자의 임금의 일부 및 일자리 함께하기에 필요한 시설 설치비의 일부를 지원

가. 주 근로시간 단축: 주 근로시간을 단축한 경우

나. 실 근로시간 단축: 주 평균 초과근로시간을 2시간 이상 단축한 경우

다. 교대근로 개편: 교대제를 새로 실시하거나 조를 늘려 실시한 경우

라. 일자리 순환: 30일 이상 유급휴가 부여 등으로 빈 일자리가 발생한 경우

■ 국내복귀기업 고용 지원: 국내복귀기업 고용 지원 사업 참여를 승인받은 기업의 사업주가 승인 통보일이 속한 다음 달부터 3개월이 경과된 이후 매 3개월 마다 그 기간의 월평균 근로자수가 사업 참여 신청을 한 날이 속한 달의 직전 3개월간의 월평균 근로자수 보다 1명 이상 증가한 경우

■ 신중년 적합직무 고용 지원: 신중년 적합직무 고용 지원 사업 참여를 승인받은 사업주가 신중년 적합직무에 고령자 또는 준

고령자인 실업자를 고용하여 3개월간 고용을 유지한 경우

③ 지원기준
- 일자리 함께하기 지원: 실근로시간단축, 교대근로 개편, 일자리 순환
  가. 증가한 근로자 수 1명에 대해 다음과 같이 매 3개월 마다
  1년을 한도로 지원(제조업인 우선지원대상기업 및 중견기
  업은 2년을 한도로 지원)

구분	연간총액	3개월 지급액
우선지원대상기업	960만원	240만원
중견기업대규모기업	480만원	120만원

나. 주 근로시간 단축
「근로기준법」 개정에 따른 법정시행일에 맞추어 근로시간을
단축한 기업

구분	지원기간	지원수준
신규채용 지원	1) 500인 초과 기업 – 1년간 2) 300인-500인 기업 　제조업: 2년 　비제조업: 1년 3) 300인 미만 기업 　제조업 : 2년 　비제조업 : 1년	1) 500인 초과 기업 　– 60만원 2) 500인 미만 기업 　제조업: 80만원 　비제조업: 60만원 3) 300인 미만 기업 　제조업·비제조업: 80만원
임금감소액 보전지원	1) 500인 이하 제조업 및 특례 제외업종 : 2년간 2) 비제조업종 : 1년간	– 근로자 1명당 최소 월10만원 부터 최대 월 40만원을 한도로 지원

다. 「근로기준법」 개정에 따른 법정시행일보다 근로시간을 6
개월 이상 선제적으로 단축한 기업

구분	지원기간	지원수준
신규채용 직원	1) 300명 이상 기업 총2년간 지원 2) 300명 미만 기업 법정시행일까지 지원 제조업 및 특례제외업종: 최소 2년간 지원 그 밖의 업종: 최소 1년간 지원	1) 300명 이상 기업 - 법정시행일까지 월 60만원 지원 - 법정시행일 이후 월40만원 지원 2) 300명 미만 기업 - 법정시행일까지 월 100만원 지원 - 법정시행일 이후 월80만원 지원
임금감소액 보전지원	- 법정시행일까지 지원 - 제조업 및 특례제외업종: 최소 2년간 지원 - 그 밖의 업종: 최소 1년간 지원	- 근로자 1명당 최소 월10만원부터 최대 월 40만원을 한도로 지원

■ 국내복귀기업 고용 지원: 증가한 근로자 수 1인에 대하여 다음의 구분과 같이 매 3개월 마다 2년을 한도로 지급

구분	연간총액	3개월 지급액
우선지원대상기업	720만원	180만원
중견기업	360만원	90만원

■ 신중년 적합직무 고용 지원: 신규 고용한 근로자 수 1인에 대해 다음과 같이 매 3개월 마다 1년을 한도로 지원

구분	연간총액	3개월 지급액
우선지원대상기업	960만원	240만원
중견기업	480만원	120만원

■ 고용촉진장려금: 신규 고용한 근로자 수 1인에 대해 다음과 같이 매 6개월 마다 지급

구분	연간총액	3개월 지급액
우선지원대상기업	720만원	360만원
중견기업	360만원	180만원

④ 지원제외

- 국가, 지자체, 공공기관
- 부동산업, 일반유흥 주점업, 무도유흥 주점업, 그 밖의 주점업, 그 밖의 갬블링 및 베팅업, 무도장 운영업 등을 영위하는 사업주
- 임금 등을 체불하여 명단이 공개중인 사업주
- 고용창출장려금 지급대상자를 고용한 사업주가 해당 근로자의 이직(해당 사업주가 해당 근로자를 고용하기 전 1년 이내에 이직한 경우에 한정. 이하 같음) 당시의 사업주와 같은 경우(해당 근로자를 우선적으로 고용한 경우와 일용근로자로 고용하였던 근로자를 기간의 정함이 없는 근로계약을 체결하여 다시 고용한 경우는 제외)
- 고용창출장려금 지급대상자를 고용한 사업주가 해당 근로자의 이직 당시의 사업과 관련되는 사업주인 경우로서 다음에 해당하는 경우
  가. 이직 전 사업이 인수·합병·분할된 경우: 인수·합병·분할된 사업의 사업주인 경우
  나. 이직 전 사업의 사업주와 다른 사업의 사업주가 어느 한쪽의 발행주식이나 출자지분의 30% 이상을 소유하고 있는 관계에 있는 경우: 그 다른 사업의 사업주인 경우
  다. 이직 전 사업의 시설·설비나 그 임차권을 유상이나 무상으로 양도받은 사업주인 경우
  라. 이직 전 사업과 자본·자금·인사·사업의 내용에서 밀접한 관계가 있는 등 양 사업 간에 실질적인 동일성이 인정되는 사업의 사업주인 경우
  마. 그 밖에 이직 전 사업주와 밀접한 관련성이 있다고 인정되는 사업주인 경우

※ "우선지원대상기업"이란 산업별로 상시 사용하는 근로자수가 다음의 기준에 해당하는 기업을 말합니다.

산업분류	분류기호	상시 사용하는 근로자 수
1. 제조업[산업용 기계 및 장비 수리업(34)은 그 밖의 업종으로 봄]	C	500명 이하
2. 광업	B	
3. 건설업	F	
4. 운수업	H	
5. 정보통신업	J	
6. 사업시설관리 및 사업지원 서비스업[부동산 이외 임대업(76)은 그 밖의 업종으로 봄]	N	300명 이하
7. 전문, 과학 및 기술 서비스업	M	
8. 보건업 및 사회복지 서비스업	Q	
9. 도매 및 소매업	G	
10. 숙박 및 음식점	I	
11. 금융 및 보험업	K	200명 이하
12. 예술, 스포츠 및 여가관련 서비스업	R	
13. 그 밖의 업종		100명 이하
업종의 구분 및 분류기호는 통계청장이 고시한 한국표준산업분류에 따름		

※ "대규모기업"이란 우선지원대상기업이 아닌 모든 기업을 말합니다. 다만, 일자리 함께하기 지원, 국내복귀기업 고용 지원, 신중년 적합직무 고용 지원, 정규직 전환 지원, 워라밸일자리 장려금 중 간접노무비 지원, 일·가정 양립환경개선 지원의 경우에는 우선지원대상기업과 중견기업(규제 「중견기업 성장촉진 및 경쟁력 강화에 관한 특별법」 제2조의 중견기업 범위에 해당하는 기업을 말함)이 아닌 기업을 말합니다.

(2) 지원 신청 및 처리
  - 고용창출 지원사업에 참여하려는 사업주는 다음의 서류를 관할 지방고용노동관서에 제출해야 합니다.
    ① 고용창출장려금 참여신청서
    ② 고용창출장려금 사업계획서(사업자등록증 등 제반서류를 첨부해야 함)

- 다만, 주 근로시간 단축의 방법으로 고용창출 지원사업에 참여하려는 경우는 서류를 제출하지 않아도 됩니다.
- 고용창출장려금 지원을 받으려는 사업주는 다음에 따라 관할 지방고용노동관서에 신청해야 합니다.

지원 유형	신청기간	제출서류
일자리 함께하기 지원(시설·설치비 및 인프라구축에 대한 지원은 제외)	해당 제도의 도입·시행일이 속한 달의 다음 달부터 3개월 마다	■ 고용창출장려금 지급신청서 ■ 해당 고용창출장려금 지급대상자의 근로계약서, 월별임금대장, 임금지급증빙서류 ■ 해당 제도 도입을 증명할 수 있는 서류(도입 전후의 취업규칙, 단체협약, 근로자 동의서, 노사협의회 회의록 등) ■ 해당 업무로 발생한 업무와 그 업무에 대한 관리·지원업무에 종사하는 근로자가 속하는 부서의 해당 제도 도입 전후 근로자수를 확인 할 수 있는 서류 ■ 해당 제도로 발생한 업무와 그 업무에 대한 관리·지원업무에 종사하는 근로자가 속하는 부서의 실근로시간을 확인할 수 있는 증명서류(전자카드, 지문인식, 타임레코드 등 전자·기계적 방식으로 기록된 자료만 인정) ■ 임금감소액 보전 지원금을 받으려는 경우 해당 근로자의 종전의 근로계약서와 해당 제도 도입 전후의 임금지급내역 및 사업주 보전임금 내역을 확인할 수 있는 증명서류
신중년 적합직무 고용 지원	해당 지원 대상 근로자를 고용한 날이 속하는 달의 다음 달부터 3개월 마다	■ 고용창출장려금 지급신청서 ■ 해당 고용창출장려금 지급대상자의 근로계약서, 월별임금대장, 임금지급증빙서류
국내복귀기업 고용 지원	사업계획서 승인 통보일이 속한 달의 다음 달부터 3개월이 경과된 이후 3개월 마다	■ 고용창출장려금 지급신청서 ■ 해당 고용창출장려금 지급대상자의 근로계약서, 월별임금대장, 임금지급증빙서류

- 처리절차
  ① 고용창출장려금 사업 참여 신청(사업주)
  ② 심사(고용장려금 지원 사업 승인 심사위원회)
  ③ 결정 및 승인(지방고용노동관서)
  ④ 고용창출장려금 사업 실시(사업주)
  ⑤ 고용창출장려금 지급 신청(사업주)
  ⑥ 지급 결정 및 통지(지방고용노동관서, 14일 이내)

2) 직업능력개발 지원

(1) 지원 개요

직업능력개발을 위한 지원은 다음과 같이 실시합니다.

① 대상자

고령자 또는 준고령자인 피보험자의 직업능력을 개발·향상시키기 위해 직업능력개발 훈련을 실시하는 사업주

② 훈련유형

가. 피보험자를 대상으로 실시하는 직업능력개발 훈련

나. 피보험자가 아닌 자로서 해당 사업주에게 고용된 자를 대상으로 실시하는 직업능력개발 훈련

다. 해당 사업이나 그 사업과 관련되는 사업에서 고용하려는 자를 대상으로 실시하는 직업능력개발 훈련

라. 직업안정기관에 구직등록한 자를 대상으로 실시하는 직업능력개발 훈련

마. 해당 사업에 고용된 피보험자에게 유급휴가를 주어 실시하는 직업능력개발 훈련으로서 다음의 어느 하나에 해당하는 훈련

  - 우선지원대상기업의 사업주나 상시 사용하는 근로자 수가 150명 미만인 사업주(이하에서 "우선지원대상기업사업주 등"이라 함)가 해당 근로자를 대상으로 계속하여 5일 이상의 유급휴가를 주어 20시간 이상 실시하는 훈련

- 우선지원대상기업사업주등이 해당 근로자를 대상으로 계속하여 30일 이상의 유급휴가를 주어 120시간 이상의 실시하면서 대체인력을 고용하는 훈련
- 우선지원대상기업사업주등으로서 고용유지지원금의 지급 대상에 해당하는 사업주 또는 「고용위기 지역 지정 고시」(고용노동부고시 제2020-72호, 2020. 3. 16. 발령, 2020. 4. 5. 시행)에 따른 업종이나 지역에 해당하는 사업장의 사업주가 2020년 12월 31일까지 해당 근로자를 대상으로 1개월 이내의 기간 동안에 총 3일 이상의 유급휴가를 주어 18시간 이상 실시하는 훈련
- 우선지원대상기업사업주등이 아닌 사업주가 1년 이상 재직하고 있는 근로자를 대상으로 계속하여 60일 이상의 유급휴가를 주어 180시간 이상 실시하는 훈련
- 우선지원대상기업사업주등이 아닌 사업주로서 고용유지지원금의 지급 대상에 해당하는 사업주 또는 「고용위기 지역 지정 고시」에 따른 업종이나 지역에 해당하는 사업장의 사업주가 2020년 12월 31일까지 해당 근로자를 대상으로 계속하여 30일 이상의 유급휴가를 주어 120시간 이상 실시하는 훈련
- 사업주가 기능·기술을 장려하기 위하여 근로자 중 생산직 또는 관련 직에 종사하는 근로자를 대상으로 유급휴가를 주어 20시간 이상 실시하는 훈련

③ 지원기준

훈련과정	수료기준
집체훈련 및 현장훈련	■ 해당 훈련과정의 인정받은 훈련일수의 80% 이상(훈련일수가 10일 미만이거나 훈련시간이 40시간 미만인 경우에는 인정받은 훈련시간의 80% 이상)을 출석할 것 ■ 해당 훈련과정을 이수하였을 것
인터넷원격훈련 및 스마트훈련	■ 평가성적이 60점(100점 만점 기준) 이상일 것 ■ 학습진도율이 80% 이상일 것(1일 학습시간은 8시간을 초과할 수 없음)

	■ 그 외 훈련실시자가 수립한 수료기준에 도달할 것
우편원격훈련	■ 평가성적이 60점(100점 만점 기준) 이상일 것 ■ 위의 평가 이외에 훈련생학습관리시스템을 이용하여 주 1회 이상 학습과제 작성 등 훈련실시기관에서 부여한 학습활동 참여율이 80% 이상 일 것 ■ 그 외에 훈련실시자가 수립한 수료기준에 도달할 것
혼합훈련	위의 해당 훈련방법에 따른 수료기준에 각각 도달해야 함

④ 훈련비

훈련과정	지원금 산정

집체훈련 및 현장훈련	1. 집체훈련 및 현장훈련에 적용되는 지원금 산정방법
	■ 자체훈련 또는 자체훈련과 위탁훈련을 혼합하여 실시하는 경우: [직종별 훈련비용 기준단가(「사업주 직업능력개발훈련 지원규정」 별표 2) × 훈련시간 × 훈련수료인원](이하 "자체훈련 지원금 기준금액"이라 함) × 다음의 훈련비 지원율
	  - 우선지원대상기업: 자체훈련지원율 100%, 위탁훈련지원율 90%
	  - 상시근로자 수 1,000명 미만인 기업(우선지원 대상기업 제외): 60%(자체, 위탁훈련 지원율 동일)
	  - 상시근로자 수 1,000명 이상인 기업: 40%(자체, 위탁훈련 지원율 동일)
	■ 우선지원대상기업이 아닌 사업주가 기간제근로자, 단시간근로자, 파견근로자, 일용근로자 또는 퇴직예정자 등을 대상으로 하는 전직훈련을 실시하는 경우: 지원금 기준금액의 70%
	■ 사업주, 사업주단체 또는 학교 등이 직업능력개발훈련을 실시하는 둘 이상의 사업주와 협약을 체결하여 그 근로자를 위해 수행하는 직업능력개발사업에 의한 훈련을 실시하는 경우: 자체훈련 지원금 기준금액의 100%
	■ 우선지원 대상기업 소속 근로자의 기술향상을 위해 실시하는 고숙련·신기술 훈련을 실시하는 경우: 직종별

훈련비용 기준단가(「사업주 직업능력개발훈련 지원규정」 별표 2)의 300%(다만,고숙련·신기술 훈련과정의 수준 및 지원금액 등은 한국기술교육대학교가 심사·결정)

2. 집체훈련에만 적용되는 지원금 산정방법
■ 집체훈련을 위탁훈련으로 실시한 경우: [직종별 훈련 비용 기준단가(「사업주 직업능력개발훈련 지원규정」 별표 2) 또는 고용노동부장관이 별도로 공고한 심사 를 거쳐 책정된 정부지원승인단가] × 훈련시간 × 훈 련수료인원 × 다음의 훈련비 지원율
  - 우선지원대상기업: 자체훈련지원율 100%, 위탁훈 련지원율 90%
  - 상시근로자 수 1,000명 미만인 기업(우선지원 대 상기업 제외): 60%(자체, 위탁훈련 지원율 동일)
  - 상시근로자 수 1,000명 이상인 기업: 40%(자체, 위탁훈련 지원율 동일)
■ 동일 훈련생이 동일 훈련과정을 반복하여 수강하는 경우에는 1회에 한해 지원

원격훈련	■ 직접 또는 위탁 원격훈련을 실시한 경우: 다음의 원격훈련 지원금 × 훈련시간 × 훈련수료인원 × 다음의 지원율
	  - 우선지원대상기업: 100%(위탁훈련인 경우는 90%)
	  - 상시근로자 수 1,000명 미만인 기업: 80%
	  - 상시근로자 수 1,000명 이상인 기업: 40%
	■ 원격훈련 과정당 사업주(위탁훈련의 경우 수탁훈련기관) 에게 지원되는 금액에 해당하는 훈련수료인원이 다음 각 호의 인원을 초과하는 경우 그 초과인원에 대해서는 지원금의 15%를 지원한다.
	  - 3,000명(우수훈련기관으로 선정된 훈련기관은 5,000명)
	  - 다른 법령에서 정한 교육으로서 교육 대상의 직무가 해당 법령에 특정된 교육이거나 개별 사업주에 대한 평가 또는 인증 등의 필요에 따라 실시하는 훈련에 해당하지 않는 훈련과정으로서 훈련과정의 적합심사

	시 사업주 또는 훈련기관이 직접 개발한 훈련과정으로 확인된 경우: 5,000명(우수훈련기관으로 선정된 훈련기관은 10,000명)
혼합훈련과정	위의 지원금을 기준으로 훈련방법별 분량에 따라 산정함

※ 원격훈련 지원금(단위: 원)[「사업주 직업능력개발훈련 지원규정」 별표 4]

훈련과정 심사등급	인터넷	스마트		우편
		교수설계유형	기술기반유형	
A	6,160	12,100	18,150	3,960
B	4,180	8,140	12,210	3,080
C	2,970	5,940	8,910	2,170

⑤ 훈련수당

구분	지원금 산정
채용예정자 또는 구직자를 대상으로 월 평균 120시간 이상의 집체훈련 또는 현장훈련의 양성훈련을 1개월 이상 실시하고 훈련생에게 훈련수당을 지급한 경우	월 20만원까지
채용예정자, 구직자 및 재직근로자(이하 "재직근로자 등"이라 함)를 대상으로 훈련시간이 1일 평균 5시간 이상인 집체훈련이나 현장훈련(위탁훈련을 포함)을 실시하고 훈련생에게 숙식을 제공하거나 숙식비를 지급한 경우	▪ 식비: 1일 3,300원까지 ▪ 숙식비: 1일 14,000원까지(1개월 33만원까지)
재직근로자 등을 대상으로 1개월(120시간) 이상의 집체훈련 또는 현장훈련을 실시하고 월 평균 120시간 이상의 해당 훈련과정을 수강하는 경우	▪ 채용예정자 및 구직자가 월 평균 120시간 이상의 훈련과정을 수강한 경우: 월 20만원까지 ▪ 재직근로자 등이 120시간 이상의 훈련과정을 수강하는 경우: 해당 훈련비, 위에 따른 식비 및 숙식비 ※ 수료기준에 미달하더라도 지원함

해당 사업에 고용된 피보험자에게 유급휴가를 주어 실시하는 직업능력개발훈련인 경우	■ 소정훈련시간 × 시간급 최저임금액 (우선지원대상기업은 150%) ■ 대체인력의 채용일부터 훈련종료일까지의 소정근로시간 × 시간급 최저임금액

⑥ 지원한도

비용지원한도 최소금액은 500만원으로 함

※ 각종 용어 정리
- "자체훈련"이란 사업주가 훈련비용을 부담하여 훈련계획 수립, 훈련실시, 훈련생관리 등을 수행하는 직업능력개발훈련을 말합니다.
- "위탁훈련"이란 사업주가 훈련비용을 부담하여 재직근로자, 채용예정자를 다른 훈련기관에 위탁하고 해당 훈련기관이 훈련실시, 훈련생관리 등을 직접 수행하는 직업능력개발훈련을 말합니다.
- "집체훈련"이란 직업능력개발훈련을 실시하기 위해 설치한 훈련전용시설, 그 밖에 훈련을 실시하기에 적합한 시설(산업체의 생산시설 및 근무 장소는 제외)에서 실시하는 직업능력개발훈련을 말합니다.
- "현장훈련"이란 산업체의 생산시설 또는 근무장소에서 실시하는 직업능력개발훈련을 말합니다.
- "원격훈련"이란 먼 곳에 있는 사람에게 정보통신매체 등을 이용하여 실시하는 직업능력개발훈련을 말합니다.
- "인터넷원격훈련"이란 정보통신매체를 활용하여 훈련이 실시되고 훈련생관리 등이 웹상으로 이루어지는 원격훈련을 말합니다.
- "우편원격훈련"이란 인쇄매체로 된 훈련교재를 이용하여 훈련이 실시되고 훈련생관리 등이 웹상으로 이루어지는 원격훈련을 말합니다.
- "스마트훈련"이란 위치기반서비스, 가상현실 등 스마트 기기의 기술적 요소를 활용하거나 특성화된 교수방법을 적용하여 원

격 등의 방법으로 훈련이 실시되고 훈련생관리 등이 웹상으로 이루어지는 훈련을 말합니다.

- ■ "혼합훈련"이란 집체훈련, 현장훈련 및 원격훈련 중에서 두 종류 이상의 훈련을 병행하여 실시하는 직업능력개발훈련을 말합니다.

(2) 지원 신청 및 처리

- 직업능력개발을 위한 훈련비 지원을 받으려는 사업주는 사업주 직업능력개발훈련 비용지원신청서를 훈련이 끝난 후나 매 3개 월간의 훈련실시 후 30일 이내에 그 사업장의 소재지를 관할하 는 한국산업인력공단 분사무소에 제출해야 합니다.

- 직업능력개발을 위한 훈련수당 지원을 받으려는 사업주는 다음 의 서류를 그 사업장의 소재지를 관할하는 한국산업인력공단 분사무소에 제출해야 합니다.

① 사업주 직업능력개발훈련 비용지원신청서

② 대체인력의 소정근로시간을 확인할 수 있는 서류 1부

③ 사업주가 지급한 임금액을 확인할 수 있는 서류

- 처리 절차

① 훈련 종료 보고(사업주, 14일 이내)

② 직업능력개발 훈련비 및 훈련수당 신청(사업주)

③ 지급 결정 및 통지(한국산업인력공단, 10일 이내)

Q. 55세 이상의 상시 근로자가 25% 이상인 사업장의 사업주입니 다. 원활한 업무진행을 위해 준고령자 및 고령자 근로자를 대상 으로 훈련을 진행하려고 합니다. 이와 관련하여 사업주가 받을 수 있는 지원책이 있나요?

A. 고령자 또는 준고령자인 피보험자의 직업능력을 개발·향상시키기 위해 직업능력개발 훈련을 실시하는 사업주는 근로자의 직업능력 개발을 위한 지원을 받을 수 있습니다.

2. 고용안정 지원

1) 고용유지 지원

(1) 지원 내용

고용유지 지원은 다음과 같이 실시합니다.

① 대상자

고용조정이 불가피하게 된 경우 그 사업에서 고용한 피보험자 (일용근로자, 해고가 예고된 자와 경영상 이유에 따른 사업주 의 권고에 따라 퇴직이 예정된 자는 제외)에게 고용유지조치 를 취하여 그 고용유지조치 기간과 이후 1개월 동안 고용조정 으로 피보험자를 이직시키지 않은 사업주

② 고용유지조치

가. 근로시간 조정, 교대제[근로자를 조(組)별로 나누어 교대로 근무하게 하는 것을 말함] 개편 또는 휴업 등을 통하여 역 (曆)에 따른 1개월 단위의 전체 피보험자 총 근로시간(사업 주가 고용유지조치를 시작한 날이 속한 달의 전체 피보험자 가 해당 고용유지조치를 한 날이 속한 달의 6개월 전부터 4 개월 전까지의 기간 동안 근로한 시간의 합계를 월평균한 것)의 20%를 초과하여 근로시간을 단축하고, 그 단축된 근 로시간에 대한 임금을 보전하기 위해 금품을 지급하는 경우

나. 1개월 이상 휴직을 부여하는 경우

③ 지원조건

가. 다음의 요건을 갖춘 고용유지조치계획을 역에 따른 1개월 단위로 수립하여 고용유지조치 실시예정일 전날까지 고용 노동부장관에게 신고해야 함

－ 고용유지조치계획의 수립 또는 변경 시 그 사업의 근로자 대표와 협의를 거칠 것(변경하려는 고용유지조치계획의 내 용이 경영 악화 이전의 고용상태로 회복하기 위해 고용유 지조치기간을 단축하거나 고용유지대상자 수를 축소하는

등 근로자에게 불리하지 않은 경우는 제외)
- 직전 달(고용유지조치가 시작된 날이 속하는 달은 제외)에 대한 고용유지조치계획의 실시 내용 및 관련 증거 서류를 갖출 것

나. 신고한 계획 중 고용유지조치 실시예정일, 고용유지조치 대상자, 고용유지조치기간에 지급할 금품 및 고용유지조치의 내용을 변경하는 경우 변경예정일 전날까지 그 내용을 고용노동부장관에게 신고해야 함

④ 지원기간

고용유지조치를 실시한 일수(둘 이상의 고용유지조치를 동시에 실시한 날은 1일로 봄)의 합계가 그 보험연도의 기간 중에 180일에 이를 때까지

⑤ 지원금 산정

가. 근로시간 조정, 교대제 개편, 휴업 또는 휴직 등으로 단축된 근로시간이 역에 따른 1개월의 기간 동안 50% 미만인 경우: 단축된 근로시간 또는 휴직기간에 대해 사업주가 피보험자의 임금을 보전하기 위해 지급한 금품의 2/3[우선지원대상기업에 해당하지 않는 기업(이하 "대규모기업"이라 함)의 경우 1/2]에 해당하는 금액

나. 근로시간 조정, 교대제 개편, 휴업 또는 휴직 등으로 단축된 근로시간이 역에 따른 1개월의 기간 동안 50% 이상인 경우: 단축된 근로시간 또는 휴직기간에 대해 사업주가 피보험자의 임금을 보전하기 위해 지급한 금품의 2/3에 해당하는 금액

※ 고용노동부장관이 고용안정을 위해 필요하다고 인정할 때에는 1년의 범위에서 사업주가 피보험자의 임금을 보전하기 위해 지급한 금품의 4분의 3 이상 10분의 9 이하(대규모기업의 경우 2/3)에 해당하는 금액

⑥ 지원제한

가. 사업주가 다음의 어느 하나에 해당하는 사항을 신고하거나

변경신고한 고용유지조치계획과 다르게 이행한 경우, 고용
유지조치계획보다 초과하여 이행한 사항에 대해서는 고용
유지조치계획의 내용에 따라, 고용유지조치계획보다 미달하
여 이행한 사항에 대해서는 실제 이행한 내용에 따라 각각
고용유지지원금을 산정·지급함
- 고용유지조치 대상자 수
- 고용유지조치기간
- 고용유지조치기간에 지급한 금품
나. 위의 어느 하나에 해당하는 사항에 대해 고용유지조치계획
보다 50% 이상으로 미달하여 이행한 경우 해당 달의 고용
유지지원금의 전부를 지급하지 않음

※ "고용조정이 불가피하게 된 사업주"란 다음의 어느 하나에 해당
하는 사업주를 말합니다
■ 신고한 고용유지조치계획에 따라 실시하는 고용유지조치(이하 "고
용유지조치"라 함)의 첫 날이 속하는 달의 직전 달(이하 "기준달"
이라 함) 말일의 해당 사업의 재고량이 직전 연도 월평균 재고량
에 비해 50% 이상 증가한 사업의 사업주
■ 기준달의 생산량이 기준달이 속하는 연도 직전 연도의 같은 달의
생산량, 기준달 직전 3개월의 월평균 생산량 또는 기준달이 속하
는 연도 직전 연도의 월평균 생산량 중 어느 하나에 비해 15%
이상 감소한 사업의 사업주
■ 기준달의 매출액이 기준달이 속하는 연도 직전 연도의 같은 달의
매출액, 기준달 직전 3개월의 월평균 매출액 또는 기준달이 속하
는 연도 직전 연도의 월평균 매출액 중 어느 하나에 비해 15%
이상 감소한 사업의 사업주
■ 기준달의 재고량과 기준달 직전 2분기의 분기별 월평균 재고량이
계속 증가 추세에 있거나 기준달의 매출액과 기준달 직전 2분기의

분기별 월평균 매출액이 계속 감소 추세에 있는 사업의 사업주
- 사업의 일부 부서의 폐지·감축이나 일부 생산라인의 폐지 등으로 사업 규모를 축소한 사업의 사업주
- 자동화 시설 등을 설치하거나 작업형태나 생산방식을 변경한 사업의 사업주
- 경영이 악화된 사업을 인수한 사업주로서 종전 사업 근로자의 60% 이상이 그 사업에 재배치되고 종전 사업의 근로자가 그 사업 지분의 50%를 초과하여 취득하고 있는 사업의 사업주
- 해당 업종, 지역경제 상황의 악화 등을 고려하여 고용조정이 불가피하다고 직업안정기관의 장이 인정한 사업의 사업주

(2) 지원 신청 및 처리
- 고용유지조치계획을 신고하거나 변경신고하려는 사업주는 다음의 서류를 첨부하여 소재지 관할 직업안정기관의 장에게 제출해야 합니다.

구분	신고 시기	제출서류	
고용유지조치 가.의 경우	고용유지조치 실시 예정일 또는 변경 예정일 전날까지 (고용유지조치계획을 역에 따른 1개월 단위로 수립)	고용유지조치[근로시간 조정, 교대제 개편, 휴업 등(계획, 계획변경)] 신고서	■매출액 장부, 생산·재고대장 등 고용조정이 불가피함을 증명하는 서류 사본 1부
고용유지조치 나.의 경우		고용유지조치(휴직)(계획, 계획변경) 신고서	■사업주가 근로자 대표와 협의하였음을 증명하는 서류 사본 1부

- 고용유지조치를 실시한 사업주가 고용유지지원금을 받으려는 경우 다음의 서류를 첨부하여 소재지 관할 직업안정기관의 장에게 제출해야 합니다.

구분	신청 시기	제출서류
고용유지조치 가.의 경우	근로시간을 단축한 경우: 역(曆)에 따른 1개월을 단위로 해당 고용유지조치를 실시한 달의 다음 달 말일까지	■ 고용유지조치(근로시간조정, 교대제 개편, 휴업 등)지원금 신청서 ■ 근로자의 월별 임금대장 사본 1부 ■ 출퇴근 현황을 증명하는 서류 사본 1부
고용유지조치 나.의 경우	고용유지조치를 실시한 그 후 1개월 이내(고용유지조치를 실시한 후 매 1개월이 되는 날을 기준)	■ 고용유지조치(휴직) 신청서 ■ 근로자의 월별 임금대장 사본 1부 ■ 휴직근로자의 휴직수당 지급대장 사본과 휴직을 증명하는 서류 각 1부

- 처리 절차
① 고용유지조치계획 신고(사업주)
② 고용유지지원금 신청(사업주)
③ 지급 결정 및 통지(지방노동관서)

2) 고용연장 지원
(1) 고령연장을 위한 지원
고령연장을 위한 지원은 다음과 같이 실시합니다.
① 대상자
다음의 요건을 모두 갖춘 사업의 사업주
- 정년을 정하지 않은 사업장일 것
- 매 분기 그 사업의 월평균 근로자 수에 대한 매월 말일 현재 계속하여 1년 이상 고용된 만 60세 이상 월평균 근로자 수의 비율이 업종별로 「60세 이상 고령자 고용지원금액 등」의 지원기준율 이상일 것
- 사업주가 60세 이상 고령자 고용지원금 신청일 고령자 고용촉진 장려금을 1회 이상 지급받고 그 지급한도 기간 내에 있는 사람이 아닐 것

② 지원금

　가. 60세 이상 고령자 고용지원금 ＝ 60세 이상 고령자 고용
지원금의 지급 대상 근로자 1명당 분기별 30만원 × 「60
세 이상 고령자 고용지원금액 등」의 지원기준율을 초과하
여 고용된 만 60세 이상 근로자 수[일용근로자, 「고용보험
법」 제10조제1항제2호부터 제5호까지 해당하는 사람 및
같은 법 제10조의2에 해당하지 않는 외국인근로자 및 만 6
0세 이상 근로자로서 「고용정책 기본법」 제29조에 따른 고
용유지를 위한 지원금의 지급 대상이 되는 사람 제외]

　나. 사업주가 분기별로 지급받을 수 있는 60세 이상 고령자 고
용지원금의 총액 ≧ 1명당 30만원 × 해당 사업의 근로자
수의 20%(대규모 기업은 10%)

③ 지원제외

　가. 60세 이상 고령자 고용지원금을 신청하기 전 3개월부터 신청한
후 6개월까지 55세 이상 근로자를 고용조정으로 이직시킨 경우

　나. 임금 등을 체불하여 명단이 공개 중인 경우

※ "지원기준율"이란 매 분기 그 사업의 월평균 근로자수에 대
한 매월 말일 현재 계속하여 1년 이상 고용된 만 60세 이상
월평균 근로자 수의 비율을 말합니다.

구 분	지원기준율
■ 전기, 가스, 증기 및 수도사업(35~36) ■ 출판, 영상, 방송통신 및 정보서비스업(58~63) ■ 금융 및 보험업(64~66)	1%
운수업(49~52)	3%
■ 건설업(41~42) ■ 숙박 및 음식업(55~56)	4%

■ 전문, 과학 및 기술 서비스업(70~73) ■ 예술, 스포츠 및 여가관련서비스업(90~91) ■ 협회 및 단체, 수리 및 그 밖에 개인서비스업(94~96)		
■ 농업, 임업 및 어업(01~03) ■ 가구 내 고용활동 및 달리 분류되지 않은 자가소비생산활동(97~98)		6%
■ 광업(05~08) ■ 하수·폐기물처리·원료재생 및 환경복원업(37~39)		7%
사업시설 관 리 및 사업 지원 서비스 업(74~75)	■ 사업시설유지관리서비스업(74100) ■ 건축물일반청소업(74211) ■ 소독, 구충 및 방제서비스업(74220) ■ 경비 및 경호서비스업(75310)	12%
	탐정 및 조사서비스업(75330)	23%
	그 밖의 업종	7%
국제 및 외국기관(99) 부동산업 및 임대업(68~69)		12%
그 밖의 업종		2%

(2) 지원 신청 및 처리
- 60세 이상 고령자 고용지원금을 받으려는 사업주는 매 분기의 다음 달 말일까지 소재지 관할 직업안정기관의 장에게 제출해야 합니다.
① 60세 이상 고령자 고용지원금 신청서
② 생년월일과 재직기간이 적힌 만 60세 이상 근로자 명부 사본 1부
③ 만 60세 이상 근로자의 월별 임금대장과 근로계약서 사본 각 1부
④ 사업 개시 이후 근로자의 정년을 설정한 사실이 없음을 확인할 수 있는 서류 사본 1부
- 처리 절차
① 60세 이상 고령자 고용지원금 지급 신청(사업주)
② 지급 결정 및 통지(지방노동관서)
③ 지급(지방노동관서)

3) 고용안전 컨설팅비용 지원 등

(1) 고령자 등의 고용안정을 위한 컨설팅비용 지원

고령자와 준고령자의 고용안정과 취업의 촉진 등을 위한 임금체계 개편이나 직무재설계(고령자나 준고령자에게 적합한 직무를 개발하고 설계하는 것을 말함) 등과 관련하여 전문기관의 진단을 받는 사업주는 그 진단에 드는 비용의 전부 또는 일부를 고용노동부장관으로부터 지원받을 수 있습니다.

(2) 고령자를 고용하는 사업주에 대한 세제지원

상시 300명 이상의 근로자를 사용하는 사업주가 기준고용률을 초과하여 고령자를 추가로 고용하는 경우 「조세특례제한법」에 따라 조세를 감면받습니다.

※ "기준고용률"이란 사업장에서 상시 사용하는 근로자를 기준으로 하여 사업주가 고령자의 고용촉진을 위해 고용해야 할 고령자의 비율로서 고령자의 현황과 고용 실태 등을 고려하여 사업의 종류별로 정한 다음의 비율을 말합니다.
  ① 제조업: 그 사업장의 상시근로자수의 2%
  ② 운수업, 부동산 및 임대업: 그 사업장의 상시근로자수의 6%
  ③ ① 및 ② 외의 사업: 그 사업장의 상시근로자수의 3%

4) 계속고용 지원

(1) 지원 개요

가. '계속고용제도'란 「고용상 연령차별금지 및 고령자고용촉진에 관한 법률(이하 "고령자고용법"이라 함)」 제19조에 따른 정년을 운영 중인 사업주가 정년을 연장 또는 폐지하거나, 정년의 변경 없이 정년에 도달한 근로자를 계속하여 고용하거나 재고용하는 것을 말합니다.

나. 계속고용 지원은 다음과 같이 실시합니다.

① 대상자

「고용보험 및 산업재해보상보험의 보험료징수 등에 관한 법률」(이하 "고용산재보험료징수법"이라 함) 제5조에 따라 고용보험에 가입된 사업주 중 다음 어느 하나에 해당하는 사업주: 우선대상기업 및 중견기업

※ 지원제외업종

- 국가, 지방자치단체, 공공기관, 지방공기업
- 부동산업, 일반유흥업, 무도유흥, 기타 주점업, 갬블링 및 베팅업, 무도장 운영업
- 임금을 체불하여 명단이 공개 중인 사업주
- 「고용산재보험료징수법」에 따른 보험료 등을 체납한 사업주

② 지원요건

- 계속고용제도의 시행일 직전 계속하여 1년 이상 「고령자고용법」 제19조에 따른 정년을 정하여 운영 중일 것
- 취업규칙, 단체협약 등 명시적인 노사 합의를 통해 다음 중 어느 하나의 계속고용제도를 운영(다만, 계속고용장려금의 최초 신청일이 계속고용제도의 시행일로부터 1년을 초과한 경우에는 제외)

   ⓐ 정년의 연장(현재 연장된 기간이 1년 미만은 제외)

   ⓑ 정년의 폐지

   ⓒ 정년의 변경 없이 정년에 도달한 근로자 중 정년 이후에도 계속 근로하기를 희망하는 자는 정년에 도달한 날의 다음 날로부터 3개월 이내에 근로를 개시하는 1년 이상의 근로계약을 체결할 것(다만, 취업규칙, 단체협약 등에 계속하여 고용할 근로자를 정한 경우에는 이에 따름)

- 장려금 산정 기준일이 속한 연도의 직전 연도의 매월 말 기준 고용보험 피보험자 수의 합 중 60세 이상인 피보험자 수의 합이 100분의 20 이하일 것

③ 지원금

계속고용장려금 = 정년 이후 계속 고용한 근로자 수 × 월 30만원
※ 지원금액은 매 분기별로 지급
※ 분기별 지원금액은 해당 분기 매월 말 피보험자 수 평균의 100분의 20에 해당하는 피보험자 수(소수점 첫째자리에서 올림)에 90만원을 곱한 금액을 초과할 수 없음(다만, 해당 분기 매월 말 피보험자 수 평균이 5인 이하인 경우에는 매 분기 지원금액의 한도를 180만원으로 함).

④ 지원제외 근로자

다음에 해당하는 피보험자는 지원금액의 산정대상 근로자에서 제외
- 해당 사업에서 정년의 도달일 직전의 고용보험 피보험기간이 계속하여 1년 미만인 사람
- 해당 사업주의 배우자, 직계 존·비속, 4촌 이내의 혈족·인척
- 대한민국 국적을 보유하지 않은 외국인(다만, 거주(F-2)·영주(F-5)·결혼이민자(F-6)는 제외)
- 임금이 「최저임금법」 제5조제1항 및 제2항에 따른 최저임금 미만인 사람
- 1개월 동안의 소정근로시간이 60시간 미만인 근로자(1주 소정근로시간이 15시간 미만인 자 포함)
- 해당 근로자의 임금이 다음 중 어느 하나에 해당하는 사람(해당 월에 한하여 적용)
    ⓐ 월 임금이 계속고용장려금의 지원금액 미만인 사람
    ⓑ 월 임금이 6,860,000원을 초과하는 사람

⑤ 지원기간

구분	지원기간
장려금 산정 기준일이 2020년 1월1일 이전	2020년 1월 1일부터 2년까지 지원 ※ 다만, 2020년 1/4분기 중에 고령자 계속고용장려금 지급 규정 제5조에 따른 지원금액 산정 대상에 해당하는 근로자가 없는 경우에는 2020년 1월 1일 이후 정년에 도달하고 고용연장조치에 의해 계속 고용된 첫 번째 근로자의 정년 도달일 다음 날부터 2년까지 지원

장려금 산정 기준일이 2020년 1월 1일 이후	장려금 산정 기준일로부터 2년까지 지원

※ 정년 도달일로부터 위의 장려금 지급기간 종료일까지 1년을 초과하지 않는 근로자가 있는 경우에는 해당 근로자가 정년에 도달한 날의 다음 날부터 1년까지 지원금을 지급

※ 장려금 산정 기준일: 처음으로 다음의 조건을 모두 갖춘 근로자의 정년 도달일의 다음 날(「고령자 계속고용장려금 지급 규정」 제2조제3호)

- 계속고용제도 시행일 이후 근로자가 정년에 도달할 것
- 계속고용제도에 따른 고용연장조치에 의해 계속 고용될 것

⑥ 지원제한

가. 거짓이나 그 밖의 부정한 방법으로 계속고용장려금을 지급받거나 받으려는 사업주에게는 계속고용장려금 또는 지급받으려는 장려금을 지급하지 아니하며, 거짓이나 그 밖의 부정한 방법으로 지급받은 금액을 반환

나. 착오 등으로 지원 받은 금액에 대한 반환

(2) 지원 신청 및 처리

가. 계속고용장려금을 받으려는 사업주는 해당 분기 말일이 속한 달의 다음 달 말일까지 '고령자 계속고용장려금 신청서'에 다음의 서류를 첨부하여 관할 지방고용노동관서에제출해야 합니다.

① 계속고용된 근로자의 근로계약서 사본

② 월별임금대장 및 임금지급 증빙서류

③ 계속고용제도 도입사실을 증명하는 서류(취업규칙, 단체협약, 인사규정 등)

나. 처리 절차

① 계속고용장려금 지급 신청(사업주)

② 지급 결정 및 통지(지방고용노동관서)

③ 지급(지방고용노동관서)

3. 고용환경개선 지원

1) 고용환경개선자금 융자

(1) 융자 개요

고용환경개선자금 융자는 다음과 같이 실시합니다.

① 대상자

다음의 요건을 모두 갖춘 사업주

- 고용보험에 가입 및 준고령자를 고용하고 있거나 융자대상
시설 등의 설치·개선·교체·구입이 완료되기 전까지 고령자
및 준고령자를 고용할 계획이 있어야 함
- 「고용보험법」 및 다른 법령에 따라 정부로부터 고령자 고
용환경개선 융자사업과 동일한 품목으로 시설 및 장비를 지
원받고 있지 않아야 함

② 대상시설 등

- 융자대상자가 직접 설치하거나 사용할 목적으로 취득하는
고령자 친화적 시설 또는 장비로서 융자심사위원회가 고령
자의 고용안정 및 취업촉진을 위해 필요하다고 인정하는 시
설이나 장비
- 융자대상시설 등이 다른 법에서 정하는 검사·심사·검정대상
인 경우 합격판정을 받은 것에 한함
- ※ 융자대상자 결정통보일 이전에 설치가 완료되었거나 설치
중인 시설이나 장비는 제외

③ 융자기간

- 거치기간 3년, 균등분할 상환기간 5년 등 총 8년
- 융자금을 지급받은 자가 희망하는 경우 해당 상환기간이 도
래하기 전에도 융자금 상환 가능

④ 융자조건

- 융자금에 대한 이율: 연 1%
- 고령자 고용환경 개선완료 시까지 융자금 1억원 당 고령자 또
는 준고령자 1명을 신규 고용하여 융자기간 동안 유지해야 함

※ 융자대상자로 선정되기 전에 해당 사업장에 고용된 자가 퇴직 후 6개월 이내에 동일한 사업주가 운영하는 융자지원 사업장에 고용된 경우 신규고용인원으로 보지 않음

⑤ 융자한도

융자대상시설 등을 설치·개선·교체·구입하는데 필요한 자금 중 신청한 금액 범위 내(최대 10억원)

(2) 융자 신청 및 처리

① 고용환경개선자금 융자를 받으려는 사업주는 고령자 고용환경개선자금 융자신청서를 한국장애인고용공단에 제출해야 합니다.

② 처리 절차

가. 고령자 고용환경개선자금 융자신청(사업자)

나. 신청서류 검토(한국장애인고용공단)

다. 투자의 타당성 검증(한국장애인고용공단, 현장검증)

라. 대상자 결정(한국장애인고용공단, 30일 이내)

마. 신청자 및 대행금융기관에 통지(한국장애인고용공단)

바. 약정체결 및 지급(대행금융기관, 60일 이내)

(3) 융자 결정 취소 및 융자금 회수

① 융자대상자 또는 융자금을 지급 받은 사업주가 다음의 어느 하나에 해당하는 경우 융자결정의 전부 또는 일부가 취소될 수 있습니다.

- 거짓이나 그 밖의 부정한 방법으로 융자금을 신청하거나 지급받은 경우
- 융자대상시설 등의 설치·개선·교체·구입이 완료되기 전까지 고령자 및 준고령자를 고용할 계획을 이행하지 않은 경우
- 약정체결 기한까지 대출약정을 체결하지 않은 경우
- 승인통보를 받은 날부터 6개월 이내에 개선완료 신고서를 제출하지 않은 경우

- 융자금을 목적 외에 사용한 경우
- 융자금을 지급받은 사업주가 폐업 또는 파산한 경우
- 융자대상자가 융자결정의 취소를 요청한 경우
- 그 밖에 사업수행이 불가능하다고 융자심사위원회가 인정하는 경우
- 해당 융자대상시설 등을 융자목적에 부합되도록 유지·관리·사용하지 않거나 고용의무를 이행하지 않아서 연속하여 2회 이상 시정명령을 받고도 시정기간 내에 시정하지 않은 경우

② 한국장애인고용공단은 융자금을 지급받은 사업주가 융자기간 동안 신규 고용해야 할 인원수만큼 고령자를 고용하지 않은 경우 시정요구하고, 이를 이행하지 않으면 미고용인원에 해당하는 융자금에 대한 부분회수 결정을 해야 합니다.

Q. 저는 모든 근로자가 55세 이상인 사업장의 사업주입니다. 우리 근로자들에게 필요한 시설을 설치하고 싶은데 자금이 부족합니다. 이를 해결할 방법이 없을까요?

A. 고령자 및 준고령자를 고용하고 있는 사업주가 고령자 친화적 시설을 설치하려는 경우 고용환경개선자금을 융자받을 수 있습니다.

제3절 사업자 의무

1. 고령자 고용의무 등

1) 우선고용의무 등

(1) 고령자 등 우선고용

가. 공공기관 등

① 우선고용의무

국가, 지방자치단체 및 공공기관으로 지정받은 기관의 장 (이하 "공공기관 등의 장"이라 함)은 그 기관의 우선고용직 종에 다음의 어느 하나에 해당하는 사유가 발생한 경우 고 령자와 준고령자를 우선적으로 고용해야 합니다.

– 우선고용직종이 신설되거나 확대됨에 따라 신규인력을 채용하는 경우
– 퇴직이나 이직 등에 따라 우선고용직종에 결원이 생겨서 인 력보충이 필요한 경우

② 고용현황제출

공공기관 등의 장은 그 기관의 우선고용직종에 관한 고용현황 을 매년 1월 31일까지 고용노동부장관에게 제출해야 합니다.

※ "공공기관으로 지정받은 기관"은 다음의 기관을 말합니다.

① 다른 법률에 따라 직접 설립되고 정부가 출연한 기관

② 정부지원액(법령에 따라 직접 정부의 업무를 위탁받거나 독 점적 사업권을 부여받은 기관의 경우에는 그 위탁업무나 독 점적 사업으로 인한 수입액을 포함. 이하 같음)이 총수입액 의 1/2을 초과하는 기관

③ 정부가 50% 이상의 지분을 가지고 있거나 30% 이상의 지 분을 가지고 임원 임명권한 행사 등을 통해 해당 기관의 정 책 결정에 사실상 지배력을 확보하고 있는 기관

④ 정부와 ①에서 ③까지의 어느 하나에 해당하는 기관이 합하 여 50% 이상의 지분을 가지고 있거나 30% 이상의 지분을

가지고 임원 임명권한 행사 등을 통해 해당 기관의 정책 결
정에 사실상 지배력을 확보하고 있는 기관

⑤ ①에서 ④까지의 어느 하나에 해당하는 기관이 단독으로 또
는 두 개 이상의 기관이 합하여 50% 이상의 지분을 가지
고 있거나 30% 이상의 지분을 가지고 임원 임명권한 행사
등을 통해 해당 기관의 정책 결정에 사실상 지배력을 확보
하고 있는 기관

⑥ ①에서 ④까지의 어느 하나에 해당하는 기관이 설립하고,
정부 또는 설립 기관이 출연한 기관

나. 민간사업체

① 우선고용 노력의무
민간사업체의 사업주는 우선고용직종에 고령자와 준고령자를
우선적으로 고용하도록 노력해야 합니다.

※ 우선고용직종
공공기관 및 민간사업체 등에서 고령자 또는 준고령자를 우
선고용해야 할 직종은 < 「준고령자·고령자 우선고용직종」
(고용노동부고시 제2018-12호, 2018. 2. 1. 발령·시행) 별
표 > 에서 확인하실 수 있습니다.

2) 고용노력의무

(1) 대상자
상시 300명 이상의 근로자를 사용하는 사업장의 사업주는 기준
고용률 이상의 고령자를 고용하도록 노력해야 합니다.

※ "기준고용률"이란 사업장에서 상시 사용하는 근로자를 기준으로
하여 사업주가 고령자의 고용촉진을 위해 고용해야 할 고령자의
비율로서 고령자의 현황과 고용 실태 등을 고려하여 사업의 종
류별로 정한 다음의 비율을 말합니다.

① 제조업: 그 사업장의 상시근로자수의 2%

② 운수업, 부동산 및 임대업: 그 사업장의 상시근로자수의 6%

③ ① 및 ② 외의 산업: 그 사업장의 상시근로자수의 3%

(2) 고용현황제출

　가. 상시 300명 이상의 근로자를 사용하는 사업장의 사업주는 매
　　　년 1월 31일까지 전년도의 고령자 고용현황을 작성하여 관할
　　　지방고용노동관서의 장에게 제출해야 합니다.

　나. 위반 시 제재
　　　고령자 고용현황을 제출하지 않은 사업주에게는 다음에 따른
　　　과태료가 부과됩니다.

위반행위	과태료 금액(만원)		
	1차	2차	3차 이상
1개월 미만 제출 지연	100	200	300
1개월 이상 6개월 미만 제출지연	200	300	400
6개월 이상 제출 지연 또는 미제출	300	400	500

Q. 상시 근로자 1,000명이 근무하는 신발공장을 운영하는 사업주입니다. 몇 명 이상의 고령자를 고용해야 하나요?

A. 상시 근로자가 300명 이상인 제조업 사업장의 사업주는 상시 근로자수의 2% 이상을 고령자로 고용하도록 노력해야 합니다. 따라서 상시 근로자 1,000명이 근무하는 신발공장의 최소 20명 이상의 고령자를 고용하도록 노력해야 합니다.

3) 정년제도

(1) 정년

 - 사업주는 근로자의 정년을 60세 이상으로 정해야 합니다.
 - 사업주가 근로자의 정년을 60세 미만으로 정한 경우 정년을 60세로 정한 것으로 봅니다.

(2) 임금체계 개편 등

정년을 연장하는 사업 또는 사업장의 사업주는 그 사업 또는 사업장의 여건에 따라 임금체계 개편 등 필요한 조치를 해야 합니다.

(3) 운영현황제출

 - 상시 300명 이상의 근로자를 사용하는 사업주는 정년 제도의 운영 현황을 매년 1월 31일까지 관할 지방고용노동관서의 장에게 제출해야 합니다.
 - 위반 시 제재

   정년 제도의 운영 현황을 제출하지 않은 사업주에게는 다음에 따른 과태료가 부과됩니다.

위반행위	과태료 금액(만원)		
	1차	2차	3차 이상
1개월 미만 제출 지연	100	200	300
1개월 이상 6개월 미만 제출지연	200	300	400
6개월 이상 제출 지연 또는 미제출	300	400	500

(4) 재고용

- 사업주는 정년에 도달한 사람이 그 사업장에 다시 취업하기를 희망할 때 그 직무수행 능력에 맞는 직종에 재고용하도록 노력해야 합니다.
- 사업주는 고령자인 정년퇴직자를 재고용할 때 당사자 간의 합의에 의해 퇴직금과 연차유급(年次有給) 휴가일수 계산을 위한 계속근로기간을 산정할 때 종전의 근로기간을 제외할 수 있으며 임금의 결정을 종전과 달리할 수 있습니다.

(5) 재취업지원서비스

- 사업주는 정년퇴직 등의 사유로 이직예정인 근로자에게 경력·적성 등의 진단 및 향후 진로설계, 취업알선, 재취업 또는 창업에 관한 교육 등 재취업에 필요한 서비스를 제공하도록 노력해야 합니다.
- 직전 연도의 매월 말일을 기준으로 각각 산정된 「고용보험법」 제2조제1호가목에 따른 피보험자 수의 평균이 1천명 이상인 사업주는 정년 등 비자발적인 사유로 다음의 요건을 모두 갖춘 이직예정인 준고령자 및 고령자에게 재취업지원서비스를 제공해야 합니다.
  ① 이직예정일이 50세 이상이 되는 연도에 있을 것
  ② 고용보험 피보험기간이 이직예정일 전날까지 계속하여 1년 이상일 것(다만, 근로계약기간이 정해져 있는 준고령자 및 고령자는 해당 피보험기간이 이직예정일 전날까지 계속하여 3년 이상일 것)
- 사업주는 이직예정인 준고령자 및 고령자가 재취업의 확정 등의 사유로 재취업지원서비스를 받지 않겠다고 서면 또는 전자적 방법으로 동의한 경우에는 재취업지원서비스를 제공하지 않을 수 있습니다.
- 사업주는 대상자에게 그 이직예정일 전 3년 이내(경영상 필요에 따른 해고 또는 퇴직사유가 발생하여 이직이 예정된 대상자에게는 그 이직예정일 전 1년 이내에 재취업지원서비스를 제공하되, 해당 기간에 재취업지원서비스를 제공하기 어려운 경우에

는 이직예정일의 다음 날부터 6개월 이내)에 다음의 어느 하나 이상의 재취업지원서비스를 제공해야 합니다.

① 경력·적성 등의 진단 및 향후 진로설계

② 취업 알선

③ 재취업 또는 창업에 관한 교육

④ 그 밖에 고용노동부장관이 재취업 또는 창업에 필요하다고 인정하는 서비스

- 고용노동부장관은 사업주가 소속 근로자에게 재취업지원서비스를 제공하는 경우에 예산의 범위에서 필요한 지원을 할 수 있습니다.

Q. 저는 상시근로자가 500명인 사업장의 사업주입니다. 정년제도의 운영 현황을 제출해야 한다고 이에 관해 자세히 알려주세요.

A. 상시 300명 이상의 근로자를 사용하는 사업주는 정년제도의 운영 현황을 관할 지방고용노동관서의 장에게 제출해야 하며, 이를 위반한 경우 과태료가 부과됩니다.

2. 고령자 차별금지의무 등

1) 고령자 차별금지의무

(1) 연령차별금지

- 사업주는 다음의 분야에서 합리적인 이유 없이 연령을 이유로 근로자 또는 근로자가 되려는 사람을 차별해선 안 됩니다. 합리적인 이유 없이 연령 외의 기준을 적용하여 특정 연령집단에 특히 불리한 결과를 초래하는 경우에는 연령차별로 봅니다.
  ① 모집·채용
  ② 임금, 임금 외의 금품 지급 및 복리후생
  ③ 교육·훈련
  ④ 배치·전보·승진
  ⑤ 퇴직·해고

- 다음의 어느 하나에 해당하는 경우 위에 따른 연령차별로 보지 않습니다.
  ① 직무의 성격에 비추어 특정 연령기준이 불가피하게 요구되는 경우
  ② 근속기간의 차이를 고려하여 임금이나 임금 외의 금품과 복리후생에서 합리적인 차등을 두는 경우
  ③ 「고용상 연령차별금지 및 고령자고용촉진에 관한 법률」 또는 다른 법률에 따라 근로계약, 취업규칙, 단체협약 등에서 정년을 설정하는 경우
  ④ 「고용상 연령차별금지 및 고령자고용촉진에 관한 법률」 또는 다른 법률에 따라 특정 연령집단의 고용유지·촉진을 위한 지원조치를 하는 경우

- 위반 시 제재
  ① 모집·채용에서 합리적인 이유 없이 연령을 이유로 차별한 사업주는 500만원 이하의 벌금에 처해집니다.
  ② 법인의 대표자, 대리인, 사용인, 그 밖의 종업원이 그 법인의 업무에 관해 위의 위반행위를 하면 법인이 해당 위반행위를 방지하기 위해 해당 업무에 관해 상당한 주의와 감독

을 게을리하지 않은 경우를 제외하고, 그 행위자를 벌할 뿐
만 아니라 그 법인에도 벌금이 부과됩니다.

③ 개인의 대리인, 사용인, 그 밖의 종업원이 그 개인의 업무
에 관해 위의 위반행위를 하면 개인이 해당 위반행위를 방
지하기 위해 해당 업무에 관해 상당한 주의와 감독을 게을
리하지 않은 경우를 제외하고, 그 행위자를 벌할 뿐만 아니
라 그 개인에게도 벌금이 부과됩니다.

(2) 진정을 이유로 한 해고 등 금지

- 사업주는 근로자가 연령차별행위에 대한 진정, 자료제출, 답변·
증언, 소송, 신고 등을 하였다는 이유로 근로자에게 해고, 전보,
징계, 그 밖의 불리한 처우를 해서는 안 됩니다.
- 위반 시 제재

① 연령차별행위에 대한 진정, 자료제출, 답변·증언, 소송, 신고
등을 하였다는 이유로 근로자에게 해고, 전보, 징계, 그 밖
의 불리한 처우를 한 사업주는 2년 이하의 징역 또는 1천
만원 이하의 벌금에 처해집니다.

② 법인의 대표자, 대리인, 사용인, 그 밖의 종업원이 그 법인
의 업무에 관해 위의 위반행위를 하면 법인이 해당 위반행
위를 방지하기 위해 해당 업무에 관해 상당한 주의와 감독
을 게을리하지 않은 경우를 제외하고, 그 행위자를 벌할 뿐
만 아니라 그 법인에도 벌금이 부과됩니다.

③ 개인의 대리인, 사용인, 그 밖의 종업원이 그 개인의 업무
에 관해 위의 위반행위를 하면 개인이 해당 위반행위를 방
지하기 위해 해당 업무에 관해 상당한 주의와 감독을 게을
리하지 않은 경우를 제외하고, 그 행위자를 벌할 뿐만 아니
라 그 개인에게도 벌금이 부과됩니다.

Q. 저희 회사 창고에서 재고현황을 파악하고 재고정리를 할 직원을 뽑으려 합니다. 일이 힘들다 보니 모집 연령을 50세 미만으로 하고 싶은데 현행 법령 위반인가요?

A. 합리적인 이유 없이 연령을 이유로 노동자 또는 노동자가 되려는 사람을 차별해서는 안 됩니다. 다만 창고업무와 같이 직무의 성격에 비추어 특정 연령기준이 불가피하게 요구되는 경우에는 연령차별로 보지 않습니다.

2) 위반 시 제재

(1) 국가인권위원회를 통한 제재

가. 진정

- 연령차별 금지의 위반으로 연령차별을 당한 사람(이하 "피해자"라 함)은 국가인권위원회에 그 내용을 진정할 수 있습니다.
- 처리 절차[「인권침해 및 차별행위 조사구제규칙」(국가인권위원회규칙 제105호, 2019. 10. 4. 발령·시행) 제6조부터 제10조까지, 제21조, 제35조, 제35조의2 및 제35조의3]

나. 권고

국가인권위원회는 진정을 조사한 결과 연령차별이 있다고 판단하여 피진정인, 그 소속 기관·단체 또는 감독기관의 장에게 다음의 사항을 권고할 수 있습니다.
- 조사대상 인권침해나 차별행위의 중지
- 원상회복, 손해배상, 그 밖에 필요한 구제조치
- 동일하거나 유사한 인권침해 또는 차별행위의 재발을 방지하기 위해 필요한 조치
- 법령·제도·정책·관행의 시정 또는 개선

(2) 지방고용노동관서를 통한 제재

가. 시정명령

- 지방고용노동관서의 장은 연령차별 금지의 위반으로 국가인권위원회로부터 구제조치 등의 권고를 받은 사업주가 정당한 사유 없이 권고를 이행하지 않고 다음의 어느 하나에 해당하여 그 피해의 정도가 심각하다고 인정되면 피해자의 신청에 의하거나 직권으로 시정명령(피해자의 신청을 받은 경우 그 신청을 받은 날부터 3개월 이내)을 할 수 있습니다.

구분	내용
시정명령을 내릴 수 있는 경우	피해자가 다수인인 연령차별행위에 대한 권고 불이행 반복적 연령차별행위에 대한 권고 불이행 피해자에게 불이익을 주기 위한 고의적 권고 불이행

	그 밖에 피해의 내용과 규모 등을 고려하여 시정명령이 필요하다고 정하는 경우
시정명령에 포함되는 사항	연령차별행위의 중지 피해의 원상회복 연령차별행위의 재발방지를 위한 조치 그 밖에 연령차별시정을 위해 필요하다고 정한 조치

- 지방고용노동관서의 장이 시정명령을 할 때 다음의 사항을 명시한 서면을 해당 사업주와 피해자에게 각각 내주어야 합니다.

① 시정명령의 이유

② 시정명령의 내용

③ 시정기한

④ 시정명령에 대한 불복 절차

- 위반 시 제재

시정명령을 정당한 사유 없이 이행하지 않은 사업주에게는 상시근로자의 수에 따라 다음에 따른 과태료가 부과됩니다.

상시근로자의 수	과태료 금액(만원)
300명 이상인 경우	3,000
100명 이상 300명 미만인 경우	2,700
50명 이상 100명 미만인 경우	2,400
10명 이상 50명 미만인 경우	2,100
10명 미만인 경우	1,800

나. 시정명령 이행상황의 제출요구

- 지방고용노동관서의 장은 연령차별행위를 한 사업주에게 시정명령의 이행상황을 제출할 것을 요구할 수 있습니다.
- 위반 시 제재

지방고용노동관서의 장의 이행상황 제출요구를 정당한 사유 없이 따르지 않은 사업주에게 300만원의 과태료가 부과됩니다.

제2장
여성근로자 고용

제2장 여성근로자 고용

제1절 여성의 사회진출

1. 여성의 고용

1) 여성의 고용차별 금지

(1) 여성근로의 보호

가. 여성근로의 특별보호

- 모든 국민은 근로의 권리를 가집니다.
- 국가는 사회적·경제적 방법으로 근로자의 고용의 증진과 적정 임금의 보장에 노력해야 하고, 법률이 정하는 바에 따라 최저임 금제를 시행해야 합니다.
- 여성의 근로는 특별한 보호를 받으며, 고용·임금 및 근로조건에 서 부당한 차별을 받지 않도록 규정하고 있습니다.

나. 여성의 사회진출 지원

국가, 지방자치단체 및 사업주는 여성의 직업능력 개발 및 향 상을 위해 모든 직업능력 개발 훈련에서 남녀에게 평등한 기 회를 보장해야 합니다.

(2) 성(**性**)을 이유로 한 고용차별 금지

가. 차별과 불리한 조치

- '차별'이란 사업주가 근로자에게 성별, 혼인, 가족 안에서의 지 위, 임신 또는 출산 등의 사유로 합리적인 이유 없이 채용 또 는 근로의 조건을 다르게 하거나 그 밖의 불리한 조치를 하는 경우를 말합니다.

Q. 그 밖의 불리한 조치에 해당하는 경우란 어떤 것이 있나요?

A. 사업주가 채용조건이나 근로조건은 동일하게 적용하더라도 그 조건을 충족할 수 있는 남성 또는 여성이 다른 한 성(性)에 비하여 현저히 적고 그에 따라 특정 성에게 불리한 결과를 초래하며, 그 조건이 정당한 것임을 증명할 수 없는 경우를 포함합니다.

  - 다만, 다음의 어느 하나에 해당하는 경우에는 제외됩니다.
  ① 직무의 성격에 비추어 특정 성이 불가피하게 요구되는 경우
  ② 여성 근로자의 임신·출산·수유 등 모성보호를 위한 조치를 하는 경우
  ③ 그 밖에 「남녀고용평등과 일·가정 양립 지원에 관한 법률」 또는 다른 법률에 따라 적극적 고용개선조치를 하는 경우

  나. 모집과 채용에서 차별금지
  - 사업주는 근로자를 모집하거나 채용할 때 남녀를 차별해서는 안 됩니다.
  - 사업주는 여성근로자를 모집·채용할 때 직무수행에 필요하지 않은 용모·키·체중 등의 신체조건 및 미혼조건을 제시하거나 요구해서는 안 됩니다.

  다. 차별금지 적용의 예외
  동거하는 친족만으로 구성된 사업 또는 사업장과 가사사용인에 대해서는 「남녀고용평등과 일·가정 양립 지원에 관한 법률」이 적용되지 않습니다.

2) 그 밖의 근로에서의 차별금지
 (1) 여성근로자에 대한 차별금지
  가. 임금차별금지
  - 사업주는 동일한 사업 내의 동일 가치 노동에 대하여 동일한 임금을 지급해야 합니다.
  ※ 사업주가 임금차별을 목적으로 설립한 별개의 사업은 동일한 사업으로 봅니다.

- 동일 가치 노동의 기준은 직무 수행에서 요구되는 기술, 노력, 책임 및 작업 조건 등으로 하고, 사업주가 그 기준을 정할 때에는 노사협의회의 근로자를 대표하는 위원의 의견을 들어야 합니다.
- 이를 위반하여 동일한 사업 내의 동일 가치의 노동에 대하여 동일한 임금을 지급하지 아니한 경우 사업주는 3년 이하의 징역 또는 3천만원 이하의 벌금에 처해집니다.

나. 복리후생에서 차별금지
- 사업주는 임금 외에 근로자의 생활을 보조하기 위한 금품의 지급 또는 자금의 융자 등 복리후생에서 남녀를 차별해서는 안 됩니다.
- 이를 위반하여 임금 외에 근로자의 생활을 보조하기 위한 금품의 지급 또는 자금의 융자 등 복리후생에서 남녀를 차별한 경우 사업주는 500만원 이하의 벌금에 처해집니다.

다. 교육 · 배치 · 승진에서 차별금지
- 사업주는 근로자의 교육·배치 및 승진에서 남녀를 차별해서는 안 됩니다.
- 이를 위반하여 근로자의 교육·배치 및 승진에서 남녀를 차별한 경우 사업주는 500만원 이하의 벌금에 처해집니다.

라. 정년 · 퇴직 및 해고에서 차별금지
- 사업주는 근로자의 정년·퇴직 및 해고에서 남녀를 차별해서는 안 됩니다.
- 또한 여성 근로자의 혼인, 임신 또는 출산을 퇴직 사유로 예정하는 근로계약을 체결해서는 안 됩니다.
- 이를 위반하여 근로자의 정년·퇴직 및 해고에서 남녀를 차별하거나 여성 근로자의 혼인, 임신 또는 출산을 퇴직사유로 예정하는 근로계약을 체결하는 경우 사업주는 5년 이하의 징역 또는 3천만원 이하의 벌금에 처해집니다.

Q. 이번에 새로 입사한 회사의 근무규정에 여성근로자는 결혼을 하거나 임신을 하면 퇴사하여야 한다는 규정이 있었습니다. 회사에서는 결혼은 준비과정에서 많은 시간이 소모되고, 임신 후 일을 하는 것은 산모에게도 좋지 않을뿐더러 출산 등으로 자리를 비울 경우 원만한 근무가 이루어지기 어렵다기 때문에 부득이 퇴사를 요구하고 있다고 합니다. 취업으로 가계가 안정되면 임신을 계획할 생각이었던 지라 이러한 근무조건이 도저히 이해가 가지 않습니다. 명백한 차별행위 아닌가요?

A. 네. 사업주는 근로자의 정년·퇴직 및 해고에서 남녀를 차별해서는 안됩니다. 여기에서 '차별'은 사업주가 근로자에게 성별, 혼인, 가족 안에서의 지위, 임신 또는 출산 등의 사유로 합리적인 이유 없이 채용 또는 근로의 조건을 다르게 하거나 그 밖의 불리한 조치를 하는 경우를 말합니다.

3) 적극적 고용개선조치

(1) 적극적 고용개선조치의 개념 및 적용대상

　가. 적극적 고용개선조치란?

　　적극적 고용개선조치란 현존하는 남녀 간의 고용차별을 없애거나 고용평등을 촉진하기 위해 잠정적으로 특정 성(性)을 우대하는 조치를 말합니다.

　나. 적극적 고용개선조치 제도의 적용 대상

　－ 고용노동부장관은 다음의 어느 하나에 해당하는 사업주로서 고용하고 있는 직종별 여성 근로자의 비율이 산업별·규모별로 「남녀고용평등과 일·가정 양립 지원에 관한 법률 시행규칙」 별표 2에 따른 고용 기준에 미달하는 사업주에 대해서는 차별적 고용관행 및 제도 개선을 위한 적극적 고용개선조치 시행계획을 수립하여 제출할 것을 요구할 수 있습니다.

　　① 「공공기관의 운영에 관한 법률」 제4조에 따른 공공기관

　　② 「지방공기업법」 제49조에 따른 지방공사

　　③ 「지방공기업법」 제76조에 따른 지방공단

　　④ 「독점규제 및 공정거래에 관한 법률」 제14조제1항에 따라 지정된 공시대상기업집단 사업의 경우 300명 이상 근로자를 고용하는 사업

　　⑤ ④외의 사업의 경우 상시근로자 500명 이상을 고용하고 있는 사업

(2) 적극적 고용개선조치 시행계획의 수립 및 제출

　가. 적극적 고용개선조치 제도 주요절차

　　적극적 고용개선조치 적용대상 기업은 매년 4월30일까지 직종별/직급별 남녀근로자 현황을 제출합니다.

　　① 여성고용기준 충족

　　　동종산업 유사규모 여성근로자 및 여성관리자 비율 평균의 70% 충족한 기업은 시행계획서, 이행실적보고서 제출의무 없음

② 여성고용기준 미달

동종산업 유사규모 여성근로자 및 여성관리자 비율 평균의
70% 미달한 기업은 시행계획서, 이행실적보고서 제출의무 부과

나. 적극적 고용개선조치 시행계획서 제출

적극적 고용개선조치의 시행계획을 제출하여야 하는 사업주는
적극적 고용개선조치 시행계획서에 다음의 사항이 모두 포함
된 세부 시행계획서를 첨부하여 매년 4월30일 까지 지방고용
노동관서에 제출하여야 합니다.

① 다음의 사항이 포함된 남녀인력 활용 수준의 적정성 분석
- 사업별 남녀인력 활용의 적정성 분석
- 남녀인력 활용의 불균형이 심한 경우에는 모집·채용·승진·
배치 등 고용관리의 단계별 문제점 분석

② 남녀 근로자간 임금격차 분석

③ 해당 연도 1월 1일부터 12월 31일까지 달성할 전(全) 직
종 여성 근로자 및 여성 관리자의 고용목표(장기계획이
필요한 경우에는 그 기간 및 최종 고용목표)

④ 다음의 사항이 포함된 고용관리계획서
ⓐ 다음의 내용을 포함하여 사업주가 추진하여야 하는 각
종 남녀 차별적 제도·관행의 개선계획
- 여성 근로자 고용목표를 달성하기 위한 취업규칙의 개선
- 각종 홍보물 등에 나타난 차별적 요인의 개선
- 여성 인력 활용에 관한 인사정책의 고지(告知) 방안
- 남녀 근로자 간 임금격차의 개선
ⓑ 개선 과제별 실행방안 및 연차별 추진 일정

⑤ 그 밖의 특이 사항
- 여성 근로자의 고용비율이 현저하게 낮음에도 불구하고 단
기간에 개선하기 어려운 경우에는 그 사유
- 「근로기준법」 제65조에 따라 임산부 등의 사용이 금지되는

직종이 대다수를 차지하여 여성 인력을 활용하기 어려운 경우에는 그 내용
- 특정 직종에 여성 전공자가 없어 여성 근로자의 고용목표를 정하기 곤란한 경우에는 그 내용
⑥ 그 밖에 사업주가 여성 근로자 고용 확대를 위하여 필요하다고 판단하는 사항

다. 적극적 고용개선조치 시행계획의 게시
시행계획을 제출한 사업주는 시행계획 및 이행실적을 근로자가 열람할 수 있도록 이를 게시하는 등 필요한 조치를 하여야 합니다.

2. 사업주 지원제도

1) 출산육아기 고용안정장려금제도

(1) 출산육아기 고용안정장려금(육아휴직등 부여)

가. 출산육아기 고용안정장려금의 지원 대상

근로자에게 육아휴직·육아기 근로시간 단축(이하 "육아휴직등"이라 함)을 30일 이상 부여하고, 육아휴직등이 종료 된 후 6개월 이상 계속 고용한 사업주에게는 고용안정장려금을 지급합니다.

나. 출산육아기 고용안정장려금의 지원비용

사업주는 근로자 1인당 아래 금액의 고용안정지원금을 지급받습니다.

구분		연간총액	1개월 지급액
육아휴직	우선지원대상기업	360만원	30만원
	우선지원대상기업 1호 인센티브 적용	480만원	40만원
육아기 근로시간단축	우선지원대상기업	360만원	30만원
	대규모기업	120만원	10만원

※ 해당 사업자의 근로자에게 육아휴직을 처음으로 부여한 사업주에게는 '1호 인센티브'로 월 10만원을 추가지급 합니다.

(2) 출산육아기 고용안정장려금(대체인력 지원금)

가. 출산육아기 대체인력 지원금의 지원 대상

근로자에게 출산전후휴가, 유산·사산 휴가 또는 육아휴직등을 30일 이상 부여하거나 허용하고 대체인력을 고용한 사업주로 다음에 해당하는 3가지 요건을 모두 갖춘 경우 지원금이 지급됩니다.

- 출산전후휴가, 유산·사산 휴가 또는 육아휴직등의 시작일 전 60일이 되는 날(출산전후휴가에 연이어 유산·사산 휴가 또는 육아휴직등을 시작하는 경우에는 출산전후휴가 시작일 전 60일이 되는 날) 이후 새로 대체인력을 고용하여 30일 이상 계속 고용할 것

- 출산전후휴가, 유산·사산 휴가 또는 육아휴직등이 끝난 후 출산전후휴가, 유산·사산 휴가 또는 육아휴직등을 사용한 근로자를 30일 이상 계속 고용할 것. 다만, 사업주가 출산전후휴가, 유산·사산 휴가 또는 육아휴직등을 사용한 근로자의 자기 사정으로 인하여 해당 근로자를 30일 이상 계속 고용하지 못한 경우에는 그러하지 아니함
- 새로 대체인력을 고용하기 전 3개월부터 고용 후 1년까지(해당 대체인력의 고용기간이 1년 미만인 경우에는 그 고용관계 종료 시까지를 말함) 고용조정으로 다른 근로자(새로 고용한 대체인력보다 나중에 고용된 근로자는 제외함)를 이직시키지 아니할 것

나. 출산육아기 대체인력 지원금의 지원비용
「고용보험법 시행령」 제29조제4항에 따른 출산 육아기 근로자를 대체하는 인력을 고용한 사업주는 해당 대체인력의 인건비를 지원받습니다.

구분	인수인계기간 중1개월 지급액	1개월 지급액
우선지원대상기업	120만원	80만원
대규모기업	30만원	30만원

※ 대체인력의 인건비 지원금액은 지급 대상이 된 기간 동안 사업주가 부담하는 임금의 100분의 80을 초과할 수 없습니다.

2) 경력단절 여성 재고용 등 지원
(1) 경력단절 여성 재고용 기업 등에 대한 세액공제
중소기업 또는 중견기업이 경력단절 여성과 2020년 12월 31일까지 1년 이상의 근로계약을 체결한 경우에는 고용한 날부터 2년이 되는 날이 속하는 달까지 경력단절 여성에게 지급한 「조세특례제한법시행령」으로 정하는 인건비의 100분의 30(중견

기업의 경우 100분의 15)에 상당하는 금액을 과세연도의 소득
세 또는 법인세에서 공제받을 수 있습니다.

※ 경력단절 여성 재고용으로 세액공제를 받기 위해서는 피고용
자인 여성이 다음의 모든 조건을 충족하여야 합니다.

- 해당 기업에서 1년 이상 근무(「조세특례제한법시행령」으로 정
하는 바에 따라 경력단절 여성의 근로소득세가 원천징수되었던 사
실이 확인되는 경우로 한정)한 후 결혼·임신·출산·육아 및 자녀교
육의 사유로 퇴직하였을 것
- 위에 따른 사유로 퇴직한 날부터 3년 이상 15년 미만의 기간이
지났을 것
- 해당 기업의 최대주주 또는 최대출자자(개인사업자의 경우에는 대
표자)와 「국세기본법 시행령」 제1조의2제1항에 따른 친족관계인
사람이 아닐 것

(2) 육아휴직 복귀자 복직 지원

　가. 육아휴직 복귀자 고용기업에 대한 세액공제

- 중소기업 또는 중견기업이 육아휴직 복귀자를 2020년 12월 31일까
지 복직시키는 경우, 근로자가 복직한 날부터 1년이 되는 날이 속
하는 달까지 육아휴직 복귀자에게 지급한 인건비의 100분의10(중
견기업의 경우 100분의 5)에 상당하는 금액을 해당 과세연도의 소
득세 또는 법인세에서 공제받을 수 있습니다. 다만, 해당 중소기업
또는 중견기업의 해당 과세연도의 상시근로자 수가 직전 과세연도
의 상시근로자 수보다 감소한 경우에는 공제받을 수 없습니다.
- 육아휴직 복귀자 고용기업에 대한 세제혜택은 육아휴직 복귀자의
자녀 1명당 한 차례에 한하여 적용됩니다.

※ 육아휴직 복귀자 고용기업 세액공제를 받기 위해서는 복귀한
여성근로자가 다음의 모든 조건을 충족하여야 합니다.

- 해당 기업에서 1년 이상 근무하였을 것
- 만 8세 이하 또는 초등학교 2학년 이하의 자녀(입양한 자녀를

포함)를 양육하기 위해 육아휴직 한 경우로 육아휴직 기간이 연속
하여 6개월 이상일 것
- 해당 기업의 최대주주 또는 최대출자자(개인사업자의 경우에는 대표자)와
「국세기본법 시행령」 제1조의2제1항에 따른 친족관계인 사람이 아닐 것

(3) 세액공제의 신청
  가. 신청서의 제출
    경력단절 여성 재고용 기업 등에 대한 세액공제를 적용받으려
    는 중소기업 또는 중견기업은 과세표준 신고와 세액공제신청서
    (「조세특례제한법 시행규칙」 별지 제10호의2서식(1))를 납세
    지 관할 세무서장에게 제출하여야 합니다.

제2절 여성의 근로활동

1. 여성근로자를 위한 근무환경

1) 야간 및 휴일근로의 제한
   - 상시 5명 이상의 근로자를 사용하는 모든 사업 또는 사업장의 사용자는 18세 이상의 여성을 오후 10시부터 오전 6시까지의 시간 및 휴일에 근로시키려면 그 근로자의 동의를 받아야 합니다.
   - 이를 위반할 경우 2년 이하의 징역 또는 2천만원 이하의 벌금에 처해집니다.

2) 여성근로자의 근로 제한

가. 위험한 환경에서의 근로금지

상시 5명 이상의 근로자를 사용하는 모든 사업 또는 사업장의 사용자는 임산부가 아닌 18세 이상의 여성을 보건상 유해·위험한 사업 중 임신 또는 출산에 관한 기능에 유해·위험한 사업에 사용해서는 안 됩니다.

※ 임산부가 아닌 18세 여성근로자의 근로가 금지되는 직종은 다음과 같습니다.
   - 2-브로모프로판을 취급하거나 노출될 수 있는 업무(다만, 의학적으로 임신할 가능성이 전혀 없는 여성인 경우는 제외)
   - 그 밖에 고용노동부장관이 산업재해보상보험및예방심의위원회의 심의를 거쳐 지정하여 고시하는 업무

나. 갱내에서의 근로금지
   - 사용자는 여성을 갱내(坑內)에서 근로시킬 수 없습니다. 다만, 아래와 같은 업무를 수행하기 위해 일시적으로 필요한 경우에는 예외적으로 허용 될 수 있습니다.
   ① 보건, 의료 또는 복지 업무
   ② 신문·출판·방송프로그램 제작 등을 위한 보도·취재업무
   ③ 학술연구를 위한 조사 업무
   ④ 관리·감독 업무
   ⑤ 위의 ①부터 ④까지의 업무와 관련된 분야에서 하는 실습 업무

- 이를 위반해서 여성을 갱내에서 근로하도록 한 자는 3년 이하의 징역 또는 3천만원 이하의 벌금에 처해집니다.

3) 생리휴가 제도
- 상시 5명 이상의 근로자를 사용하는 모든 사업 또는 사업장의 사용자는 여성 근로자가 청구하면 월 1일의 생리휴가를 주어야 합니다.
- 이를 위반할 경우 500만원 이하의 벌금에 처해집니다.

2. 임산부를 위한 근무환경

1) 보건상 유해장소 등에서의 근무금지
- 사용자는 임신 중이거나 산후 1년이 지나지 않은 여성을 도덕상 또는 보건상 유해·위험한 사업에 사용해서는 안 됩니다.
- 이를 위반한 경우 3년 이하의 징역 또는 3천만원 이하의 벌금에 처해집니다.

■ 임산부 등의 사용금지직종(제40조 관련)

구 분	사 용 금 지 직 종
임신 중인 여성	1. 「산업안전기준에 관한 규칙」 제59조와 제60조에서 규정한 둥근톱으로서 지름 25센티미터 이상, 같은 규칙 제61조와 제62조에서 규정하는 띠톱으로서 풀리(Pulley)의 지름 75센티미터 이상의 기계를 사용하여 목재를 가공하는 업무 2. 「산업안전기준에 관한 규칙」 제5편제3장과 제4장에 따른 정전작업, 활선작업 및 활선 근접작업 3. 「산업안전기준에 관한 규칙」 제6편제2장제3절에서 규정한 통나무비계의 설치 또는 해체업무와 제6편제5장에 따른 건물 해체작업(지상에서 작업을 보조하는 업무를 제외한다) 4. 「산업안전기준에 관한 규칙」 제6편제3장제3절에서 규정하는 터널작업, 같은 규칙 제439조에 따른 추락위험이 있는 장소에서의 작업, 같은 규칙 제452조에 따른 붕괴 또는 낙하의 위험이

있는 장소에서의 작업

5. 「산업보건기준에 관한 규칙」 제58조제4호에 따른 진동작업

6. 「산업보건기준에 관한 규칙」 제69조제2호 및 제3호에 따른 고압작업 및 잠수작업

7. 「산업보건기준에 관한 규칙」 제108조에 따른 고열작업이나 한랭작업

8. 「원자력법」 제97조에 따른 방사선 작업 종사자 등의 피폭선량이 선량한도를 초과하는 원자력 및 방사선 관련 업무

9. 납, 수은, 크롬, 비소, 황린, 불소(불화수소산), 염소(산), 시안화수소(시안산), 2-브로모프로판, 아닐린, 수산화칼륨, 페놀, 에틸렌글리콜모노메틸에테르, 에틸렌글리콜모노에틸에테르, 에틸렌글리콜모노에틸에테르 아세테이트, 염화비닐, 벤젠 등 유해물질을 취급하는 업무

10. 사이토메갈로바이러스(Cytomegalovirus)·B형 간염 바이러스 등 병원체로 인하여 오염될 우려가 짙은 업무. 다만, 의사·간호사·방사선기사 등으로서 면허증을 소지한 자 또는 양성 중에 있는 자를 제외한다.

11. 신체를 심하게 펴거나 굽힌다든지 또는 지속적으로 쭈그려야 하거나 앞으로 구부린 채 있어야 하는 업무

12. 연속작업에 있어서는 5킬로그램 이상, 단속작업에 있어서는 10킬로그램 이상의 중량물을 취급하는 업무

13. 그 밖에 고용노동부장관이 「산업재해보상보험법」 제8조에 따른 산업재해보상보험및예방심의위원회(이하 "산업재해보상보험및예방심의위원회"라 한다. 이하 이 표에서 같다)의 심의를 거쳐 지정하여 고시하는 업무

2) 임신기간 중 근로시간 단축

(1) 임신기 근로시간 단축의 허용

- 사용자는 임신 후 12주 이내 또는 36주 이후에 있는 여성 근로자가 1일 2시간의 근로시간 단축을 신청하는 경우 이를 허용해야 합니다.
- 다만, 1일 근로시간이 8시간 미만인 근로자가 신청을 하는 경우에는 근로시간이 6시간이 되도록 근로시간 단축을 허용할 수 있습니다.

- 또한 사용자는 근로시간 단축을 이유로 해당 근로자의 임금을 삭감해서는 안 됩니다.

(2) 위반 시 제재

여성근로자가 근로시간 단축을 신청하였음에도 이를 허용하지 않은 사업주에게는500만원 이하의 과태료가 부과됩니다.

3) 근무시간 중 임산부의 정기검진 허용
- 상시 5명 이상의 근로자를 사용하는 모든 사업 또는 사업장의 사용자는 임신한 여성근로자가 임산부 정기건강진단을 받는데 필요한 시간을 청구하는 경우 이를 허용해 주어야 합니다.
- 또한 임산부 정기건강진단 시간을 근로자의 임금에서 삭감해서는 안 됩니다.

Q. 현재 다니고 있는 회사에서 하루에 7시간씩 근무하고 있습니다. 임신초기라 자꾸 피곤하여 근무시간 단축을 신청하려고 하는데요, 2시간 단축을 신청할 수 있나요? 또, 단축근무기간 동안은 임금이 삭감되나요?

A. 먼저, 1일 근로시간이 8시간 미만인 근로자가 임신기 근로시간 단축을 신청하는 경우에는 근로시간이 6시간이 되도록 단축할 수 있습니다. 그리고 사용자는 여성근로자가 임신기간 중 근로시간 단축을 하였다는 이유로 임금을 삭감해서는 안됩니다.

◇ 임신기간 중 근로시간 단축
☞ 사용자는 임신 후 12주 이내 또는 36주 이후에 있는 여성근로 자가 1일 2시간의 근로시간 단축을 신청하는 경우 신청할 경우 이를 허용해야 합니다.
☞ 다만, 1일 근로시간이 8시간 미만인 근로자가 신청을 하는 경우에는 근로시간이 6시간이 되도록 근로시간 단축을 허용할 수 있습니다.
☞ 또한 사용자는 근로시간 단축을 이유로 해당 근로자의 임금을 삭감해서는 안 됩니다.

◇ 위반시 제재
☞ 여성근로자가 근로시간 단축을 신청하였음에도 이를 허용하지 않은 사업주에게는 500만원 이하의 과태료가 부과됩니다.

제3절 여성근로자의 출산

1. 출산전후 휴가

1) 출산전후휴가의 사용

(1) 출산전후휴가제도기간 및 분할사용

가. 출산전후휴가 기간

사용자는 임신 중의 여성에게 출산 전과 출산 후를 통하여 90일(한 번에 둘 이상 자녀를 임신한 경우에는 120일)의 출산전후휴가를 주어야 합니다. 이 경우 휴가 기간의 배정은 출산 후에 45일(한 번에 둘 이상 자녀를 임신한 경우에는 60일) 이상이 되어야 합니다.

나. 출산전후휴가 분할사용

사용자는 임신 중인 여성 근로자가 다음과 같은 사유가 있는 경우에는 출산 전 어느 때 라도 휴가를 나누어 사용할 수 있도록 해 주어야 합니다. 이 경우 출산 후의 휴가 기간은 연속하여 45일(한 번에 둘 이상 자녀를 임신한 경우에는 60일) 이상이 되어야 합니다.
- 임신한 근로자에게 유산·사산의 경험이 있는 경우
- 임신한 근로자가 출산전후휴가를 청구할 당시 연령이 만 40세 이상인 경우
- 임신한 근로자가 유산·사산의 위험이 있다는 의료기관의 진단서를 제출한 경우

다. 위반 시 제재

이를 위반한 사용자는 2년 이하의 징역 또는 2천만원 이하의 벌금에 처해집니다.

■ 쟁의행위 기간 중 출산전후휴가 부여 여부

Q. ○대학교는 고용보험 비적용대상 사업장으로 단체협약에 의거 여성 직원이 산전후 휴가를 신청하여 휴직에 들어갈 경우 사용자는 90일의 유급휴가를 보장하고, 통상임금에 해당하는 임금을 지급하도록 규정하였습니다. 쟁의행위에 참가하고 있는 여성 조합원의 산전후휴가가 파업기간내 발생할 경우 사용자는 90일의 유급휴가를 보장하고, 통상임금에 해당하는 임금을 지급하여야 할까요?

A. 근로기준법 제72조 규정에 의한 산전후휴가는 여성근로자의 모성을 보호하기 위한 보장적 휴가로서 사용자는 임신중인 여성 근로자에 대하여 반드시 부여하여야 하므로 귀 지청 "갑설" 의견과 같이 쟁의행위 기간중일지라도 산전후휴가를 부여하여야 합니다.

■ 출산전후휴가일수에 법정 공휴일도 포함되는지

Q. 법정 산전후휴가일수가 90일인데, 주 5일 근무자인 경우 또는 법정 공휴일인 경우는 휴가자 뿐 아니라 누구나의 휴일인데 그것을 휴가일수에 포함하여야 하나요?

A. 근로기준법 제72조의 규정에 의하여 사용자는 임신중의 여성에 대하여 산전후를 통하여 90일의 보호휴가를 주어야 하는 바, 이때 휴가기간 90일은 역일상의 기간을 말하므로 각 사업장의 단체협약이나 취업규칙 등에 별도의 규정이 없는 한 동 휴가기간 중에 법정휴일, 기타 회사의 약정휴일 등이 포함되어 있다 하더라도 역일상 90일을 부여하면 될 것입니다.

2) 출산전후휴가 기간의 급여
(1) 출산전후휴가 기간 중의 급여
　가. 출산전후휴가 급여
　　- 출산 휴가 중 최초 60일(한 번에 둘 이상 자녀를 임신한 경우에는 75일)은 유급휴가입니다.
　　- 다만, 사업주는 출산전후휴가를 사용한 근로자 중 일정한 요건에 해당하는 사람에게 그 휴가기간에 대하여 통상임금에 상당하는 금액이 지급된 경우에는 그 금액의 한도에서 지급 책임을 면하게 됩니다
　　- 이를 위반하여 출산전후휴가 급여를 지급하지 않은 사업주는 2년 이하의 징역 또는 2천만원 이하의 벌금에 처해집니다

　나. 출산전후휴가 급여의 지급 요건
　　- 「근로기준법」 제74조에 따른 출산전후 휴가를 사용한 근로자 일 것
　　- 휴가가 끝난 날 이전까지의 피보험 단위기간이 통산하여 180일 이상일 것
　　- 휴가를 시작한 날 이후 1개월부터 휴가가 끝난 날 이후 12개월 이내에 신청할 것
　　- 다만, 다음과 같은 사유가 발생하여 급여를 신청할 수 없었던 경우에는 그 사유가 종료된 후료부터 30일 이내에 신청을 하여야 합니다.
　　① 천재지변
　　② 본인이나 배우자의 질병·부상
　　③ 본인이나 배우자의 직계존속 및 직계비속의 질병·부상
　　④ 「병역법」에 따른 의무복무
　　⑤ 범죄혐의로 인한 구속이나 형의 집행

　다. 출산전후휴가 급여 신청
　　- 출산전후휴가 급여를 지급받으려는 자는 아래의 서류를 모두 첨부하여 신청인의 거주지나 사업장의 소재지 관할 직업안정기

관의 장에게 제출하여야 합니다.

① 출산전후휴가 급여 신청서

② 출산전후휴가 확인서 1부(최초 1회만 해당)

③ 통상임금을 확인할 수 있는 자료(임금대장, 근로계약서 등) 사본 1부

④ 휴가기간 동안 사업주로부터 금품을 지급받은 경우 이를 확인할 수 있는 자료

- 출산전후휴가 급여등의 지급 신청은 30일 단위로 하여야 하지만, 사용 기간이 30일 미만인 경우에 그 기간에 대하여 신청할 수 있으며, 휴가가 끝난 후 신청하는 경우에는 한꺼번에 신청할 수 있습니다.

- 거짓이나 그 밖의 부정한 방법으로 출산전후휴가 급여를 받은 자는 1년 이하의 징역 또는 1천만원 이하의 벌금에 처해집니다.

3) 출산전후휴가 급여의 지급 금액 및 지급 제한

(1) 출산전후휴가 급여의 지급 금액

가. 출산전후휴가 급여의 지급 방법

- 직업안정기관의 장은 출산전후휴가 급여에 대한 지급 신청을 받으면 출산전후휴가 급여를 받을 수 있는 요건을 갖추었는지의 여부와 지급 제한 등의 사유가 있는지 여부를 검토한 뒤 출산전후휴가 급여 지급 부지급 결정 통지서에 따라 신청인에게 그 지급 여부를 알려야 합니다.

- 출산전후휴가 급여는 신청인이 지정한 금융기관의 계좌에 입금하는 방법으로 지급합니다.

- 직업안정기관의 장은 보험에 관계있는 자의 청구가 있는 경우에는 급여원부를 열람하게 하고, 필요하다고 인정하는 경우 출산전후휴가 급여에 관한 증명서를 내주어야 합니다.

나. 출산전후휴가 급여 지급 금액의 산정

출산전후휴가 급여는 출산전후휴가(규제 「근로기준법」 제74

조) 기간에 대해 「근로기준법」의 통상임금에 해당하는 금액을 지급합니다.

※ 통상임금이란?
통상임금은 근로자에게 정기적이고 일률적으로 소정(所定)근로 또는 총 근로에 대해 지급하기로 정한 시간급 금액, 일급 금액, 주급 금액, 월급 금액 또는 도급 금액을 말합니다(「근로기준법 시행령」 제6조제1항).

다. 출산전후휴가 급여의 상·하한액
여성근로자(피보험자)에게 지급하는 출산전후휴가 급여의 상한액과 하한액은 다음과 같습니다.

① 상한액
- 출산전후휴가기간 90일에 대한 통상임금에 상당하는 금액이 540만원을 초과하는 경우: 540만원
- 출산전후휴가 급여의 지급기간이 90일 미만인 경우: 일수로 계산한 금액
- 한 번에 둘 이상의 자녀를 임신한 경우의 출산전후휴가기간 120일에 대한 통상임금에 상당하는 금액이 720만원을 초과하는 경우: 720만원
- 한 번에 둘 이상의 자녀를 임신한 경우의 출산전후휴가 급여 등의 지급기간이 120일 미만인 경우: 일수로 계산한 금액

② 하한액
출산전후휴가 기간의 시작일 당시 적용되던 「최저임금법」에 따른 시간 단위에 해당하는 최저임금액(이하 '시간급 최저임금액'이라 함)보다 그 근로자의 시간급 통상임금이 낮은 경우에는 시간급 최저임금액을 시간급 통상임금으로 하여 산정된 출산전후휴가 급여의 지원기간 중 통상임금에 상당하는 금액

※ 출산전후 급여지원

출산전후휴가 중 최초 60일(한 번에 둘 이상 자녀를 임신한 경우에는 75일)은 유급휴가입니다. 다만, 출산전후휴가를 사용한 근로자 중 일정한 요건에 해당하여 출산전후휴가급여 등이 지급된 경우에는 그 금액이 제외되고 지급됩니다.

구 분	최초 60일 (한 번에 둘 이상 자녀를 임신한 경우에는 75일)	마지막 30일 (한 번에 둘 이상 자녀를 임신한 경우에는 45일)
우선지원대상기업	사업주가 지급 (이 중 정부가 최대 월 180만원의 지원금을 지급)	정부가 통상임금 지급 (최대 180만 원 까지)
대규모기업	사업주가 통상임금을 지급	정부가 통상임금 지급 (최대 180만 원 까지)

라. 출산전후휴가 급여의 감액

고용노동부장관은 여성근로자(피보험자)가 출산전후휴가 중 사업주로부터 통상임금에 해당하는 금품을 지급받은 경우로서 사업주로부터 받은 금품과 출산전후휴가 급여를 합한 금액이 출산전후휴가 시작일을 기준으로 한 통상임금을 초과한 경우 그 초과하는 금액을 출산전후휴가 급여에서 빼고 지급합니다. 다만, 출산전후휴가기간 중에 통상임금이 인상된 피보험자에게 사업주가 인상된 통상임금과 출산전후휴가 급여의 차액을 지급하였을 때에는 그렇지 않습니다.

(2) 출산전후휴가 급여의 지급제한

가. 다른 사업장에 새로 취업한 경우

- 여성근로자(피보험자)가 출산전후휴가 급여 기간 중에 그 사업에서 이직하거나 새로 취업한 경우에는 그 이직 또는 취업하였을 때부터 출산전후휴가 급여를 지급하지 않습니다.
- 피보험자(여성근로자)는 이직 또는 취업을 한 날 이후 최초로 제출하는 출산전후휴가 급여등 신청서에 이직 또는 취업을 한 사실을 적어야 합니다.

나. 거짓이나 부정한 방법을 통한 수급

- 거짓이나 그 밖의 부정한 방법으로 출산전후휴가 급여를 받았거나 받으려고 한 여성근로자에게는 그 급여를 받은 날 또는 받으려 한 날부터의 출산전후휴가 급여를 지급하지 않습니다.
- 다만, 그 급여와 관련된 출산전후휴가 이후에 새로 출산전후휴가 급여 요건을 갖춘 경우 그 새로운 요건에 따른 출산전후휴가 급여는 지급됩니다.

※ 고용보험 미적용자 출산급여제도
① 대상: 소득 활동을 하고 있으나 고용보험의 출산전후휴가 급여를 받지 못했던 여성
  - 사업자등록증을 갖고 있으며(부동산 임대업 제외) 출산일 기준으로 피고용인 또는 공동 사업자 없이 단독 사업인 1인 사업자
  - 출산하기 전의 18개월 중 3개월 이상 소득 활동을 했던 특수 형태 근로자 및 자유 계약자(프리랜서)
  - 고용보험의 적용을 받지 못하는 근로자
② 대상고용보험 미적용자 출산급여지원에 관하여 보다 자세한 사항은 고용노동부 홈페이지를 참조해 주세요.

2. 유산·사산휴가

1) 유산·사산휴가 사용
(1) 유산·사산휴가 제도란?
가. 유산·사산휴가 부여

- 사용자는 임신 중인 여성이 유산 또는 사산한 경우 그 근로자가 청구하면 유산·사산 휴가를 주어야 합니다.
- 다만, 인공 임신중절 수술(「모자보건법」 제14조제1항에 따른 경우는 제외)에 따른 유산의 경우는 유산·사산 휴가를 부여하지 않아도 됩니다.
- 이를 위반한 사용자는 2년 이하의 징역 또는 2천만원 이하의 벌금에 처해집니다.

※ 유산·사산휴가가 부여되는 인공 임신중절 수술
- 본인이나 배우자가 연골무형성증, 낭성섬유증 및 그 밖의 유전성 질환으로서 우생학적(優生學的) 또는 유전학적 정신장애나 신체질환이 있는 경우
- 본인이나 배우자가 풍진, 톡소플라즈마증 및 그 밖에 의학적으로 태아에 미치는 위험성이 높은 전염성 질환이 있는 경우
- 강간 또는 준강간(準强姦)에 의하여 임신된 경우
- 법률상 혼인할 수 없는 혈족 또는 인척 간에 임신된 경우
- 임신의 지속이 보건의학적 이유로 모체의 건강을 심각하게 해치고 있거나 해칠 우려가 있는 경우

(2) 유산·사산휴가제도의 사용

　가. 유산·사산휴가의 청구

　　유산 또는 사산한 여성근로자가 유산·사산 휴가를 청구하기 위해서는 휴가 청구 사유, 유산·사산 발생일 및 임신기간 등을 적은 유산·사산 신청서에 의료기관의 진단서를 첨부하여 사업주에게 제출하여야 합니다.

　나. 유산·사산휴가 기간

　　사업주는 유산·사산휴가를 청구한 여성근로자에게 다음의 기준에 따라 유산·사산휴가를 주어야 합니다.

임신기간	유산·사산휴가 기간
11주 이내	유산 또는 사산한 날부터 5일까지
12주 이상 15주 이내	유산 또는 사산한 날부터 10일까지
16주 이상 21주 이내	유산 또는 사산한 날부터 30일까지
22주 이상 27주 이내	유산 또는 사산한 날부터 60일까지
28주 이상	유산 또는 사산한 날부터 90일까지

A. 네. 사용자는 임신 중인 여성이 유산 또는 사산 한 경우 근로자가 청구하면 유산·사산휴가를 주어야 하지만, 인공 임신중절로 인한 유산의 경우에는 여성근로자에게 유산 ·사산휴가를 부여하지 않아도 됩니다.

◇ 유산·사산휴가 부여

☞ 사용자는 임신 중인 여성이 유산 또는 사산한 경우 그 근로자가 청구하면 유산·사산 휴가를 주어야 합니다.

☞ 다만, 인공 임신중절 수술(『모자보건법』제14조제1항에 따른 경우는 제외)에 따른 유산의 경우는 유산·사산 휴가를 부여하지 않아도 됩니다.

2) 유산·사산휴가 기간의 급여
(1) 유산·사산휴가 기간 중의 급여
  - 유산·사산휴가 중 중 최초 60일(한 번에 둘 이상 자녀를 임신한 경우에는 75일)은 유급휴가입니다.
  - 다만, 사업주는 유산·사산 휴가를 사용한 근로자 중 일정한 요건에 해당하는 사람에게 그 휴가기간에 대하여 통상임금에 상당하는 금액이 지급된 경우에는 그 금액의 한도에서 지급책임을 면하게 됩니다.
  - 이를 위반하여 유산·사산휴가 급여를 지급하지 않은 사업주는 2년 이하의 징역 또는 2천만원 이하의 벌금에 처해집니다.

(2) 유산·사산휴가 급여의 지급 요건
  - 「근로기준법」 제74조에 따른 유산·사산 휴가를 사용한 근로자 일 것
  - 휴가가 끝난 날 이전까지의 피보험 단위기간이 통산하여 180일 이상일 것
  - 휴가를 시작한 날 이후 1개월부터 휴가가 끝난 날 이후 12개월 이내에 신청할 것
  - 다만 다음과 같은 사유가 발생하여 급여를 신청할 수 없었던 경우에는 그 사유가 종료된 후료부터 30일 이내에 신청을 하여야 합니다.
    ① 천재지변
    ② 본인이나 배우자의 질병·부상
    ③ 본인이나 배우자의 직계존속 및 직계비속의 질병·부상
    ④ 「병역법」에 따른 의무복무
    ⑤ 범죄혐의로 인한 구속이나 형의 집행

(3) 유산·사산휴가 급여 신청
  - 유산·사산휴가 급여를 지급받으려는 자는 아래의 서류를 모두 첨부하여 신청인의 거주지나 사업장의 소재지 관할 직업안정기관의 장에게 제출하여야 합니다.
    ① 유산·사산휴가 급여 신청서
    ② 유산·사산휴가 확인서 1부(최초 1회만 해당)

③ 통상임금을 확인할 수 있는 자료(임금대장, 근로계약서 등) 사본 1부

④ 휴가기간 동안 사업주로부터 금품을 지급받은 경우 이를 확인할 수 있는 자료

⑤ 유산이나 사산을 하였음을 증명할 수 있는 의료기관(「의료법」 제3조에 따른 의료기관을 말함)의 진단서(임신기간이 적혀 있어야 함) 1부

- 유산·사산휴가 급여의 지급 신청은 30일 단위로 하여야 하지만, 사용 기간이 30일 미만인 경우에 그 기간에 대하여 신청할 수 있으며, 휴가가 끝난 후 신청하는 경우에는 한꺼번에 신청할 수 있습니다.

- 거짓이나 그 밖의 부정한 방법으로 유산·사산휴가 급여를 받은 자는 1년 이하의 징역 또는 1천만원 이하의 벌금에 처해집니다.

3) 유산·사산휴가 급여의 지급 금액 및 지급 제한
(1) 유산·사산휴가 급여의 지급 금액
   가. 유산·사산휴가 급여 지급 금액의 산정
   유산·사산휴가 급여는 유산·사산휴가(규제 「근로기준법」 제74조) 기간에 대해 「근로기준법」의 통상임금에 해당하는 금액을 지급합니다.

   나. 유산·사산휴가 급여의 상·하한액
   여성근로자(피보험자)에게 지급하는 유산·사산휴가 급여의 상한액과 하한액은 다음과 같습니다.
   ① 상한액
   - 유산·사산휴가기간 90일에 대한 통상임금에 상당하는 금액이 540만원을 초과하는 경우: 540만원
   - 유산·사산휴가 급여등의 지급기간이 90일 미만인 경우: 일수로 계산한 금액
   ② 하한액
   유산·사산휴가 기간의 시작일 당시 적용되던 「최저임금법」에 따른 시간 단위에 해당하는 최저임금액(이하 '시간급

최저임금액'이라 함)보다 그 근로자의 시간급 통상임금이 낮
은 경우에는 시간급 최저임금액을 시간급 통상임금으로 하
여 산정된 유산·사산휴가 급여의 지원기간 중 통상임금에
상당하는 금액

다. 유산·사산휴가 급여의 감액

고용노동부장관은 여성근로자(피보험자)가 유산·사산휴가 중
사업주로부터 통상임금에 해당하는 금품을 지급받은 경우로서
사업주로부터 받은 금품과 유산·사산휴가 급여를 합한 금액
이 유산·사산휴가 시작일을 기준으로 한 통상임금을 초과한
경우 그 초과하는 금액을 유산·사산휴가 급여에서 빼고 지급
합니다. 다만, 유산·사산휴가기간 중에 통상임금이 인상된 피
보험자에게 사업주가 인상된 통상임금과 유산·사산휴가 급여
의 차액을 지급하였을 때에는 그렇지 않습니다.

(2) 유산·사산휴가 급여의 지급 방법

- 직업안정기관의 장은 유산·사산휴가 급여에 대한 지급 신청
  을 받으면 유산·사산휴가 급여를 받을 수 있는 요건을 갖추었
  는지의 여부와 지급 제한 등의 사유가 있는지 여부를 검토한
  뒤 유산·사산휴가 급여 지급 부지급 결정 통지서에 따라 신청
  인에게 그 지급 여부를 알려야 합니다.
- 유산·사산휴가 급여는 신청인이 지정한 금융기관의 계좌에 입
  금하는 방법으로 지급합니다.
- 직업안정기관의 장은 보험에 관계있는 자의 청구가 있는 경우
  에는 급여원부를 열람하게 하고, 필요하다고 인정하는 경우 유
  산·사산휴가 급여에 관한 증명서를 내주어야 합니다.

(3) 유산·사산휴가 급여의 지급 제한

가. 다른 사업장에 새로 취업한 경우

- 여성근로자(피보험자)가 유산·사산휴가 급여 기간 중에 그
  사업에서 이직하거나 새로 취업한 경우에는 그 이직 또는 취

업하였을 때부터 유산·사산휴가 급여를 지급하지 않습니다.
- 피보험자(여성근로자)는 이직 또는 취업을 한 날 이후 최초로 제출하는 출산전후휴가 급여(유산·사산휴가)등 신청서에 이직 또는 취업을 한 사실을 적어야 합니다.

나. 거짓이나 부정한 방법을 통한 수급
- 거짓이나 그 밖의 부정한 방법으로 유산·사산휴가 급여를 받았거나 받으려고 한 여성근로자에게는 그 급여를 받은 날 또는 받으려 한 날부터의 유산·사산휴가 급여를 지급하지 않습니다.
- 다만, 그 급여와 관련된 유산·사산휴가 이후에 새로 유산·사산휴가 급여 요건을 갖춘 경우 그 새로운 요건에 따른 유산·사산휴가 급여는 지급됩니다.

3. 출산 등 관련 불리한 처우금지

1) 해고 제한
- 사용자는 산전(産前)·산후(産後)의 여성근로자가 「근로기준법」에 따라 휴업한 기간과 그 후 30일 동안은 해고할 수 없습니다.
- 다만, 사용자가 일시보상을 하였거나 사업을 계속할 수 없게 된 경우에는 해고할 수 있습니다.
- 이를 위반하여 여성근로자를 해고한 경우 5년 이하의 징역 또는 5천만원 이하의 벌금에 처해집니다.

2) 연차 유급휴가의 산정시 특례
연차 유급휴가를 산정할 때 임신 중의 여성이 출산전후휴가 및 유산·사산휴가로 휴업한 기간은 출근한 것으로 봅니다.

3) 동일·유사 업무 복귀 보장
- 사업주는 여성근로자의 출산전후휴가 종료 된 후에는 휴가 전과 동일한 업무 또는 동등한 수준의 임금을 지급하는 직무에 복귀시켜야 합니다.
- 이를 위반할 경우 사업주는 500만원 이하의 벌금에 처해집니다.

제4절 경력단절여성근로자 지원

1. 여성근로자의 경력단절 예방 및 재취업 지원

1) 경력단절여성의 개념
   - 경력단절여성이란 혼인·임신·출산·육아와 가족구성원의 돌봄 등을 이유로 경제활동을 중단하였거나 경제활동을 한 적이 없는 여성 중에서 취업을 희망하는 여성을 말합니다.
   - 정부는 경력단절여성등에 적합한 일자리를 창출하고 일자리의 질을 제고하기 위하여 노력하여야 합니다.

2) 경력단절 예방 지원
   여성가족부장관은 다음의 기관이 여성의 경력단절을 예방하기 위하여 직업의식과 인식개선을 위한 사업을 하는 경우 이에 필요한 지원을 할 수 있습니다.
   ① 여성인력개발센터
   ② 경력단절여성지원센터
   ③「고등교육법」제2조에 따른 학교

3) 경력단절여성의 재취업지원
   (1) 직업교육훈련
   - 여성가족부장관은 경력단절여성등의 경제활동을 촉진하기 위하여 여성인력개발기관 등의 기관에 경력단절여성등의 직업교육훈련을 실시하도록 지원할 수 있습니다.
   - 지방자치단체의 장은 경력단절여성등의 경제활동을 촉진하기 위하여 지역의 특성에 맞는 직업교육훈련을 실시할 수 있습니다. 이 경우 여성가족부장관과 고용노동부장관은 지방자치단체가 실시하는 직업교육훈련에 필요한 지원을 할 수 있습니다.

   (2) 인턴취업지원
   - 여성가족부장관은 경력단절여성등의 직업적응을 위하여 공공

기관과 여성진출이 저조한 분야를 대상으로 인턴취업지원사업
을 실시할 수 있습니다.
- 여성가족부장관은 지방자치단체가 실시하는 인턴취업지원사업에
  대하여 필요한 경비의 전부 또는 일부를 지원할 수 있습니다.

4) 경력단절여성지원센터의 지정 및 운영
(1) 경력단절여성지원센터(여성새로일하기센터)
- 여성가족부장관과 고용노동부장관은 여성의 경력단절 예방과
  경제활동 촉진에 필요한 다음의 사업을 수행하기 위하여 특별
  시·광역시·특별자치시·도·특별자치도 또는 시·군·구(자치구를 말
  함) 단위의 경력단절여성지원센터(이하 "지원센터"라 함)를 지
  정·운영할 수 있습니다.
- 경력단절여성지원센터에서는 다음과 같은 업무를 수행합니다.
  ① 경력단절여성등의 혼인·임신·출산과 휴직 후 복귀 등에 관
     한 상담, 정보제공 및 사례관리
  ② 경력단절여성등의 생애주기별 경력개발교육, 멘토링 및 네
     트워크 형성 등 경력단절 예방 프로그램 지원
  ③ 취업·창업 정보 제공 및 상담
  ④ 직업교육훈련, 취업알선 및 취업 후 직장적응 지원
  ⑤ 보육 지원 등 복지서비스 제공 및 연계
  ⑥ 보육 지원 등 복지서비스 제공 및 연계
  ⑦ 보육 지원 등 복지서비스 제공 및 연계
- 여성가족부장관과 고용노동부장관은 여성의 경력단절 예방과 경제
  활동 촉진에 관한 정책 및 지원센터의 사업을 효율적이고 체계적으
  로 지원하기 위하여 다음의 업무를 수행하는 중앙경력단절여성지원
  센터(이하 "중앙지원센터"라 한다)를 지정·운영할 수 있습니다.
  ① 경력단절여성등의 경력단절 예방에 관한 상담, 교육 등 사
     업프로그램의 개발·보급
  ② 경력단절여성등의 경력단절 예방에 관한 사회문화적 인식 개선 사업

③ 취업·창업지원 등의 상담, 교육 등 사업 프로그램의 개발·보급
④ 경력단절여성등의 직장 조기 적응 프로그램 개발·보급
⑤ 경력단절여성등의 경제활동 촉진을 위한 관련 기관, 기업과의 전국단위 네트워크 구축·운영
⑥ 지원센터 평가 및 종사자 교육훈련

- 여성새로일하기센터는 혼인·임신·출산·육아 등으로 경력이 단절된 여성 등에게 취업 상담, 직업교육훈련, 인턴십 및 취업후 사후관리 등 종합적인 취업서비스를 지원하는 기관으로 고용노동부와 여성가족부가 공동주관 합니다.

(2) 세부사업

가. 여성고용유지지원 사업
- 여성의 고용유지를 위해 경력단절예방 상담·컨설팅, 심리·고충상담 실시
- 직장적응 및 경력개발을 위한 워크숍 및 교육, 취업자 간담회, 멘토링 실시

나. 직장문화 개선지원 사업
- 여성친화적 근로문화 조성을 위한 인사, 노무, 경영, 조직관리교육 및 전문가 컨설팅
- 일·생활 균형문화 확산을 위한 교육 및 워크숍, 기업 내 시설환경 개선 지원

다. 경력단절예방 협력망 구축
지역사회 유관기관 간 네트워크를 형성하여 지역사회 내 여성의 지속적인 근로 및 일·생활 균형에 대한 사회적 공감대 확산을 위한 방안 마련

라. 경력단절예방 인식개선사업
- 여성의 경력단절예방 인식개선을 위한 캠페인, 토론회, 세미나, 토크콘서트 개최
- 경력단절을 극복한 사례 발굴 및 언론 홍보

Q. 출산 후 육아를 계속하다보니 한동안 경제활동의 공백기가 생겼습니다. 이제 아이가 어린이집을 다니게 되어 다시 취업을 하려고 하는데 재취업을 하자니 어디서부터 알아보아야 할지 막막합니다. 재취업에 관한 정보나 상담은 어디에서 할 수 있을까요?

A. 특별시·광역시·특별자치시·도·특별자치도 또는 시·군·구 단위의 경력단절여성지원센터에 문의해 보세요. 근처의 경력단절여성지원센터는 여성새로일하기센터 홈페이지(https://saeil.mogef.go.kr)에 서 찾아볼 수 있습니다.

외국인 고용

제3장 외국인 고용

제1절 외국인근로자 고용·취업 개요

1. 외국인근로자 고용·취업 제도

1) 외국인근로자 취업 및 체류자격

(1) 외국인근로자의 정의

- "외국인근로자"란 대한민국의 국적을 가지지 않은 자로서 대한 민국에 소재하고 있는 사업 또는 사업장에서 임금을 목적으로 근로를 제공하고 있거나 제공하려는 자를 말합니다.

- 따라서, 대한민국의 국민으로서 외국의 영주권을 취득한 자 또 는 영주할 목적으로 외국에 거주하고 있는 자인 '재외국민' (「재외동포의 출입국과 법적지위에 관한 법률」 제2조제1호)은 외국인근로자가 아닙니다.

(2) 외국인근로자의 취업과 체류자격

가. 취업활동이 가능한 체류자격의 취득

- 외국인이 대한민국에서 취업하려면 「출입국관리법」에 따라 취업활동을 할 수 있는 체류자격을 받아야 합니다.

- 취업활동을 할 수 있는 체류자격을 받지 않은 외국인이 취 업을 하면, 3년 이하의 징역 또는 3천만원 이하의 벌금에 처 해집니다.

- 취업활동을 할 수 있는 체류자격을 받지 않은 외국인을 고 용하거나 그 고용을 업으로 알선 또는 권유하면, 3년 이하의 징역 또는 3천만원 이하의 벌금에 처해집니다.

나. 취업활동이 가능한 체류자격의 종류

대한민국에서 취업활동이 가능한 외국인의 체류자격은 아래 표와 같습니다. 이 경우 '취업활동'은 해당체류 자격의 범위에 속하는 활동을 말합니다.

체류자격	체류자격에 해당하는 자 또는 활동범위
1. 단기취업(C-4)	일시흥행, 광고·패션모델, 강의·강연, 연구, 기술지도 등 수익을 목적으로 단기간 취업활동을 하려는 자
2. 교수(E-1)	「고등교육법」에 따른 자격요건을 갖춘 외국인으로서 전문대학 이상의 교육기관 또는 이에 준하는 기관에서 전문분야의 교육 또는 연구지도 활동에 종사하려는 자 ※「고등교육법」에 따른 자격요건이란? ·「고등교육법」 제16조 및 「교수자격기준 등에 관한 규정」 별표에서는 대학, 산업대학, 교육대학, 교육대학, 전문대학, 원격대학, 기술대학 또는 각종 학교의 교원과 조교의 자격기준 및 자격인정에 관한 사항이 규정되어 있습니다.
3. 회화지도(E-2)	법무부장관이 정하는 자격요건을 갖춘 외국인으로서 외국어전문학원, 초등학교 이상의 교육기관 및 부설어학연구소, 방송사 및 기업체부설 어학연수원 그 밖에 이에 준하는 기관 또는 단체에서 외국어 회화지도에 종사하려는 자
4. 연구(E-3)	대한민국 내의 공·사기관으로부터 초청되어 각종 연구소에서 자연과학분야의 연구 또는 산업상의 고도기술의 연구개발에 종사하려는 자[교수(E-1)자격에 해당하는 자는 제외]
5. 기술지도(E-4)	자연과학분야의 전문지식 또는 산업상의 특수한 분야에 속하는 기술을 제공하기 위해 대한민국 내의 공·사기관으로부터 초청되어 종사하려는 자
6. 전문직업(E-5)	대한민국의 법률에 의해 자격이 인정된 외국의 변호사, 공인회계사, 의사 그 밖에 국가공인 자격을 소지한 자로서 대한민국의 법률에 따라 행할 수 있도록 되어 있는 법률, 회계, 의료 등의 전문업무에 종사하

	려는 자[교수(E-1)자격에 해당하는 자는 제외]]
7. 예술흥행(E-6)	수익이 따르는 음악, 미술, 문학 등의 예술활동과 수익을 목적으로 하는 연예, 연주, 연극, 운동경기, 광고·패션모델 그 밖에 이에 준하는 활동을 하려는 자
8. 특정활동(E-7)	대한민국 내의 공·사기관 등과의 계약에 의해 법무부장관이 특히 지정하는 활동에 종사하려는 자 ※ 법무부장관이 지정한 활동은 출입국·외국인정책본부 홈페이지(www.immigration.go.kr)를 참고하기 바랍니다.
9. 비전문 취업(E-9)	「외국인근로자의 고용 등에 관한 법률」에 따른 국내 취업요건을 갖춘 자[일정 자격이나 경력 등이 필요한 전문직종에 종사하려는 자는 제외]
10. 선원취업(E-10)	다음에 해당하는 사람과 그 사업체에서 6개월 이상 노무를 제공할 것을 조건으로 선원근로계약을 체결한 외국인으로서 「선원법」 제2조제6호에 따른 부원(部員)에 해당하는 사람 가. 「해운법」 제3조제1호•제2호•제5호 또는 제23조제1호에 따른 사업을 경영하는 사람 나. 「수산업법」 제8조제1항제1호, 제41조제1항 또는 제57조제1항에 따른 사업을 경영하는 사람 다. 「크루즈산업의 육성 및 지원에 관한 법률」 제2조제7호에 따른 국적 크루즈사업자로서 「크루즈산업의 육성 및 지원에 관한 법률」 제2조제4호에 따른 국제순항 크루즈선을 이용하여 사업을 경영하는 사람
11. 거주 (F-2)	가. 국민의 미성년 외국인 자녀 또는 영주(F-5) 체류자격을 가지고 있는 사람의 배우자 및 그의 미성년 자녀 나. 국민과 혼인관계(사실상의 혼인관계를 포함한다)에서 출생한 사람으로서 법무부장관이 인정하는 사람 다. 난민의 인정을 받은 사람 라. 「외국인투자 촉진법」에 따른 외국투자가 등으로

다음 어느 하나에 해당하는 사람

1) 미화 50만 달러 이상을 투자한 외국인으로서 기업투자 (D-8) 체류자격으로 3년 이상 계속 체류하고 있는 사람

2) 미화 50만 달러 이상을 투자한 외국법인이 「외국인 투자 촉진법」에 따른 국내 외국인투자기업에 파견한 임직원으로서 3년 이상 계속 체류하고 있는 사람

3) 미화 30만 달러 이상을 투자한 외국인으로서 2명 이상의 국민을 고용하고 있는 사람

마. 영주(F-5) 체류자격을 상실한 사람 중 국내 생활관계의 권익보호 등을 고려하여 법무부장관이 국내에서 계속 체류하여야 할 필요가 있다고 인정하는 사람(강제퇴거된 사람은 제외한다)

바. 외교(A-1)부터 협정(A-3)까지의 체류자격 외의 체류자격으로 대한민국에 5년 이상 계속 체류하여 생활 근거지가 국내에 있는 사람으로서 법무부장관이 인정하는 사람

사. 비전문취업(E-9), 선원취업(E-10) 또는 방문취업 (H-2) 체류자격으로 취업활동을 하고 있는 사람으로서 과거 10년이내에 법무부장관이 정하는 체류자격으로 4년 이상의 기간 동안 취업활동을 한 사실이 있는 사람 중 다음 요건을 모두 갖춘 사람

1) 법무부장관이 정하는 기술·기능 자격증을 가지고 있거나 일정 금액 이상의 임금을 국내에서 받고 있을 것(기술·기능 자격증의 종류 및 임금의 기준에 관하여는 법무부장관이 관계 중앙행정기관의 장과 협의하여 고시한다)

2) 법무부장관이 정하는 금액 이상의 자산을 가지고 있을 것

3) 대한민국 「민법」에 따른 성년으로서 품행이 단정하고 대한민국에서 거주하는 데에 필요한 기본 소양을 갖추고 있을 것

아. 「국가공무원법」 또는 「지방공무원법」에 따라 공무원으로 임용된 사람으로서 법무부장관이 인정하는 사람

	자. 나이, 학력, 소득 등이 법무부장관이 정하여 고시하는 기준에 해당하는 사람 차. 투자지역, 투자대상, 투자금액 등 법무부장관이 정하여 고시하는 기준에 따라 부동산 등 자산에 투자한 사람 또는 법인의 임원, 주주 등으로서 법무부장관이 인정하는 외국인. 이 경우 법인에 대해서는 법무부장관이 투자금액 등을 고려하여 체류자격 부여인원을 정함. 카. 자목이나 차목에 해당하는 사람의 배우자 및 자녀(법무부장관이 정하는 요건을 갖춘 자녀만 해당)
12. 재외동포(F-4)	외국국적동포에 해당하는 사람. 다만, 다음의 취업활동에 종사하려는 자는 제외합니다. 가. 단순노무행위를 하는 경우 나. 사행행위 등 선량한 풍속이나 그 밖에 사회질서에 반하는 행위를 하는 경우 다. 그 밖에 공공의 이익이나 국내 취업질서 등의 유지를 위해 그 취업을 제한할 필요가 있다고 인정되는 경우 ※ 외국국적동포란? ·다음 중 어느 하나에 해당하는 사람을 말합니다(『재외동포의 출입국과 법적 지위에 관한 법률』 제2조제2호 및 「재외동포의 출입국과 법적 지위에 관한 법률 시행령」 제3조). 1. 출생으로 대한민국의 국적을 보유했던 사람(대한민국정부 수립 이전에 국외로 이주한 동포 포함)으로서 외국국적을 취득한 사람 2. 1. 에 해당하는 사람의 직계비속으로서 외국국적을 취득한 사람
13. 영주 (F-5)	「출입국관리법」에 따른 강제퇴거대상(「출입국관리법」 제46조제1항)이 아닌 자로서 다음의 어느 하나에 해당하는 자 가. 대한민국 법무부장관이 정하는 조건을 갖춘 자로

서, 예술흥행(E-6) 자격을 제외한 주재(D-7)부터 특정활동(E-7)까지의 자격이나 거주(F-2) 자격으로 5년 이상 대한민국에 체류하고 있는 자

나. 국민 또는 영주(F-5) 체류자격을 가진 사람의 배우자 또는 미성년 자녀로서 대한민국에 2년 이상 체류하고 있는 사람 및 대한민국에서 출생한 것을 이유로 법 제23조에 따라 체류자격 부여 신청을 한 사람으로서 출생 당시 그의 부 또는 모가 영주(F-5) 체류자격으로 대한민국에 체류하고 있는 사람 중 생계유지 능력, 품행, 기본적 소양 등을 고려한 결과 대한민국에 계속 거주할 필요가 있다고 법무부장관이 인정하는 사람

다. 「외국인투자 촉진법」에 따라 미화 50만 달러 이상을 투자한 외국인투자가로서 5명 이상의 국민을 고용하고 있는 자

라. 재외동포(F-4) 자격으로 대한민국에 2년 이상 계속 체류하고 있는 자로서 생계유지 능력, 품행, 기본적 소양 등을 고려하여 대한민국에 계속 거주할 필요가 있다고 법무부장관이 인정하는 자

마. 「재외동포의 출입국과 법적지위에 관한 법률」제2조제2호의 외국국적 동포로서 「국적법」에 따른 국적취득 요건을 갖춘 자

바. 종전 「출입국관리법 시행령」(대통령령 제17579호로 일부 개정되어 2002. 4. 18. 공포·시행되기 이전의 것) 별표 1 제27호란의 거주(F-2) 자격(이에 해당되는 종전의 체류자격을 가진 적이 있는 자를 포함)이 있었던 자로서 생계유지 능력, 품행, 기본적 소양 등을 고려하여 대한민국에 계속 거주할 필요가 있다고 법무부장관이 인정하는 자

사. 법무부장관이 정하는 분야의 박사학위증이 있는 자로서 영주(F-5) 자격 신청 시 국내기업에 고용되어 법무부장관이 정하는 금액 이상의 임금을 받는 자

아. 법무부장관이 정하는 분야의 학사학위 이상의 학

위증 또는 법무부장관이 정하는 기술자격증이 있
는 자로서 국내 체류기간이 3년 이상이고, 영주
(F-5) 자격 신청 시 국내기업에 고용되어 법무부장
관이 정하는 금액 이상의 임금을 받는 자
자. 과학·경영·교육·문화예술·체육 등 특정 분야에서 탁
월한 능력이 있는 자 중 법무부장관이 인정하는 자
차. 대한민국에 특별한 공로가 있다고 법무부장관이
인정하는 자
카. 60세 이상인 자로서 법무부장관이 정하는 금액
이상의 연금을 해외로부터 수령하고 있는 자
타. 방문취업(H-2)자격으로 취업활동을 하고 있는 사
람으로서 이 표 거주(F-2)란의 바목(1)부터 (3)까
지의 요건을 모두 갖추고 있는 사람 중 근속기간
이나 취업지역, 산업분야의 특성, 인력부족 상황
및 국민의 취업선호도 등을 고려하여 법무부장관
이 인정한 사람
파. 이 표 거주(F-2)란의 사목에 해당하는 자격으로
대한민국에서 3년 이상 체류하고 있는 자로서 생
계유지 능력, 품행, 기본적 소양 등을 고려하여 대
한민국에 계속 거주할 필요가 있다고 법무부장관
이 인정하는 자
하. 이 표 거주(F-2)란의 자목에 해당하는 자격으로
대한민국에서 5년 이상 체류하고 있는 자로서 생
계유지 능력, 품행, 기본적 소양 등을 고려하여 대
한민국에 계속 거주할 필요가 있다고 법무부장관
이 인정하는 자
거. 기업투자(D-8) 다목에 해당하는 체류자격으로 대
한민국에 3년 이상 계속 체류하고 있는 사람으로
서 투자자로부터 3억원 이상의 투자금을 유치하고
2명 이상의 국민을 고용하는 등 법무부장관이 정
하는 요건을 갖춘 사람
너. 5년 이상 투자 상태를 유지할 것을 조건으로 일
정 금액 이상을 투자한 사람으로서 품행 등 법무

	부장관이 정하는 요건을 갖춘 사람 더. 기업투자(D-8) 가목에 해당하는 체류자격을 가지 고「외국인투자촉진법 시행령」제25조제1항제4호에 따른 연구개발시설의 필수전문인력으로 대한민국에 3년 이상 계속 체류하고 있는 사람으로서 법무부 장관이 인정하는 사람
14. 결혼이민(F-6)	가. 국민의 배우자 나. 국민과 혼인관계(사실상의 혼인관계를 포함한다) 에서 출생한 자녀를 양육하고 있는 부 또는 모로 서 법무부장관이 인정하는 사람 다. 국민인 배우자와 혼인한 상태로 국내에 체류하던 중그 배우자의 사망이나 실종, 그 밖에 자신에게 책임이 없는 사유로 정상적인 혼인관계를 유지할 수 없는 사람으로서 법무부장관이 인정하는 사람
15. 관광취업(H-1)	대한민국과 '관광취업'에 관한 협정이나 양해각서 등 을 체결한 국가의 국민으로서 관광을 주된 목적으로 하면서 이에 수반되는 관광경비 충당을 위해 단기간 취업활동을 하려는 자(협정 등의 취지에 반하는 업종 이나 국내법에 의하여 일정한 자격요건을 갖추어야 하는 직종에 취업하려는 자는 제외)
16. 방문취업(H-2)	가. 체류자격에 해당하는 자: 외국국적동포(「재외동포 의 출입국과 법적지위에 관한 법률」 제2조제2호) 에 해당하고, 다음의 어느 하나에 해당하는 18세 이상인 자 중에서 나목의 활동범위 내에서 체류하 려는 자로서 법무부장관이 인정하는 자[재외동포 (F-4)자격에 해당하는 자는 제외] 1) 출생 당시에 대한민국 국민이었던 자로서 가족 관계등록부·폐쇄등록부 또는 제적부에 등재되어 있는 자 및 그 직계비속 2) 국내에 주소를 둔 대한민국 국민인 8촌 이내의

혈족 또는 4촌 이내의 인척으로부터 초청을 받
은 자

3) 국가유공자와 그 유족 등(「국가유공자 등 예우
및 지원에 관한 법률」 제4조)에 해당하거나 독
립유공자와 그 유족 또는 그 가족(「독립유공자
예우에 관한 법률」 제4조)에 해당하는 자

4) 대한민국에 특별한 공로가 있거나 대한민국의
국익증진에 기여한 자

5) 유학(D-2) 자격으로 1학기 이상 재학 중인 자
의 부·모 및 배우자

6) 국내 외국인의 체류질서 유지를 위해 법무부장관이
정하는 기준 및 절차에 따라 자진해서 출국한 자

7) 1)부터 6)까지에 해당되지 않는 자로서 법무부
장관이 정하여 고시하는 한국말 시험, 추천 등
의 절차에 의해 선정된 자

나. 활동범위

1) 방문, 친척과의 일시 동거, 관광, 요양, 견학,
친선경기, 비영리 문화예술활동, 회의 참석, 학
술자료 수집, 시장조사·업무연락·계약 등 상업적
용무나 그 밖에 이와 유사한 목적의 활동

2) 한국표준산업분류표에 의한 다음의 어느 하나에
해당하는 산업분야에서의 활동(직업안정기관의
장이 해당 산업체에 발급한 특례고용가능확인
서에 기재된 허용인원의 범위에서 취업 가능)

(1) 작물 재배업(011)

(2) 축산업(012)

(3) 작물재배 및 축산 관련 서비스업(014)

(4) 연근해 어업(03112)

(5) 양식 어업(0321)

(6) 천일염 생산 및 암염 채취업(07220)

(7) 제조업(10~33). 다만, 상시 사용하는 근로자
수가 300명 미만이거나 자본금이 80억원 이
하 인 경우에만 해당.

(8) 하수폐수 및 분뇨처리업(37)

(9) 폐기물 수집 운반처리 및 원료 재생업(38)

(10) 건설업(41~42). 다만, 발전소·제철소·석유화학 건설현장의 건설업체 중 업종이 산업·환경설비 공사인 경우는 제외.

(11) 육지동물 및 애완동물 도매업(46205)

(12) 기타 산업용 농산물 및 산동물 도매업(46209)

(13) 생활용품 도매업(464)

(14) 기계장비 및 관련물품 도매업(465)

(15) 재생용 재료 수집 및 판매업(46791)

(16) 기타 생활용품 소매업(475)

(17) 기타 상품 전문 소매업(478)

(18) 무점포 소매업(479)

(19) 육상 여객 운송업(492)

(20) 냉장 및 냉동 창고업(52102). 다만, 내륙에 위한 업체에 한정.

(21) 호텔업(55101). 다만, 「관광진흥법」에 따른 호텔업은 1등급·2등급 및 3등급의 관광호텔업에 한정.

(22) 여관업(55102)

(23) 한식 음식점업(5611)

(24) 외국인 음식점업(5612)

(25) 기타 간이 음식점업(5619)

(26) 서적, 잡지 및 기타 인쇄물 출판업(581)

(27) 음악 및 기타 오디오물 출판업(59201)

(28) 사업시설 유지관리 서비스업(741)

(29) 건축물 일반 청소업(74211)

(30) 산업설비, 운송장비 및 공공장소 청소업(74212)

(31) 여행사 및 기타 여행보조 서비스업(752)

(32) 사회복지 서비스업(87)

(33) 자동차 종합 수리업(95211)

(34) 자동차 전문 수리업(95212)

(35) 모터사이클 수리업(9522)

(36) 욕탕업(96121)

	(37) 산업용 세탁업(96911)
	(38) 개인 간병인 및 유사 서비스업(96993)
	(39) 가구내 고용활동(97)

(3) 체류자격별 취업활동의 제한

가. 단기취업(C-4), 교수(E-1), 회화지도(E-2), 연구(E-3), 기술지도(E-4), 전문직업(E-5), 예술흥행(E-6), 특정활동(E-7), 비전문취업(E-9), 선원취업(E-10), 관광취업(H-1) 또는 방문취업(H-2)의 체류자격에 해당하는 경우

- 해당 외국인근로자는 지정된 근무처 외에서 근무해서는 안 됩니다.

- 예외적으로 전문적인 지식·기술 또는 기능을 가진 사람으로서 교수(E-1), 회화지도(E-2), 연구(E-3), 기술지도(E-4), 전문직업(E-5), 예술흥행(E-6), 특정활동(E-7) 자격으로 외국인등록을 하고 체류 중인 사람에 대해서는 위의 지정근무처 근무제한규정이 적용되지 않습니다. 이를 위반하면 1년 이하의 징역 또는 1천만원 이하의 벌금에 처해집니다.

- 해당 외국인근로자가 그 체류자격의 범위에서 근무처를 변경하거나 추가하려면 규제「출입국관리법 시행령」 제26조에 따라 미리 법무부장관의 허가를 받아야 합니다.

- 예외적으로 전문적인 지식·기술 또는 기능을 가진 사람으로 교수(E-1), 회화지도(E-2), 연구(E-3), 기술지도(E-4), 전문직업(E-5), 예술흥행(E-6), 특정활동(E-7) 자격으로 외국인등록을 하고 체류 중인 사람은 근무처를 변경하거나 추가한 날부터 15일 이내에 「출입국관리법 시행령」 제26조의2에 따라 법무부장관에게 신고하면 됩니다. 이를 위반하면 1년 이하의 징역 또는 1천만원 이하의 벌금에 처해집니다

- 누구든지 다른 법률에 의해 고용을 알선하는 경우를 제외하고는 근무처의 변경·추가허가(규제「출입국관리법」 제21조제1항)를 받지 않은 해당 외국인근로자를 고용하거나 고용을 알선해서는 안 됩니다.

- 이를 위반하여 근무처의 변경 또는 추가허가를 받지 않은 외국인의 고용을 업으로 알선하면 3년 이하의 징역 또는 2천만원 이하의 벌금에 처해지며(「출입국관리법」 제94조제13호), 그 외국인을 고용하면 1년 이하의 징역 또는 1천만원이하의 벌금에 처해집니다.

나. 거주(F-2)(라목부터 바목까지는 그 체류자격에 해당하는 분야의 활동을 하려는 경우만을 말함), 재외동포(F-4), 영주(F-5) 또는 결혼이민(F-6)의 체류자격에 해당하는 경우
- 해당 외국인근로자는 취업활동의 제한을 받지 않습니다.
- 다만, 위 표의 제12호[재외동포(F-4)]의 체류자격에 해당하는 외국인은 다음의 행위를 할 수 없으며, 허용되는 취업활동이라도 국내법령에 따라 일정한 자격이 필요할 경우에는 그 자격을 갖추어야 합니다.

① 단순노무행위: 단순하고 일상적인 육체노동을 요하는 업무로서 「한국표준직업분류」(통계청고시 제2017-191호, 2017. 7. 3 발령, 2018. 1. 1. 시행)에 따른 단순노무직 근로자의 취업분야의 행위

② 선량한 풍속이나 그 밖의 사회질서에 반하는 행위 : 다음 어느 하나에 해당하는 행위를 말합니다.
  ㉮ 복표발행업, 현상업, 회전판돌리기업, 추첨업 또는 경품업 등의 사행행위 영업장소 등에 취업하는 행위
  ㉯ 유흥주점에서 유흥종사자로 근무하는 행위
  ㉰ 다음의 어느 하나에 해당하는 풍속영업중 선량한 풍속에 반하는 영업장소 등에 취업하는 행위
    ⓐ 단란주점영업 및 유흥주점영업
    ⓑ 숙박업, 이용업 및 목욕장업
    ⓒ 비디오물감상실업, 노래연습장업
    ⓓ 무도학원업 및 무도장업

ⓔ 청소년 출입·고용금지업소

③ 그 밖에 공공의 이익이나 국내 취업질서 등을 유지하기 위해서 그 취업을 제한할 필요가 있다고 인정되는 행위

※ 재외동포의 취업활동 제한에 관한 구체적 범위는 법무부장관이 재외동포의 출입국및체류심의조정위원회의 심의·조정을 거쳐 고시됩니다.

다. 방문취업동포(H-2) <건설업종취업등록제>

- 2009년 5월부터 방문취업동포 건설업종 취업등록제가 시행됩니다. 이후로 방문취업동포가 건설업에 취업하기 위해서는 건설업 취업등록 신청 및 취업교육 등 절차를 거쳐 반드시 "건설업 취업 인정 증명서"를 발급받아야 하며, 2009년 12월부터는 건설업 취업 인정증명서 없이 건설업에 취업할 수 없습니다.

- 건설업 취업 인정증명서없이 건설업에 근무하는 자는 체류기간 연장불허(1회 위반) 및 사증·체류허가 취소(2회 이상 위반) 등 법적 불이익을 받게 됩니다.

A. 외국인이 대한민국에서 취업하려면 「출입국관리법」에 따라 취업활동을 할 수 있는 체류자격(VISA)을 받아야 합니다. 따라서 관광비자로 대한민국에 머물고 있는 경우에는 종류여하를 불문하고 근로행위를 할 수 없습니다.

회화학원에 취업하려면 이에 해당하는 체류자격인 회화지도(E-2) 비자를 미리 받아 입국하거나, 관광비자(B-2 또는 C-3)로 입국했다면 국내에서 회화지도 비자로 체류자격을 변경해야 합니다.

취업활동을 할 수 있는 체류자격을 받지 않은 외국인이 취업을 하면, 3년 이하의 징역 또는 3천만원 이하의 벌금에 처해집니다. 또한, 취업활동을 할 수 있는 체류자격을 받지 않은 외국인을 고용하거나 그 고용을 업으로 알선 또는 권유하면, 3년 이하의 징역 또는 3천만원 이하의 벌금에 처해집니다.

Q. <외국인 등록증과 의료보험에 관하여>외국인과 결혼하여 아내가 지금 아이 출산때문에 한국에 나가 있습니다. 그런데 지금 의료보험 가입이 되어 있지 않습니다. 외국인 등록증이 없다고 안된다고 한다고 하네요. 아내가 한국으로 입국할 때 이번의 비자는 내 이름으로 해서 비자가 나왔습니다. 내가 아는 것은 C3단기 비자는 아니구요.. 그리고 청두(성도) 영사관에서 아내에세 F2 비자는 줄 수가 없다고 하더라구요, 이유는 우리 부부 나이 차이가 너무 많이 나기 때문에 법무부에서 성도 영사관에는 10세 이상이 차이가 나면 F2 비자를 줄 수 없게 해 놓았다고 하면서. 내 이름으로 해서 S21이라는 비자를 주셨습니다. 그리고 비자 연기도 할 수 있다고 하더군요. 이럴 경우 한국에서 다시 F2 비자를 발급 받아서 다시 외국인 등록증을 만들어야 하나요?

A. 국민과 결혼한 외국인배우자는 양쪽국가에서 발행한 혼인증명서가 있으면, 거주(F-2)자격으로 체류자격변경허가 신청이 가능하며, 제출서류는 신청서, 여권, 혼인관계증명서, 배우자 주민등록등본, 신원보증서, 재정관련입증서류(본인 및 배우자 명의의 재직증명서, 전세금 또는 등기부등본, 3천만원 이상 은행잔고증명서 중 택일), 컬러사진(3*4) 1매, 수수료 등입니다.

체류자격변경허가 및 외국인등록은 주소지 관할 출입국관리사무소에서 실태조사를 거쳐 허가여부를 결정하므로, 서울출입국관리사무소를 방문하시기 바랍니다.

Q. <외국인 국내 취업관련 문의>부친께서 중국에 업무차 장기간 계시다 현지인과 재혼을 하셔서지금은 모두 한국에 나와 계십니다.(현지 재혼녀 한국으로 귀화함)이분의 중국(한족임) 사촌동생이 한국으로 취업을 희망하고 있습니다.24살 여자입니다.현재 중국 여행사에 한화로 약 1400만원상당의 알선료를 내고, 국내 2년제 대학으로유학을 오려 하고 있으며, 6개월간 한국어 및 문화등을 대학에서 교육받고, 취업을 하려고 합니다.(학교측에서는 등록금만 내면 유학생 신분을 유지해준다고 함)이렇게 큰돈을 들여서 편법?으로 들어오는거 보다, 법적으로 문제없이 한국에서취업을 하려면 어떠한 방법이 있는지 문의드리고자 합니다.바쁘시겠지만 도움 부탁드립니다.

A. 귀하는 방문취업관련 친인척초청에 대해 문의하셨습니다.
방문취업 사증발급의 기본대상은 사증발굽 신청시 접수시를 기준으로 하여 만 25세 이상의 외국국적동포입니다.
방문취업관련 친인척초청은 만약 혼인귀화등으로 인한 국적취득자의 경우 본인과 배우자의 초청인원을 합산하여 3명이 가능하며 본인의 경우국적취득 후 2년이 경과하여야 하고 배우자가 한국국적을 취득한 상태이어야 초청하실 수 있습니다.

Q. <외국인(중국)도 노래연습장업 등록 신청이 가능한지요> 결혼비자(외국인 등록중)를 발급받아 결혼한후 현재 법적 이혼한 상태에서 노래연습장 등록 허가가 가능하지요?

A. 외국인의 국내 취업활동은 출입국관리법에 따라 제한받게 됩니다.
따라서, 관할 출입국 관리사무소에 반드시 문의하시기 바랍니다.

A. ○ 외국인이 한국에서 취업하고자 하는 경우에는 취업할 수 있는 비자를 소지하여야 하고 우리나라 취업비자 종류에는 일정한 요건을 충족하는 외국인이 국내에서 주방장 및 조리사로 취업할 수 있는 특정활동 비자가 있습니다.

○ (인도음식) 주방장 및 조리사가 포함되어 있는 특정활동(E-7)비자는 대한민국내의 공사기관 등과의 계약에 의하여 법무부장관이 특히 지정하는 활동에 종사하고자 하는 외국인에게 발급되는 비자입니다.

○ E-7 비자의 발급 절차는 먼저 초청인이 사증발급인정서를 국내 관할 출입국관리사무소에 신청하고 심사 후 사증발급인정번호를 발급(허가) 받게 되면 피초청외국인이 자국 대한민국대사관 또는 영사관에 사증발급을 신청하시면 됩니다.

○ 외국인 주방장 및 조리사를 초청하고자 하는 경우에는 초청자가 관광편의시설업 지정업체(관광편의시설업지정증)이어야 하고, 사업자 등록증 사본, 영업신고증 사본, 고용계약서 사본, 신원보증서, 영업실적 증빙서류, 외국인 관광객 유치실적 증빙서류, 업체현황, 한국인과 대체가 불가한 필수전문 요리사의 구체적 활용계획서 등과 함께 외국인의 요리사자격증, 경력(재직)증명서, 이력서 등의 요건을 갖추어야 합니다. (※ 심사 과정에서 필요하다고 인정하는 때에는 제출서류를 가감할 수 있습니다.)

○ 아울러, E-7비자(주방장 및 조리사) 허가 여부는 관할 출입국관리사무소장이 고용주(초청자)의 적격 여부, 외국인의 전공, 자격, 기술, 기능 등과 근무처와의 직접적 연관성, 기술, 기능 등 보유 여부, 국민 대체고용이 부적절하여 고용필요성이 인정되는 지 여부, 고용의 타당성, 초청자의 업체운영실태 등을 종합적으로 고려하여 판단하고 있음을 양지해 주시고 미리 관할(부산) 출입국관리사무소에 내방하시어 개별상담을 받아 보시기 바랍니다.

○ 특정활동 자격에 대한 사증발급인정서 신청, 사증 신청 등에 대한 절차는 ☞ 출입국외국인 정책본부 홈페이지(www.hikorea.go.kr) → 정보

마당 → 출입국/체류안내 → 사증(VISA) → 체류자격별 사증발급안내
→ 특정활동(E-7) 등에서 확인하실 수 있으니 참고하시기 바랍니다.
○ 답변내용이 부족하였거나 더 궁금하신 사항이 있으시면 - 외국인종
합안내센타 : ☎ 국번없이 1345 - 출입국외국인정책본부 홈페이
지(www.hikorea.go.kr)를 참조하시거나 - 아래 전화번호로 연락
주시면 언제든지 성의껏 답변 드리겠습니다. 귀하의 건승을 기원
하며, 더운 날씨에 건강하시길 바랍니다. 감사합니다. 【담당자 : 법
무부 체류관리과 박상원 (☎ 02-500-9075)】

Q. <건설업 취업 관련 문의> 안녕하십니까! 외국인 취업관련에 대
한 문의 입니다. 저는 건설현장의 시공사 관리자로 근무하고
있습니다. 건설현장에 협력업체(하도급업체)에서 외국인 근로자
가 상당이 많이 종사하고 있는데 근무 특성상 건설현장은 협력
업체 직원을 제외하고는 하루 하루 출력(근무)인원이 수시로 바
뀌고 있는 실정에서 외국인 근로자 또한 수시로 바뀌고 있습니
다. 1. 건설현장에 일용직으로 근무를 하는 외국인 근로자 취
업 확인 시 체류자격은 어느 것으로 확인을 해야 하나요? 2.
외국인 등록증상에 체류자격만 확인하면 되는지 아니면 추가적
인 서류가 필요한지요?

A. 건설업 취업은 서민근로자의 일자리 보호를 위해 방문취업(H-2)
자격을 소지한 자 중 반드시 고용노동부에서 발급한 건설업취업
인정증명서를 발급 받은 사람만 건설업에 취업할 수 있음을 안내
드립니다.
기타 출입국 업무에 더 궁금한 점이 있으시면
○ 외국인종합안내센타 : ☎ 국번없이 1345
○ 출입국외국인정책본부 및 외국인을 위한 전자정부 하이코리아
(www.hikorea.go.kr) 홈페이지에서 더 많은 정보를 확인하실 수
있으니 참고하여 주시기 바랍니다.

A. 방문동거(F-1)자격을 소지한 중국동포중 취업자격 구비 등 일정요건에 해당하는 자에 대한 유학(D-2), 일반연수(D-4) 및 교수(E-1) 내지 특정활동(E-7)으로 활동에 대한 체류자격외활동을 신청하시면 취업이 가능함을 알려드립니다.

기타 출입국 업무에 더 궁금한 점이 있으시면

○ 외국인종합안내센타 : ☎ 국번없이 1345

○출입국외국인정책본부 및 외국인을 위한 전자정부 하이코리아 (www.hikorea.go.kr) 홈페이지에서 더 많은 정보를 확인하실 수 있으니 참고하여 주시기 바랍니다.

Q. <F4 비자는 어떤 업종에 종사할 수 있나요?> 【F4 비자에 대해 문의 드립니다.】 1. 비자 취득후 최대 몇 년 동안 한국에 거주 할 수 있나요? 2년에 한 번씩 연장을 해야 되나요? 2. 듣는 말에 의하면 f4비자 변경 후 제조업 종사는 불가능하다고 하는데 그러면 f4비자는 어떤 업종에 종사 할 수 있나요? (기존 H2에서 F4로 변경함) 3. f4취득 후 기존에는 가족도 요청 할 수 있었는데 지금 현재는 어떠한가요? 【외국인등록증 재발급에 대해 문의 드립니다.】 H2비자로 국내에 거주하다가 3년 만기로 다시 한국에 재입국 했을 때 외국인등록증 재발급은 출입국사무소가 양천구, 종로구, 중구 3곳에 있는데 아무 곳이나 가능한가요?

A. 재외동포 자격을 가진 경우 취업활동에 제한을 받지는 않으며, 허용되는 취업활동이라도 국내법령에 의하여 일정한 자격을 요하는 때에는 그 자격을 갖추어야 합니다.

다만, 다음에 해당하는 경우는 취업할 수 없습니다.

1. 단순노무행위를 하는 경우(법무부고시 제2010-297호, 2010.4.8)
2. 사행행위 등 선량한 풍속 기타 사회질서에 반하는 행위를 하는 경우
3. 기타 공공의 이익이나 국내 취업질서 등의 유지를 위하여 그 취업을 제한할 필요가 있다고 인정되는 경우

그러나 예외적으로 방문취업(H-2)자격소지자가 일정 업종의 동일 직장에서 2년이상 근속하여 재외동포자격(F-4)으로 변경한 경우에는 위의 취업활동 가능 분야에 더하여 단순노무행위 중 제조업, 농축산어업 분야에서 근무가 가능합니다.(이외 다른 단순노무행위는 불가) 재외동포자격은 최대 체류기간이 정해져 있지는 않으며 현재는 가족초청은 제한하고 있습니다.

그리고 재입국 후 외국인등록증 재발급은 주소지 관할 출입국관리사무소를 방문하여 신청하셔야 합니다.

Q. <외국인 초청 관련 문의> 안녕하십니까? 저희 회사는 일본에서 100%투자한 외국인투자기업이며, 한국 이외에도 타이완과 싱가폴에도 일본 본사에서 투자한 그룹사들이 있습니다. 문의 드리고자 함은 그룹사내에서 국적에 상관없이 필요한 사람을 필요한 국가에 배치하고자 하는 인사전략을 취하고자 합니다. 기간은 최소 3년 이상을 계획하고 있습니다. 1. 교육연수 차원에서, 타이완이나 싱가폴의 본사투자법인의 사원이, 한국에서 근무하기 위한 비자를 취득할 수 있는 것인지? 2. 취득할 수 있다면 어떤 종류의 비자인지? 3. 교육연수가 아닌 필수전문 인력이라면 싱가폴/타이완의 해외거점 직원이 D-8 비자 취득이 가능한지? 참고로 타이완이나 싱가폴의 경우 한국에서 직접 투자한 회사가 아닌, 한국의 투자회사인 일본본사가 직접 투자한 회사입니다.

A. 귀하의 민원 요지는 대한민국에 투자한 외국인투자기업이 일본에 본사를 두고 한국 이외에도 타이완과 싱가폴에도 투자한 기업이 있는 경우에 타이완이나 싱가폴의 본사투자법인의 사원이 한국에서 근무하기 위해 어떤 종류의 사증을 받아야 하는 지와 필수전문인력인 경우 타이완이나 싱가폴 해외지점 직원이 D-8 사증을 받을 수 있는 지에 대해 문의하신 것으로 이해됩니다.

외국인투자기업 또는 외국에 투자한 기업체 등에서 인턴(실습사원)으로 교육 또는 연수를 받거나 연구활동에 종사하고자 하는 자는 일반연수(D-4-2)자격 사증을 신청할 수 있으며, 외국인투자촉진법에 따른 외국인투자기업의 경영·관리 또는 생산·기술 분야에 종사하려는 필수전문인력(국내에서 채용하는 자는 제외)인 경우에는 기업투자(D-8)자격 사증을 신청할 수 있음을 알려드립니다.

외국인의 초청 및 사증발급 관련 업무는 체류지 관할 출입국관리사무소(출장소)에 위임되어 있으며, 사증발급 및 각종 체류허가 신청은 관할 출입국관리사무소에 하실 수 있습니다.

사증발급 신청 절차, 요건, 비용, 서류 등은 제한된 지면 등으로 인해 관련된 모든 내용을 적어 드리기가 곤란하여 "외국인을 위한 전자정부" 홈페이지를 알려드리니 참고하시기 바랍니다.

Q. <외국인 가스사용시설 안전관리자에 관한 문의> 외국인으로서 외국인 등록중과 취업 교육을 마친자로서 가스 사용 시설 안전 관리자 교육을 이수하고 자격증을 취득 가능한지? 취득이 가능하면 보일러 가스 사용 취업도 가능한지 문의드립니다.

A. ㅇ 가스3법령(고압가스안전관리법, 도시가스사업법, 액화석유가스의 안전관리 및 사업법)에는 외국인에 대해 가스사용시설 안전관리자 교육이수 및 자격증 취득을 제한하는 규정이 명시적으로 없으므로 가스사용시설 안전관리자 양성교육을 받고 자격을 취득하는 것은 가능하나,

ㅇ 다만, 노동종합상담센터에 유선으로 확인한 결과, 가스사용시설의 안전관리자는 외국인근로자의 취업 허용사업장에 해당되지 않음을 알려드리오니 참고하시기 바라며, 외국인근로자를 고용할 수 있는 사업장에 대해 보다 궁금한 사항이 있는 경우에는 노동종합상담센터(전화 1544-1350)로 문의하여 주시기 바랍니다.

2) 「외국인근로자의 고용 등에 관한 법률」의 외국인 근로자 고용·취업
(1) 외국인근로자의 출입국·취업 등 관련 법령
　- 외국인근로자의 입국·체류 및 출국 등에 관한 일반적인 사항은 「출입국관리법」에서 규정하고 있고, 특정분야(비전문·단순노무 등)의 근로를 위한 외국인근로자의 고용·취업에 관한 사항은 「외국인근로자의 고용 등에 관한 법률」에서 규정하고 있습니다.
　- 특히, 대한민국 국적을 가지지 않은 외국국적동포의 출입국 및 경제활동에 관한 사항은 「재외동포의 출입국과 법적지위에 관한 법률」에서 규정하고 있습니다.

　※ 외국국적
　　다음의 어느 하나에 해당하는 자를 말합니다(「재외동포의 출입국과 법적 지위에 관한 법률」 제2조제2호 및 「재외동포의 출입국과 법적 지위에 관한 법률 시행령」 제3조).
　　① 출생으로 대한민국의 국적을 보유했던 사람(대한민국정부 수립 이전에 국외로 이주한 동포 포함)으로서 외국국적을 취득한 사람
　　② ①에 해당하는 사람의 직계비속으로서 외국국적을 취득한 사람

(2) 「외국인근로자의 고용 등에 관한 법률」상 외국인근로자의 고용·취업
가. 「외국인근로자의 고용 등에 관한 법률」의 적용범위
　　- 「외국인근로자의 고용 등에 관한 법률」은 '비전문취업(E-9) 또는 방문취업(H-2)'의 체류자격을 가진 외국인근로자를 고용하고 있거나 고용하려는 사업 또는 사업장에 한정해서 적용됩니다(「외국인근로자의 고용 등에 관한 법률」 제2조·제3조제1항 본문 및 「외국인근로자의 고용 등에 관한 법률 시행령」 제2조).
　　- 다만, 「선원법」의 적용을 받는 선박에 승무하는 선원 중 대한민국 국적을 가지지 않은 선원 및 그 선원을 고용하고 있거나 고용하려는 선박의 소유자에 대해서는 「외국인근로자의 고용 등에 관한 법률」이 적용되지 않습니다(「외국인근

로자의 고용 등에 관한 법률」제3조제1항 단서).

나. 외국인근로자의 법적지위

- 「외국인근로자의 고용 등에 관한 법률」은 외국인근로자를 내국인과 동일하게 "근로자"로 인정하고 있으며, 이에 따라 외국인근로자는 취업기간 동안 내국인과 동일하게 「근로기준법」,「최저임금법」등 노동 관계 법령의 적용을 받습니다.

- 다만, 가사(家事)사용인(가정부, 정원사 등 가정에서 가사 일반을 보조하기 위해 고용된 사람)의 경우에는 노동 관계 법령이 적용되지 않습니다(「근로기준법」제11조제1항 단서). 또한 농림·축산·수산사업에 종사하는 외국인근로자는 관련 법령에 따라 일부 예외적인 규정이 적용됩니다(「근로기준법」제63조제1호 및 2호).

- 외국인근로자와 사용자 간에는 표준근로계약서(「외국인근로자의 고용 등에 관한 법률 시행규칙」 별지 제6호서식)를 사용하여 근로계약을 체결해야 하며(「외국인근로자의 고용 등에 관한 법률」 제9조제1항), 사용자는 외국인근로자라는 이유로 부당한 차별적 처우를 해서는 안 됩니다.

※ 근로자란?
- 직업의 종류와 관계없이 임금을 목적으로 사업이나 사업장에 근로를 제공하는 자를 말합니다(「근로기준법」제2조제1항제1호).
- 판례(대법원 2005. 11. 10. 선고 2005다50034)는 "근로기준법상의 근로자에 해당하는지 여부를 판단함에는 그 계약의 형식이 「민법」상의 고용계약인지 또는 도급계약인지에 관계없이 그 실질면에서 근로자가 사업 또는 사업장에 임금을 목적으로 종속적인 관계에서 사용자에게 근로를 제공하였는지 여부에 따라 판단하여야 하고, 그러한 종속적인 관계가 있는지 여부를 판단함에는 업무의 내용이 사용자에 의하여 정하여지고 취업규칙 또는 복무(인사)규정 등의 적용을 받으며 업무수행과정에서도 사용자로부터 구체적 개별적인 지휘·감

독을 받는지 여부, 사용자에 의하여 근무시간과 근무장소가
지정되고 이에 구속을 받는지 여부, 근로자 스스로가 제3자
를 고용하여 업무를 대행케 하는 등 업무의 대체성 유무, 비
품·원자재·작업도구 등의 소유관계, 보수의 성격이 근로 자체
에 대한 대상적 성격이 있는지 여부와 기본급이나 고정급이
정하여져 있는지 여부 및 근로소득세의 원천징수 여부 등 보
수에 관한 사항, 근로제공관계의 계속성과 사용자에의 전속성
의 유무와 정도, 사회보장제도에 관한 법령 등 다른 법령에
의하여 근로자의 지위를 인정받는지 여부, 양 당사자의 사회·
경제적 조건 등을 종합적으로 고려하여 판단하여야 한다.”고
하여 사용종속관계를 판단기준으로 하고 있습니다.

※ 사용자란?
- 사업주 또는 사업 경영 담당자, 그 밖에 근로자에 관한 사항
  에 대해 사업주를 위해 행위하는 자를 말합니다(「근로기준
  법」 제2조제1항제2호).
- ‘사업주’란 근로자를 사용하여 사업을 행하는 자로서 그 사
  업을 책임지고 경영하는 자를 말하고, ‘사업경영담당자’란
  사업경영 일반에 대하여 권한과 책임을 지는 자로서 사업
  주로부터 사업경영의 전부 또는 일부에 대하여 포괄적인
  위임을 받고 대외적으로 사업을 대표하거나 대리하는 자를
  말하며(대법원 1997. 11. 11. 선고 97도813 판결), ‘그 밖
  에 근로자에 관한 사항에 대해 사업주를 위해 행위하는 자’
  란 사업주 또는 사업경영담당자로부터 그 권한을 위임받아
  자신의 책임 아래 근로자를 채용하거나 해고하는 등 인사
  처분을 할 수 있고, 직무상 근로자의 업무를 지휘·감독하여
  근로조건에 관한 사항을 결정하고 집행하는 자를 말합니다.

※ 불법체류 외국인근로자도 근로자에 해당하는가?
  판례(대법원 1995.9.15. 선고 94누12067 판결)는 “외국인이
  취업자격이 아닌 산업연수 체류자격으로 입국하여 구 「산업

재해보상보험법」(1994.12.22. 법률 제4826호로 전문 개정되기 전의 것)의 적용대상이 되는 사업장인 회사와 고용계약을 체결하고 근로를 제공하다가 작업 도중 부상을 입었을 경우, 비록 그 외국인이 구 「출입국관리법」상의 취업자격을 갖고 있지 않았다 하더라도 그 고용계약이 당연히 무효라고 할 수 없고, 위 부상 당시 그 외국인은 사용 종속관계에서 근로를 제공하고 임금을 받아 온 자로서 근로기준법 소정의 근로자였다 할 것이므로 구「산업재해보상보험법」상의 요양급여를 받을 수 있는 대상에 해당한다"고 하여 불법체류자도 근로를 제공하는 한 근로자로 인정하고 있습니다.

※ 가사사용인의 경우 노동 관계 법령이 적용되지 않기 때문에 「민법」의 강행규정에 배치되지 않는 범위에서 계약자유의 원칙에 따라 근로시간·해고·휴일·휴가나 그 밖의 모든 근로조건에 대해 고용주와 계약에 따라 자유롭게 결정·시행할 수 있습니다.

※ 농림·축산·수산사업에 종사하는 외국인근로자에게는 「근로기준법」의 근로시간, 휴게와 휴일에 관한 규정이 적용되지 않습니다(「근로기준법」 제63조제1호 및 제2호).

다. 외국인근로자 고용·취업 제도
  - 비전문취업(E-9) 체류자격 외국인근로자에 대한 고용허가제도
    ① 「외국인근로자의 고용 등에 관한 법률」의 고용허가제도란 국내인력을 구하지 못한 대한민국 기업이 정부로부터 고용허가를 받아 비전문취업(E-9) 체류자격을 가진 외국인근로자를 고용할 수 있도록 한 제도입니다(「외국인근로자의 고용 등에 관한 법률」 제8조).
    ② 대한민국과 외국인근로자에 관한 송출양해각서(MOU)가 체결된 송출국가의 외국인근로자는 한국어능력시험 합격, 외국인구직자명부 등록, 근로계약체결, 사증발급,

입국, 외국인등록, 외국인취업교육 이수 등의 절차를 거
쳐 대한민국에서 취업할 수 있습니다.
- 방문취업(H-2) 체류자격 외국인근로자에 대한 특례고용가
능확인제도 「외국인근로자의 고용 등에 관한 법률」의 특례
고용가능확인제도란 국내인력을 구하지 못한 대한민국 기업
(일정한 규모의 건설업, 서비스업·제조업·농업 또는 어업 분
야)이 정부로부터 특례고용가능확인을 받아 3년간 그 허용
인원수 범위에서 방문취업(H-2) 체류자격을 가진 외국국적
동포를 고용할 수 있도록 한 제도입니다(「외국인근로자의
고용 등에 관한 법률」 제12조).
- 방문취업(H-2) 체류자격을 가진 외국인근로자는 외국인취
업교육 이수, 구직신청, 외국인구직자명부 등록, 근로계약체
결 등의 절차를 거쳐 대한민국에서 취업할 수 있습니다.

라. 외국인근로자의 고용·취업 관련 기관
- 외국인력정책위원회 및 외국인력정책실무위원회
  ① 「외국인근로자의 고용 등에 관한 법률」에 따라 외국인
  근로자의 고용관리 및 보호에 관한 주요사항을 심의·의
  결하거나 사전에 심의하기 위해 국무총리 소속 하에 외
  국인력정책위원회가 설치되어 있고, 외국인력정책위원
  회에 외국인력정책실무위원회가 각각 설치되어 있습니
  다(「외국인근로자의 고용 등에 관한 법률」 제4조제1
  항 및 제5항).
  ② 외국인력정책위원회(위원장: 국무조정실장)는 외국인근로
  자 관련 기본계획, 외국인근로자 도입업종 및 규모 등에
  관한 사항을 심의·의결하고, 외국인력정책실무위원회(위
  원장: 고용노동부차관)는 외국인근로자 고용제도의 운영
  등에 관한 사항을 심의합니다(「외국인근로자의 고용 등
  에 관한 법률」 제4조제1항, 제4항, 제5항 및 「외국인근

로자의 고용 등에 관한 법률 시행령」 제7조제3항).

- 고용노동부(지방고용노동관서 포함), 한국산업인력공단 및 한국고용정보원 등

① 「외국인근로자의 고용 등에 관한 법률」에 따른 외국인 근로자 고용·취업 관련 권한 또는 업무는 각각 고용노동부, 고용센터, 한국산업인력공단, 한국고용정보원 등에서 수행하고 있습니다.

② 각 기관별 업무의 내용은 아래 표와 같습니다.

구분	업무
고용노동부장관	1. 외국인근로자 도입계획의 공표·변경(「외국인근로자의 고용 등에 관한 법률」 제5조제1항 및 제2항) 2. 외국인근로자 관련 업무를 지원하기 위한 조사·연구사업(「외국인근로자의 고용 등에 관한 법률」 제5조제3항) 3. 한국어능력시험 실시기관의 선정(「외국인근로자의 고용 등에 관한 법률」 제7조제2항) 4. 외국인근로자 고용제도 등에 대한 홍보사업(「외국인근로자의 고용 등에 관한 법률」 제21조제5호)
고용센터 소장 (지방고용노동관서의 장 또는 직업안정기관의 장)	1. 내국인 구인신청 접수(「외국인근로자의 고용 등에 관한 법률」 제6조제1항) 2. 구인을 위한 상담·지원(「외국인근로자의 고용 등에 관한 법률」 제6조제2항) 3. 외국인근로자 고용허가신청 접수(「외국인근로자의 고용 등에 관한 법률」 제8조제1항) 4. 사용자에게 적격자 추천(「외국인근로자의 고용 등에 관한 법률」 제8조제3항) 5. 외국인근로자 고용허가서 발급(「외국인근로자의 고용 등에 관한 법률」 제8조제4항) 6. 고용특례자의 구직신청 접수(「외국인근로자의 고용 등에 관한 법률」 제12조제2항)

7. 고용특례자 근로개시 신고의 수리(「외국인근로자의 고용 등에 관한 법률」 제12조제4항 및 규제「외국인근로자의 고용 등에 관한 법률 시행규칙」 제12조의3)

8. 특례고용가능확인서 발급신청 접수(「외국인근로자의 고용 등에 관한 법률」 제12조제3항 전단)

9. 특례고용가능확인서 발급(「외국인근로자의 고용 등에 관한 법률」 제12조제3항 후단)

10. 고용 상황 변경시 신고의 수리(「외국인근로자의 고용 등에 관한 법률」 제17조제1항)

11. 외국인근로자 고용허가의 취소명령(「외국인근로자의 고용 등에 관한 법률」 제19조)

12. 외국인근로자 고용의 제한(「외국인근로자의 고용 등에 관한 법률」 제20조)

13. 외국인근로자의 다른 사업 또는 사업장으로의 변경신청 접수(「외국인근로자의 고용 등에 관한 법률」 제25조제1항)

14. 사용자의 재고용 허가 요청의 접수 및 처리(「외국인근로자의 고용 등에 관한 법률」 제27조의2제1항제2호 및 「외국인근로자의 고용 등에 관한 법률 시행령」 제31조제1항제1호)

15. 재입국 후의 고용허가 신청의 접수 및 처리

16. 사용자·외국인근로자에 대한 명령·조사 및 검사(「외국인근로자의 고용 등에 관한 법률」 제26조제1항 및 「외국인근로자의 고용 등에 관한 법률 시행령」 제31조제1항제3호)

17. 과태료의 부과·징수(「외국인근로자의 고용 등에 관한 법률」 제32조 및 「외국인근로자의 고용 등에 관한 법률 시행령」 제31조제1항제4호)

18. 외국인근로자 고용 사업 또는 사업자에 대한 지도점검(「외국인근로자의 고용 등에 관한 법률 시행령」 제23조제2항 및 제31조제1항제5호)

한국산업인력공단	1. 외국인 취업교육(「외국인근로자의 고용 등에 관한 법률」 제11조제1항 및 규제「외국인근로자의 고용 등에 관한 법률 시행령」 제18조제1호) 2. 외국인구직자명부의 작성(「외국인근로자의 고용 등에 관한 법률 시행령」 제12조제2항 및 제31조제2항제1호) 3. 송출국가와 관련된 외국인근로자의 출입국 지원사업(「외국인근로자의 고용 등에 관한 법률」 제21조제1호 및 「외국인근로자의 고용 등에 관한 법률 시행령」 제31조제2항제2호) 4. 송출국가의 공공기관과의 협력사업(「외국인근로자의 고용 등에 관한 법률」 제21조제3호 및 「외국인근로자의 고용 등에 관한 법률 시행령」 제31조제2항제3호) 5. 위탁받은 사업에 관한 수수료 등의 징수(「외국인근로자의 고용 등에 관한 법률」 제27조제2항 및 「외국인근로자의 고용 등에 관한 법률 시행령」 제31조제2항제4호)
한국산업인력공단, 중소기업중앙회(제조업 분야),), 한국농수산식품유통공사(농·축·수산업 분야), 대한건설협회(건설업 분야)	1. 송출국가와 관련된 사업을 제외한 외국인근로자의 출입국 지원사업(「외국인근로자의 고용 등에 관한 법률」 제21조제1호 및 「외국인근로자의 고용 등에 관한 법률 시행령」 제31조제2항제1호) 2. 외국인근로자 및 그 사용자에 대한 교육사업(「외국인근로자의 고용 등에 관한 법률」 제21조제2호 및 「외국인근로자의 고용 등에 관한 법률 시행령」 제31조제3항제1호) 3. 외국인근로자 관련 민간단체와의 협력사업(「외국인근로자의 고용 등에 관한 법률」 제21조제3호 및 「외국인근로자의 고용 등에 관한 법률 시행령」 제31조제3항제2호) 4. 외국인근로자 및 그 사용자에 대한 상담 등 편의제공사업(「외국인근로자의 고용 등에 관한 법

	률」 제21조제4호 및 「외국인근로자의 고용 등에 관한 법률 시행령」 제31조제3항제3호) 5. 위탁받은 사업과 관련된 수수료 등의 징수(「외국인근로자의 고용 등에 관한 법률」 제27조제2항 및 「외국인근로자의 고용 등에 관한 법률 시행령」 제31조제3항제4호) 6. 외국인근로자의 국내생활 적응 및 대한민국 문화에 대한 이해 증진과 관련된 사업(「외국인근로자의 고용 등에 관한 법률 시행령」 제26조제2호 및 제31조제3항제5호) 7. 보증보험·상해보험 운영의 지원사업(「외국인근로자의 고용 등에 관한 법률 시행령」 제26조제3호 및 제31조제3항제6호)
한국고용정보원	외국인근로자 고용관리 전산시스템의 개발·운영사업(「외국인근로자의 고용 등에 관한 법률 시행령」 제26조제1호 및 제31조제4항)
국제노동협력원	외국인 취업교육(「외국인근로자의 고용 등에 관한 법률」 제11조제1항 및 규제「외국인근로자의 고용 등에 관한 법률 시행령」 제18조제2호)

A. 불법체류 외국인근로자도 근로를 제공하는 한 근로자로 보아야 하므로 「산업재해보상보험법」에 따른 요양급여를 받을 수 있습니다. 판례(대법원 1995.9.15. 선고 94누12067 판결)는 "외국인이 취업자격이 아닌 산업연수 체류자격으로 입국하여 구 산업재해보상보험법(1994.12. 22. 법률 제4826호로 전문 개정되기 전의 것)의 적용대상이 되는 사업장인 회사와 고용계약을 체결하고 근로를 제공하다가 작업 도중 부상을 입었을 경우, 비록 그 외국인이 구 출입국관리법상의 취업자격을 갖고 있지 않았다 하더라도 그 고용계약이 당연히 무효라고 할 수 없고, 위 부상 당시 그 외국인은 사용 종속관계에서 근로를 제공하고 임금을 받아 온 자로서 근로기준법 소정의 근로자였다 할 것이므로 구 산업재해보상보험법상의 요양급여를 받을 수 있는 대상에 해당한다"고 하여 불법체류 근로자자도 근로를 제공하는 한 근로자로 인정하고 있습니다.

2. 외국인근로자 권리보호 제도

1) 노동 관계 법령에 의한 보호

(1) 대한민국의 노동법 체계

가. 노동법의 의의

노동법이란 근로자의 인간다운 생활을 보장하고 근로자와 사용자 사이의 실질적인 평등을 도모하기 위해 취업과 근로조건 및 노사관계를 규율하는 법규범들을 총칭한 것을 말합니다.

나. 노동법의 체계

- 노동 관계 국제협약

① 노동 관계 국제협약이란 UN(국제연합)과 ILO(국제노동기구) 등 국제기구가 총회의 의결로 채택한 국제협약 중 취업과 근로조건, 근로감독 등에 관해 규정한 국제노동기준을 말합니다. 우리나라가 비준한 노동관계 국제협약은 국내법과 동일한 효력을 가집니다.

② 현재 우리나라가 비준한 노동 관계 협약으로는 UN의 「경제적·사회적·문화적 권리에 관한 국제규약」, 「시민적 및 정치적 권리에 관한 국제규약」과 그 선택의정서가 있고, ILO의 「동일가치 근로에 대한 남녀근로자의 동등보수에 관한 협약」(제100호), 「고용 및 직업에 있어서 차별대우에 관한 협약」(제111호), 「취업의 최저연령에 관한 협약」(제138호), 「가혹한 형태의 아동노동의 철폐에 관한 협약」(제182호) 등이 있습니다.

- 「대한민국헌법」의 노동 관계 규정

① 「대한민국헌법」은 국가의 최고법으로서 이를 위반하는 법령, 정책이나 명령은 무효가 됩니다.

② 「대한민국헌법」에서는 근로자의 근로권, 단결권, 단체교섭권, 단체행동권을 보장하는 규정을 두고 있습니다.

※ 근로자의 노동기본권을 정리하면 아래 표와 같습니다.

권리	주요 내용
근로권	- 취업의 기회를 보장받을 국민의 권리 - 정당한 대우를 받으며 일할 근로자의 권리
단결권	- 근로자가 근로조건과 경제적·사회적 지위의 향상을 위해 노동조합을 자주적으로 조직하고 이에 자유롭게 가입·활동할 수 있는 권리 - 노동조합이 자주적이고 자유롭게 활동할 수 있는 권리
단체교섭권	노동조합대표가 사용자와 근로조건의 유지·개선과 노동조합의 활동보장 등에 관해서 교섭할 수 있는 권리
단체행동권	노동조합이 자신의 주장을 유리하게 관철시킬 목적으로 집단적 실력행사를 할 수 있는 권리

(2) 노동 관계 법령의 외국인근로자 적용 범위

구분	적용 범위
「근로기준법」	- 상시 5명 이상 근로자를 사용하는 모든 사업 또는 사업장 - 다만, 동거하는 친족만을 사용하는 사업 또는 사업장과 가사(家事)사용인에게는 적용 제외(「근로기준법」 제11조제1항) - 상시 4명 이하의 근로자를 사용하는 사업 또는 사업장에 대해서는 일부 적용(「근로기준법」 제11조제2항 및 「근로기준법 시행령」 별표 1) - 상시 10명 이상의 근로자를 사용하는 사용자는 취업규칙 작성(「근로기준법」 제93조)
「최저임금법」	-근로자를 사용하는 모든 사업 또는 사업장(「최저임금법」 제3조제1항 본문)

	- 다만, 다음의 어느 하나에 해당되면 적용 제외 (「최저임금법」 제3조제1항 단서, 제2항 및「최저임금법 시행령」 제6조) - 동거하는 친족만을 사용하는 사업 또는 사업장 - 가사사용인 - 「선원법」의 적용을 받는 선원과 선원을 사용하는 선박의 소유자 - 근로자의 정신 또는 신체의 장애가 해당 근로자를 종사시키려는 업무의 수행에 직접적으로 현저한 지장을 주는 것이 명백하다고 인정되는 자로서 사용자가 적용제외에 대해 고용노동부장관의 인가를 받은 자
「남녀고용평등과 일·가정 양립 지원에 관한 법률」	- 근로자를 사용하는 모든 사업 또는 사업장에 적용(「남녀고용평등과 일·가정 양립 지원에 관한 법률 」 제3조제1항 본문) - 다만, 동거하는 친족만을 사용하는 사업 또는 사업장과 가사사용인에 대하여는 적용 제외(「남녀고용평등과 일·가정 양립 지원에 관한 법률 」 제3조제1항 단서 및 「남녀고용평등과 일·가정 양립 지원에 관한 법률 시행령」 제2조)
「근로자참여 및 협력증진에 관한 법률」	근로조건에 대한 결정권이 있는 상시 30명 이상의 근로자를 사용하는 사업 또는 사업장(「근로자참여 및 협력증진에 관한 법률」 제4조제1항)
「노동조합 및 노동관계조정법」	근로자를 사용하는 모든 사업 또는 사업장
「임금채권보장법」	-근로자를 사용하는 모든 사업 또는 사업장(「임금채권보장법」 제3조).

	- 다만, 다음의 어느 하나에 해당되면 적용 제외(「임 금채권보장법」 제3조 단서, 「산업재해보상보험법」 제6조 및 「산업재해보상보험법 시행령」 제2조제1항) 1. 「공무원 재해보상법」 또는 「군인 재해보상법」에 따라 재해보상이 행해지는 사업(다만, 순직유족급 여 또는 위험직무순직유족급여를 받는 경우 제외) 2. 「선원법」「어선원 및 어선 재해보상보험법」 또는 「사립 학교교직원 연금법」에 따라 재해보상이 행해지는 사업 3. 가구내 고용활동 4. 농업·임업(벌목업은 제외)·어업·수렵업 중 법인이 아닌 자의 사업으로서 상시근로자수가 5명 미만인 사업 5. 국가 및 지방자치단체가 직접 행하는 사업
「근로자퇴직급여 보장법」	- 근로자를 사용하는 모든 사업 또는 사업장 - 다만, 동거하는 친족만을 사용하는 사업과 가구 내 고용활동에는 적용 제외(「근로자퇴직급여 보장 법」 제3조)

(3) 「근로기준법」에 의한 보호

　가. 「근로기준법」의 기본 원칙

　　- 근로조건 저하금지의 원칙

　　　① 「근로기준법」에서 정하는 근로조건은 최저기준이므로
　　　　근로관계 당사자는 이 기준을 이유로 근로조건을 낮출
　　　　수 없습니다(「근로기준법」 제3조).

　　　② 「근로기준법」에서 정한 근로조건의 기준에 미치지 못하는
　　　　근로계약은 무효가 되고, 무효가 된 부분은 「근로기준법」
　　　　에서 정하는 바에 따르게 됩니다(「근로기준법」 제15조).

　　- 근로조건 대등결정의 원칙

　　　근로조건은 근로자와 사용자가 동등한 지위에서 자유의사에

따라 결정되어야 합니다.
- 근로조건 준수의 원칙

  근로자와 사용자는 각자가 단체협약, 취업규칙과 근로계약을 지키고 성실하게 이행할 의무가 있습니다.
- 근로자 평등대우의 원칙

  사용자는 근로자에 대하여 남녀의 성을 이유로 차별적 대우를 하지 못하고, 국적·신앙 또는 사회적 신분을 이유로 근로조건에 대한 차별적 처우를 하지 못합니다. 예컨대, 대한민국 국적을 가진 근로자와 외국 국적을 가진 근로자가 동일한 직무를 하고 동일한 직무성과를 냈는데도 사용자가 외국인근로자에 대해 외국인이라는 이유로 성과급을 낮게 책정하는 경우는 국적을 이유로 한 차별에 해당한다고 할 것입니다. 다만, 근로자의 학력, 능력, 근무경력, 담당업무 등 정당한 사유에 따라 차별을 두는 것은 차별대우에 해당하지 않습니다. 이를 위반하면 500만원 이하의 벌금에 처해집니다.
- 강제근로금지의 원칙

  사용자는 폭행, 협박, 감금 그 밖에 정신상 또는 신체상의 자유를 부당하게 구속하는 수단으로써 근로자의 자유의사에 어긋나는 근로를 강요하지 못합니다. 이를 위반하면 5년 이하의 징역 또는 5천만원 이하의 벌금에 처해집니다.
- 폭행금지의 원칙

  사용자는 사고의 발생이나 그 밖의 어떠한 이유로도 근로자를 폭행하지 못합니다. 이를 위반하면 5년 이하의 징역 또는 5천만원 이하의 벌금에 처해집니다.
- 중간착취배제의 원칙

  누구든지 법률에 따르지 않고는 영리로 다른 사람의 취업에 개입하거나 중간인으로서 이익을 취득하지 못합니다. 다만, 「직업안정법」에 따라 등록한 유료직업소개사업과 허가를 받은 근로자공급사업, 「파견근로자 보호 등에 관한 법률」에 의해 허가를 받은 근로자파견사업은 허용됩니다. 이를 위반하면 5년 이하의 징역 또는 5천만원 이하의 벌금에 처해집니다.

나. 근로계약의 체결

– 서면에 의한 체결

근로계약이란 근로자가 사용자에게 근로를 제공하고 사용자
는 이에 대해 임금을 지급하는 것을 목적으로 체결된 계약을
말합니다. 근로계약은 서면계약이 원칙이나 명시, 묵시 또는
구두의 방법으로 가능합니다(대법원 1972. 11. 4. 선고, 72
다895 판결). 그러나 사용자와 비전문취업(E-9) 또는 방문
취업(H-2) 체류자격을 가진 외국인근로자 간의 근로계약은
표준근로계약서를 사용하도록 의무화하고 있습니다.

– 근로조건의 명시

사용자는 근로계약을 체결할 때에 다음의 근로조건을 명시해야
합니다. 이 경우 임금의 구성항목·계산방법·지급방법, 소정근로
시간, 유급휴일, 연차유급휴가에 관한 사항은 서면으로 명시하
고 근로자의 요구가 있으면 그 근로자에게 교부해야 합니다.

① 임금

② 소정근로시간

③ 유급휴일

④ 연차유급휴가

⑤ 취업의 장소와 종사하여야 할 업무에 관한 사항

⑥ 업무의 시작과 종료 시각, 휴게시간, 휴일, 휴가 및 교대
근로에 관한 사항

⑦ 임금의 결정·계산·지급 방법, 임금의 산정기간·지급시기
및 승급에 관한 사항

⑧ 가족수당의 계산·지급 방법에 관한 사항

⑨ 퇴직에 관한 사항

⑩ 퇴직급여, 상여 및 최저임금에 관한 사항

⑪ 근로자의 식비, 작업 용품 등의 부담에 관한 사항

⑫ 근로자를 위한 교육시설에 관한 사항

⑬ 출산전후휴가·육아휴직 등 근로자의 모성 보호 및 일·가
정 양립 지원에 관한 사항

⑭ 안전과 보건에 관한 사항
⑮ 근로자의 성별·연령 또는 신체적 조건 등의 특성에 따른 사업장 환경의 개선에 관한 사항
⑯ 업무상과 업무 외의 재해부조에 관한 사항
⑰ 직장 내 괴롭힘의 예방 및 발생 시 조치 등에 관한 사항
⑱ 표창과 제재에 관한 사항
⑲ 그 밖에 해당 사업 또는 사업장의 근로자 전체에 적용될 사항
⑳ 사업장의 부속 기숙사에 근로자를 기숙하게 하는 경우에는 기숙사 규칙에서 정한 사항

명시된 근로조건이 사실과 다를 경우에 근로자는 근로조건 위반을 이유로 손해의 배상을 청구할 수 있으며 즉시 근로계약을 해제할 수 있습니다. 근로자가 손해배상을 청구할 경우에는 노동위원회에 신청할 수 있으며, 근로계약이 해제되었을 경우에는 사용자는 취업을 목적으로 거주를 변경하는 근로자에게 귀향 여비를 지급해야 합니다.

- 근로계약기간
  근로계약기간은 기간을 정하지 않은 것과 일정한 사업의 완료에 필요한 기간을 정한 것 외에는 1년을 초과하지 못합니다. 근로계약기간의 종료와 갱신에 관하여 판례는 "근로계약기간을 정한 경우에 있어서 근로관계는 특별한 사정이 없는 한 그 기간이 만료하면 사용자의 해고 등 별도의 조치가 필요 없이 당연히 종료되는 것"으로 보고 있고(대법원 1995. 7. 11 선고, 95다9280 판결), "계약기간이 끝난 후에도 근로자가 계속 근로하고 노사 쌍방이 상당한 기간 내에 이의를 제기하지 않은 경우에는 동일조건으로 근로계약은 묵시의 갱신이 성립된 것"으로 보고 있습니다.
- 근로계약 체결 시 금지 사항
  사용자는 근로계약 불이행에 대한 위약금 또는 손해배상액을 예정하는 계약을 체결하지 못합니다. 사용자는 전차금

(前借金)이나 그 밖에 근로할 것을 조건으로 하는 전대채권 (前貸債權)과 임금을 상계(相計)하지 못합니다. 사용자는 근로계약에 덧붙여 강제 저축 또는 저축금의 관리를 규정하는 계약을 체결하지 못합니다.

다. 취업규칙의 작성과 변경

- 취업규칙의 의미

  취업규칙이란 사용자가 소속 사업장의 근로자들이 준수해야할 복무규율과 임금, 근로시간 등 근로조건에 관한 구체적인 사항을 정한 문서를 말합니다.
- 취업규칙의 작성 및 신고의무

  상시 10명 이상의 근로자를 사용하는 사용자는 다음의 사항에 관한 취업규칙을 작성해서 관할 지방고용노동관서의 장에게 신고해야 합니다. 변경하는 경우에도 신고해야 합니다.

  ① 업무의 시작과 종료 시각, 휴게시간, 휴일, 휴가 및 교대 근로에 관한 사항

  ② 임금의 결정·계산·지급 방법, 임금의 산정기간·지급시기 및 승급에 관한 사항

  ③ 가족수당의 계산·지급 방법에 관한 사항

  ④ 퇴직에 관한 사항

  ⑤ 퇴직급여, 상여 및 최저임금에 관한 사항

  ⑥ 근로자의 식비, 작업 용품 등의 부담에 관한 사항

  ⑦ 근로자를 위한 교육시설에 관한 사항

  ⑧ 출산전후휴가·육아휴직 등 근로자의 모성 보호 및 일·가정 양립 지원에 관한 사항

  ⑨ 안전과 보건에 관한 사항

  ⑩ 근로자의 성별·연령 또는 신체적 조건 등의 특성에 따른 사업장 환경의 개선에 관한 사항

  ⑪ 업무상과 업무 외의 재해부조에 관한 사항

  ⑫ 직장 내 괴롭힘의 예방 및 발생 시 조치 등에 관한 사항

  ⑬ 표창과 제재에 관한 사항

⑭ 그 밖에 해당 사업 또는 사업장의 근로자 전체에 적용될 사항
- 취업규칙의 게시

사용자는 취업규칙을 근로자가 자유롭게 열람할 수 있는 장소에 항상 게시하거나 갖추어 두어 근로자에게 널리 알려야 합니다. 이를 위반하면 1차 30만원, 2차 50만원, 3차 100만원의 과태료가 부과됩니다.

- 취업규칙의 효력

취업규칙에서 정한 기준에 미달하는 근로조건을 정한 근로계약은 그 부분에 관해서 무효가 됩니다. 이 경우 무효로 된 부분은 취업규칙에서 정한 기준에 따릅니다.

※ 취업규칙을 주지·게시해야 효력이 발생하는지에 대해 판례(대법원 2004. 2. 12. 선고 2001다63599 판결)는 "취업규칙은 사용자가 정하는 기업 내의 규범이기 때문에 사용자가 취업규칙을 신설 또는 변경하기 위한 조항을 정하였다고 하여도 그로 인하여 바로 효력이 생기는 것이라고는 할 수 없고 신설 또는 변경된 취업규칙의 효력이 생기기 위하여는 반드시 「근로기준법」 제13조 제1항에서 정한 방법에 의할 필요는 없지만, 적어도 법령의 공포에 준하는 절차로서 그것이 새로운 기업 내 규범인 것을 널리 종업원 일반으로 하여금 알게 하는 절차 즉, 어떠한 방법이든지 적당한 방법에 의한 주지가 필요하다"고 하여 사용자의 주지·게시 조치를 효력발생요건으로 보고 있습니다.

라. 임금 지급
- 임금의 의미

임금이란 사용자가 근로의 대가로 근로자에게 임금, 봉급이나 그 밖의 어떠한 명칭으로든지 지급하는 모든 금품을 말합니다.

- 임금의 종류

임금에는 통상임금과 평균임금이 있습니다. 통상임금이란 근로자에게 정기적·일률적으로 소정(所定)근로 또는 총 근로에 대해 지급하기로 정해진 시간급금액·일급금액·주급금액·월급금

액 또는 도급금액을 말하는 것으로서(「근로기준법 시행령」 제6조제1항), 아래 표의 수당을 산정하는 기초가 됩니다.

※ '소정근로시간'이란 법정근로시간의 범위에서 근로자와 사용   자 간 에 정한 근로시간을 말합니다.

수당	지급액
해고예고수당	통상임금의 30일분
연장근로(시간외·야간·휴일근로)의 가산수당	통상임금의 50% 이상
연차유급휴가수당	통상임금 또는 평균임금의 100%
출산전후휴가 급여 등	통상임금의 100%

※ 평균임금이란 평균임금을 산정해야 할 사유가 발생한 날 이전 3개월 동안에 그 근로자에 대해 지급된 임금의 총액을 그 기간의 총일수로 나눈 금액을 말하는 것으로서(「근로기준법」제2조제1항제6호), 아래 표의 수당을 산정하는 기초가 됩니다.

수당	지급액
퇴직금	평균임금의 30일분
휴업수당	평균임금의 70% 이상
연차유급휴가수당	통상임금 또는 평균임금의 100%
재해보상금	재해보상 유형에 따라 달라짐
감급액	1회의 감급액이 평균임금의 1일분의 50% 미만, 임금총액의 10% 미만

- 임금지급의 원칙
  ① 임금은 통화(通貨)로 직접 근로자에게 그 전액을 지급해야 합니다. 따라서, 어음·수표(은행에 의해 지급이 보장된 자기앞수표는 제외), 상품교환권이나 회사의 생산제품을 임금으로 지급하는 것은 원칙적으로 허용되지 않습니다.다만, 법령 또는 단체협약에 특별한 규정이 있는 경우에는 임금의 일부를 공제하거나 통화 이외의 것으로 지급할 수 있습니다.
  ② 임금은 매월 1회 이상 일정한 날짜를 정하여 지급해야 합니다. 다만, 임시로 지급하는 임금, 수당이나 그 밖에 이에 준하는 것 또는 다음 중 어느 하나에 속하는 임금에 대해서는 예외입니다.
    ⓐ 1개월을 초과하는 기간의 출근 성적에 따라 지급하는 정근수당
    ⓑ 1개월을 초과하는 일정 기간을 계속하여 근무한 경우에 지급되는 근속수당
    ⓒ 1개월을 초과하는 기간에 걸친 사유에 따라 산정되는 장려금, 능률수당 또는 상여금

ⓓ 그 밖에 부정기적으로 지급되는 모든 수당
- 임금의 지급보장 : 휴업기간 중의 임금
  휴업수당이란 사용자의 귀책사유로 휴업하는 기간 중에 사용자가 지급해야 하는 임금의 일정비율에 해당하는 수당을 말합니다. 휴업수당액은 평균임금의 70% 이상이 원칙이나, 다음과 같은 경우에는 평균임금의 70%보다 낮은 금액을 지급할 수 있습니다. 이를 위반하면 3년 이하의 징역 또는 3천만원 이하의 벌금에 처해집니다.
  ① 평균임금의 70%에 해당하는 금액이 통상임금을 초과하는 경우. 이 경우에는 통상임금을 휴업수당으로 지급합니다.
  ② 부득이한 사유로 사업을 계속하는 것이 불가능해서 노동위원회의 승인을 받은 경우

마. 근로시간
- 법정근로시간
  1주 간의 근로시간은 휴게시간을 제외하고 40시간을 초과할 수 없습니다. 1일의 근로시간은 휴게시간을 제외하고 8시간을 초과할 수 없습니다. 15세 이상 18세 미만인 자의 근로시간은 1일에 7시간, 1주일에 35시간을 초과하지 못합니다.
- 연장·야간 및 휴일 근로의 제한
  연장근로는 당사자 간에 합의하고 연장근로수당을 지급하더라도 1주일에 12시간을 초과할 수 없습니다. 사용자가 18세 이상의 여성에 대해 야간근로 또는 휴일근로를 시키려면 그 근로자의 동의를 받아야 합니다. 사용자는 임산부와 18세 미만자에 대해 다음의 어느 하나에 해당하는 경우로서 지방고용노동관서의 장의 인가를 받은 경우가 아니면 야간근로 또는 휴일근로를 시키지 못합니다.
  ① 18세 미만자의 동의가 있는 경우
  ② 산후 1년이 지나지 않은 여성의 동의가 있는 경우
  ③ 임신 중의 여성이 명시적으로 청구하는 경우

바. 휴일·휴가

- 휴일·휴가의 의미

　휴일이란 근로제공의 의무가 없는 날을 의미하며, 휴가는 근로제공 의무가 있으나 법에서 또는 사용자의 승낙으로 근로제공이 면제된 날을 의미합니다.

- 휴일의 종류

　휴일의 종류에는 법정휴일과 약정휴일이 있습니다. 법정휴일이란 「근로기준법」의 주휴일(週休日)과 「근로자의 날 제정에 관한 법률」의 '근로자의 날'(5월 1일) 등 법령에 의한 휴일을 말하며, 반드시 유급휴일입니다.

- 휴가의 종류

　현행 「근로기준법」에서 규정하고 있는 휴가에는 연차유급휴가, 생리휴가, 출산전후휴가, 유산(遺産)·사산(死産)휴가가 있습니다.

사. 근로시간과 휴게·휴일·휴가의 특례

- 연장근로와 휴게의 특례

　「통계법」에 따라 통계청장이 고시하는 산업에 관한 표준의 중분류 또는 소분류 중 다음 중 어느 하나에 해당하는 사업에 대하여 사용자가 근로자대표와 서면으로 합의한 경우에는 주(週) 12시간을 초과하여 연장근로를 하게 하거나 휴게시간을 변경할 수 있습니다.

　① 육상운송 및 파이프라인 운송업(다만, 노선(路線) 여객자동차운송사업은 제외)

　② 수상운송업

　③ 항공운송업

　④ 그 밖에 운송 관련 서비스업

　⑤ 보건업

- 근로시간·휴게·휴일·휴가에 관한 특례

　「근로기준법」 제4장과 제5장에서 정한 근로시간, 휴게와 휴일에 관한 규정은 다음 중 어느 하나에 해당하는 근로자에 대해서는 적용하지 않습니다.

① 토지의 경작·개간, 식물의 재식(栽植)·재배·채취 사업, 그 밖의 농림 사업에 종사하는 근로자

② 동물의 사육, 수산 동식물의 채포(採捕)·양식 사업, 그 밖의 축산, 양잠, 수산 사업에 종사하는 근로자

③ 감시(監視) 또는 단속적(斷續的)으로 근로에 종사하는 사람으로서 사용자가 지방고용노동관서의 장의 승인을 받은 사람

④ 사업의 종류에 관계 없이 관리·감독 업무 또는 기밀을 취급하는 업무에 종사하는 근로자

아. 해고
 - 해고의 의미
   해고란 사업장에서 근로자의 동의 없이 또는 근로자의 의사에 반해 사용자의 일방적인 의사표시에 의해 근로계약 또는 근로관계를 장래에 향해 그 효력을 소멸시키는 행위를 말합니다.
 - 해고의 유형
   근로자 일신상의 사유(직무수행 능력의 결여, 성격상의 부적격성, 질병 등 정신적·육체적 기타 노무제공의 적격성의 심각한 저해 등)로 인한 해고와 징계해고(지나친 결근 및 지각, 근로거부, 범법행위, 부정행위 또는 비윤리적 행위 등에 대한 제재)와 같은 근로자 측 사정에 의한 해고가 있습니다. 한편, 경영상 이유에 의한 해고처럼 사용자 측 사정에 의한 해고가 있는데, 이 경우의 해고는 「근로기준법」에서 정하는 해고 요건을 갖추어야만 합니다.
 - 해고의 제한
   사용자는 정당한 이유 없이 근로자를 해고하지 못합니다.
 - 해고의 예고
   사용자는 근로자를 해고(경영상 이유에 의한 해고를 포함)하려면 적어도 30일 전에 예고를 해야 하고, 30일 전에 예고를 하지 아니하였을 경우에는 30일분 이상의 통상임금을 지급해야 합니다.다만, 다음 중 어느 하나의 사유에 해당하

는 경우에는 해고예고를 하지 않아도 됩니다.

① 근로자가 계속 근로한 기간이 3개월 미만인 경우
② 천재·사변, 그 밖에 부득이한 사유로 사업을 계속 하는 것이 불가능한 경우
③ 납품업체로부터 금품이나 향응을 제공받고 불량품을 납품받아 생산에 차질을 가져온 경우
④ 영업용 차량을 임의로 타인에게 대리운전하게 해 교통사고를 일으킨 경우
⑤ 사업의 기밀이나 그 밖의 정보를 경쟁관계에 있는 다른 사업자 등에게 제공해서 사업에 지장을 가져온 경우
⑥ 허위 사실을 날조해서 유포하거나 불법 집단행동을 주도해서 사업에 막대한 지장을 가져온 경우
⑦ 영업용 차량 운송 수입금을 부당하게 착복하는 등 직책을 이용해서 공금을 착복, 장기유용, 횡령 또는 배임한 경우
⑧ 제품 또는 원료 등을 몰래 훔치거나 불법 반출한 경우
⑨ 인사·경리·회계담당 직원이 근로자의 근무상황 실적을 조작하거나 허위 서류 등을 작성해서 사업에 손해를 끼친 경우
⑩ 사업장의 기물을 고의로 파손해서 생산에 막대한 지장을 가져온 경우
⑪ 그 밖에 사회통념상 고의로 사업에 막대한 지장을 가져오거나 재산상 손해를 끼쳤다고 인정되는 경우

- 해고 시 사업장 변경

  「외국인근로자의 고용 등에 관한 법률」에 따라 사용자가 정당한 사유로 근로계약기간 중 근로계약을 해지하려거나 근로자계약이 만료된 후 갱신을 거절하려는 경우에는 해당 외국인근로자는 다른 사업 또는 사업장으로 변경이 가능합니다. 이 경우 외국인근로자는 고용센터에 사업장 변경을 신청하고 고용센터의 취업알선을 거쳐 다른 사업장에 취업할 수 있습니다.

(4) 「최저임금법」에 의한 보호

가. 최저임금제도

최저임금제도란 국가가 임금의 최저수준을 정하고 사용자에게

그 준수를 법으로 강제하는 제도입니다.

나. 최저임금의 효력

- 사용자는 최저임금의 적용을 받는 근로자에 대해 최저임금 액 이상의 임금을 지급해야 하며(규제 「최저임금법」 제6조 제1항), 사용자는 최저임금을 이유로 종전의 임금수준을 낮추어서는 안 됩니다. 이를 위반하면 3년 이하의 징역 또는 2 천만원 이하의 벌금에 처해집니다. 이 경우 징역과 벌금은 병과(並科)될 수 있습니다. 최저임금의 적용을 받는 근로자 와 사용자 사이의 근로계약 중 최저임금액에 미치지 못하는 금액을 임금으로 정한 부분은 무효로 하며, 이 경우 무효로 된 부분은 「최저임금법」으로 정한 최저임금액과 동일한 임금을 지급하기로 한 것으로 봅니다.
- 도급으로 사업을 행하는 경우 다음의 행위와 같이 도급인이 책임져야 할 사유로 수급인이 근로자에게 최저임금액에 미치지 못하는 임금을 지급한 경우 도급인은 해당 수급인과 연대(連帶)하여 책임을 져야 합니다.
  ① 도급인이 도급계약 체결 당시 인건비 단가를 최저임금액에 미치지 못하는 금액으로 결정하는 행위
  ② 도급인이 도급계약 기간 중 인건비 단가를 최저임금액에 미치지 못하는 금액으로 낮춘 행위

다. 최저임금의 결정

고용노동부장관은 근로자의 생계비, 유사근로자의 임금, 노동 생산성 및 소득분배율 등을 고려해서(「최저임금법」 제4조제1 항) 최저임금위원회가 심의·의결한 최저임금안에 따라 매년 8 월 5일까지 최저임금을 결정하여(「최저임금법」 제8조제1항) 고시합니다. 2021년 1월 1일부터 2021년 12월 31일까지 적 용되는 최저임금액은 시간급 8,720원이고, 사업의 종류별로 구분 없이 전 사업장에 동일하게 적용됩니다.

라. 최저임금의 주지 의무

　　최저임금의 적용을 받는 사용자는 다음의 내용을 그 사업의
　　근로자가 쉽게 볼 수 있는 장소에 게시하거나 그 밖의 적당
　　한 방법으로 이를 근로자에게 널리 알려야 합니다.
　　① 적용을 받는 근로자의 최저임금액
　　② 최저임금에 산입하지 않는 임금
　　③ 해당 사업에서 최저임금의 적용을 제외할 근로자의 범위
　　④ 최저임금의 효력발생 연월일

(5)「임금채권보장법」에 의한 보호

　가. 임금채권보장제도의 의의

　　임금채권보장제도란 퇴직한 근로자가 사업주의 파산 등으로
　　임금과 퇴직금 등 금품을 받지 못한 경우에 근로복지공단이
　　사업주를 대신해서 근로자에게 체당금을 먼저 지급하고 사업
　　주에게 구상(求償)하는 제도를 말합니다.

　나. 체당금의 범위

　　체당금이란 근로복지공단이 사업주를 대신해서 지급하는 ①
　　최종 3개월 분의 임금, ② 최종 3년 간의 퇴직급여 등, ③
　　최종 3개월분의 휴업수당을 말합니다.

　다. 체당금의 지급사유

　　다음 중 어느 하나의 사유에 해당되는 경우 퇴직한 근로자가 지
　　급받지 못한 임금 등의 지급을 청구하면 체당금이 지급됩니다.
　　①「채무자 회생 및 파산에 관한 법률」에 따른 회생절차개
　　　시의 결정이 있는 경우
　　②「채무자 회생 및 파산에 관한 법률」에 따른 파산선고의
　　　결정이 있는 경우

③「임금채권보장법 시행령」제5조에 따라 고용노동부장관이 미지급 임금 등을 지급할 능력이 없다고 인정한 경우

④ 사업주가 근로자에게 미지급 임금 등을 지급하라는 다음에 해당하는 판결, 명령, 조정 또는 결정 등이 있는 경우

⑦「민사집행법」제24조에 따른 확정된 종국판결

⑭「민사집행법」제56조제3호에 따른 확정된 지급명령

⑭「민사집행법」제56조제5호에 따른 소송상 화해, 청구의 인낙(認諾) 등 확정판결과 같은 효력을 가지는 것

㉮「민사조정법」제28조에 따라 성립된 조정

㉯「민사조정법」제30조에 따른 확정된 조정을 갈음하는 결정

㉰「소액사건심판법」제5조의7제1항에 따른 확정된 이행권고결정

라. 체당금의 지급대상

- 위의 ①~③ 체당금(이하 "일반체당금"이라 함)지급대상이 되는 근로자는「임금채권보장법」의 적용 대상이 되어 6개월 이상 해당 사업을 한 후에 체당금 지급사유가 발생한 사업주에게 고용된 자로서 다음 중 어느 하나에 해당하는 날의 1년 전이 되는 날 이후부터 3년 이내에 해당 사업 또는 사업장에서 퇴직한 근로자가 됩니다

① 회생절차개시의 결정 또는 파산선고의 결정이 있는 경우에는 그 신청일

② 회생절차개시의 신청 후 법원이 직권으로 파산의 선고를 한 경우에는 그 신청일 또는 선고일

③ 도산 등 사실인정 있는 경우에는 그 도산 등 사실인정의 신청일(신청기간의 말일이 공휴일이어서 공휴일 다음 날 신청한 경우에는 신청기간의 말일을 말하며, 도산 등 사실인정의 기초가 된 사실이 동일한 둘 이상의 신청이 있는 경우에는 최초의 신청일을 말함)

- 위의 ④체당금(이하 "소액체당금"이라 함)의 지급대상이 되는 근로자는 사업에서 퇴직한 날의 다음 날부터 2년 이내에 판결, 명령, 조정 또는 결정 등(이하 "판결 등"이라 함)에 관한 소(訴)의 제기 또는 신청 등을 한 근로자가 됩니다.

마. 체당금의 청구와 지급
  - 체당금을 받으려는 사람은 다음에 따른 기간에 고용노동부
    장관에게 청구해야 합니다.
    ① 일반체당금: 파산선고등 또는 도산 등사실인정이 있는 날
       부터 2년 이내
    ② 소액체당금: 판결 등이 있는 날부터 1년 이내
  - 근로자가 같은 근무기간 또는 같은 휴업기간에 대해 체당금
    의 지급사유의 ①부터 ③까지(「임금채권보장법」 제7조제1
    항제1호부터 제3호까지, 이하 같음)에 따른 체당금을 지급받
    은 때에는 체당금의 지급사유의 ④(「임금채권보장법」 제7
    조제1항제4호, 이하 같음)에 따른 체당금은 지급하지 않으
    며, 체당금 지급사유의 ④에 따른 체당금을 지급받은 때에는
    해당 금액을 공제하고 체당금 지급사유의 ①부터 ③까지에
    따른 체당금을 지급합니다.

바. 체당금의 재원
   근로복지공단은 근로자에게 체당금을 지급하였을 경우에는 그
   지급한 금액의 한도에서 그 근로자가 해당 사업주에 대해 미지
   급 임금 등을 청구할 수 있는 권리를 대위(代位)하고(「임금채
   권보장법」 제8조), 사업주로부터 부담금을 징수합니다.

사. 체당금의 소멸시효
   부담금이나 그 밖에 「임금채권보장법」에 따른 징수금을 징
   수하거나 체당금·부담금을 반환받을 권리는 3년간 행사하지
   않으면 시효로 소멸합니다.

(6) 「근로자퇴직급여 보장법」에 의한 보호
  가. 퇴직금제도의 의의

퇴직금제도는 근로자가 퇴직을 하거나 사망하여 근로관계가 종료
되면 사용자가 적립해 둔 일정한 금액을 일시금으로 지급하는
제도를 말합니다. 사용자는 퇴직하는 근로자에게 급여를 지급하
기 위해 퇴직급여제도(퇴직금제도와 퇴직연금제도) 중 하나 이
상의 제도를 반드시 설정해야 합니다. 일반적으로 퇴직급여제도
를 설정하지 않으면 퇴직금제도를 설정한 것으로 봅니다.

나. 퇴직금의 지급대상

퇴직금제도를 설정한 사용자는 계속 근로기간이 1년 이상인
근로자가 퇴직하는 경우에 퇴직금을 지급해야 합니다. 다만,
근로자의 요구가 있는 경우에는 근로자가 퇴직하기 전에 해
당 근로자가 계속 근로한 기간에 대한 퇴직금을 미리 정산해
서 지급할 수 있습니다.

다. 퇴직금의 지급시기

퇴직금은 당사자 간 지급기일 연장에 관한 합의가 없는 한 지급
사유가 발생한 날, 즉 퇴직일부터 14일 이내에 지급해야 합니다.

라. 퇴직금의 지급액

퇴직금의 기준액은 계속근로기간 1년에 대해 30일분 이상의
평균임금입니다.

마. 미지급 퇴직금에 대한 지연이자

사용자가 지급시기 내에 퇴직금의 일부 또는 전부를 지급하
지 않으면 그 다음 날부터 지급하는 날까지의 지연 일수에
대해 연 20%의 지연이자를 지급해야 합니다.

바. 퇴직금의 시효

근로자가 퇴직금을 받을 권리는 3년 동안 행사하지 않으면
시효로 인해 소멸합니다.

사. 퇴직금의 우선변제제도

사용자가 도산이나 경영위기 등으로 재산을 처분하는 경우 최종 3년 간의 퇴직급여등은 사용자의 총재산에 대해 질권 또는 저당권에 의해 담보된 채권, 조세·공과금 및 다른 채권 보다 우선해서 변제됩니다. 최종 3년 간의 퇴직금을 제외한 퇴직금은 질권 또는 저당권에 우선하는 조세·공과금과 질권 또는 저당권에 의해 담보된 채권을 제외하고는 조세·공과금 및 다른 채권에 우선해서 변제됩니다.

2) 사회보장 관계 법령에 의한 보호

(1) 대한민국의 사회보장법 체계

가. 사회보장법의 의의

"사회보장"이란 출산, 양육, 실업, 노령, 장애, 질병, 빈곤 및 사망 등의 사회적 위험으로부터 모든 국민을 보호하고 국민 삶의 질을 향상시키는 데 필요한 소득·서비스를 보장하는 사회보험, 공공부조, 사회서비스를 말합니다. 따라서, 사회보장법이란 이러한 사회보장제도에 관련된 법규범들을 총칭한 것을 말합니다.

나. 「대한민국헌법」의 사회보장 관계 규정

「대한민국헌법」상 사회보장법에 영향을 미치는 중요한 기본권으로는 인간의 존엄과 가치와 행복추구권(「대한민국헌법」 제10조), 평등권(「대한민국헌법」 제11조), 교육을 받을 권리(「대한민국헌법」 제31조), 근로의 권리(「대한민국헌법」 제32조), 인간다운 생활을 할 권리(「대한민국헌법」 제34조), 혼인과 가족생활·모성의 보호·보건권(「대한민국헌법」 제36조) 등을 들 수 있습니다.

다. 사회보장 관계 법령의 분류

「대한민국헌법」의 사회적 기본권에 근거해서 제정된 사회보장 관계 법령은 「사회보장기본법」 제3조의 분류에 기초해서

급여의 원인관계와 입법목적을 기준으로 아래 표와 같이 사회보험법체계, 공공부조법체계, 사회보상법체계, 사회복지서비스법체계로 구분할 수 있습니다.

구분	의의	종류
사회보험법 체계	사회적 위험이 발생하기 전에 보험료를 납부해서 보험관계를 성립시키고 사회적 위험이 현재화되면 급여를 지급하는 사회보험에 관한 사항을 규율	「국민건강보험법」, 「국민연금법」, 「공무원연금법」, 「공무원 재해보상법」, 「사립학교교직원 연금법」, 「군인연금법」, 「산업재해보상보험법」, 「고용보험법」 등
공공부조법 체계	법적 원인관계를 전제로 하지 않고 순수한 사회정책적 목적에서 지급되는 급여관계를 규율	「국민기초생활 보장법」, 「의료급여법」 등
사회보상법 체계	국가유공행위 중에 발생하거나 특별히 공동체 전체에 책임이 귀속되는 개인의 인적·물적 피해에 대한 국가적 차원에서의 보상을 규율	「국가유공자 등 예우 및 지원에 관한 법률」, 「범죄피해자 보호법」 등
사회복지서비스법 체계	신체적 정신적인 특수한 상황으로 인해 스스로의 능력으로 인격을 실현하는 데 지장이 있는 집단의 보호를 규율	「아동복지법」, 「노인복지법」, 「장애인복지법」 등

(2) 사회보장 관계 법령의 외국인근로자 적용 범위

　가. 외국인의 적용

　　－「대한민국헌법」에 따라 보장되는 사회적 기본권은 국민의 권리이므로 원칙적으로 외국인은 사회보장 관계 법령의 적용에서 제외되고 있고, 상호주의 원리에 입각해서 일정 조건을 갖춘 경우에 한해 사회보장 대상자로 규정하고 있습니다 (「사회보장기본법」 제8조).

- 현행 법을 살펴보면 사회보험법체계에 따른 법령 외에 공공부조법체계, 사회보상법체계, 사회복지서비스법에 따른 법령에서는 외국인에 대한 적용 규정이 없어 혼인 등을 통해 국적 취득이 예정된 자와 그 자녀를 제외하고는 사실상 외국인의 적용을 배제하고 있습니다.

나. 사회보장 관계 법령의 적용 범위

일부 사회보장 관계 법령은 외국인근로자와 그 외국인근로자를 사용하는 사업 또는 사업장에도 적용되는데, 법령에 따라 그 적용 범위가 다릅니다. 대표적인 사회보장 관계 법령의 외국인에 대한 적용 범위를 정리하면 아래 표와 같습니다.

구분	적용범위
「국민연금법」	- 1명 이상의 근로자를 사용하거나 주한 외국 기관으로서 1명 이상의 대한민국 국민인 근로자를 사용하는 사업장에 사용되고 있거나 국내에 거주하는 외국인 - 다만, 상호주의 원칙에 따라 적용 제외 가능 - 일정한 체류자격에 해당하면 적용 제외
「국민건강보험법」	- 근로자를 고용하는 모든 사업 또는 사업장에 사용되고 있는 외국인근로자로서 「주민등록법」 제6조제1항제3호에 따라 등록을 한 사람, 「재외동포의 출입국과 법적지위에 관한 법률」에 따라 국내거소신고를 한 사람이거나「출입국관리법」에 따라 외국인등록을 한 외국인근로자에 대해서는 직장가입자 당연적용 - 직장가입자에 해당하지 않는 외국인근로자로서 3개월 이상의 기간 동안 국내에 거주하였거나 해당 기간 동안 국내에 지속적으로 거주할 것으로 예상할 수 있는 사유로서 결혼이민의 체류자격을 받은 경우나 유학을 하게 되는 경우, 「주민등록법」에 따라 등록한 사람이거나「재외동포의 출입국과 법적 지위에 관한 법률」에 따라 국내거소신고를 한 사람, 「출입국관리법」에 따라

	외국인등록을 한 사람으로서 「국민건강보험법 시행규칙」 별표 9에 따른 체류자격이 있는 사람은 지역가입자 당연적용
「고용보험법」	- 근로자를 사용하는 모든 사업 또는 사업장에 사용되고 있는 일정한 체류자격을 가진 외국인근로자. - 다만, 다음 중 어느 하나의 사업 또는 사업장에 고용되고 있으면 적용 제외 ① 농업·임업 및 어업 중 법인이 아닌 자가 상시 4명 이하의 근로자를 사용하는 사업 ② 「주택법」에 따른 주택건설사업자, 「건설산업기본법」에 따른 건설사업자, 「전기공사업법」에 따른 공사업자, 「정보통신공사업법」에 따른 공사업자, 「소방시설공사업법」에 따른 소방시설업자 또는 「문화재수리 등에 관한 법률」에 따른 문화재수리업자가 아닌 자가 시공하는 총공사금액이 2천만원 미만인 공사(「고용보험 및 산업재해보상보험의 보험료징수 등에 관한 법률 시행령」 제2조제1항제2호) 또는 연면적이 100 제곱미터 이하인 건축물의 건축 또는 연면적이 200 제곱미터 이하인 건축물의 대수선에 관한 공사 ③ 가구 내 고용활동 및 달리 분류되지 않은 자가소비 생산활동
「산업재해보상보험법」	- 근로자를 사용하는 모든 사업 또는 사업장에 사용되고 있는 외국인근로자 - 다만, 다음의 어느 하나의 사업 또는 사업장에 고용되고 있으면 적용 제외 ① 「공무원 재해보상법」 또는 「군인 재해보상법」에 의해 재해보상이 행해진 사업(다만, 순직유족급여 또는 위험직무순직유족급여를 받는 경우 제외) ② 「선원법」·「어선원 및 어선 재해보상보험법」 또는 「사립학교교직원 연금법」에 의해 재해보상이 행해진 사업 ③ 「주택법」에 따른 주택건설사업자, 「건설산업기본법」

	에 따른 건설사업자, 「전기공사업법」에 따른 공사업자, 「정보통신공사업법」에 따른 공사업자, 「소방시설공사업법」에 따른 소방시설업자 또는 「문화재수리 등에 관한 법률」에 따른 문화재수리업자가 아닌 자가 시공하는 총공사금액이 2천만원 미만인 공사(「고용보험 및 산업재해보상보험의 보험료징수 등에 관한 법률 시행령」제2조제1항제2호) 또는 연면적이 100제곱미터 이하인 건축물의 건축 또는 연면적이 200제곱미터 이하인 건축물의 대수선에 관한 공사
	④ 가구내 고용활동
	⑤ 제1호부터 제4호까지의 사업 외의 사업으로서 상시근로자수가 1명 미만인 사업
	⑥ 농업·임업(벌목업은 제외)·어업·수렵업 중 법인이 아닌 자의 사업으로서 상시근로자수가 5명 미만인 사업

(3) 「국민연금법」에 의한 보호

가. 국민연금제도의 의의

- 국민연금은 소득활동을 할 때 일정액의 보험료를 납부해서 모아 두었다가 노령, 장애 또는 사망 등으로 소득활동이 중단된 경우 본인이나 유족에게 연금을 지급함으로써 장기적인 소득보장이 가능하도록 정부가 보험의 원리에 따라 만든 사회보험의 일종입니다.
- 보건복지부장관의 위탁을 받아 국민연금에 관한 사업을 효율적으로 수행하기 위해 국민연금공단이 설립되어 있습니다.

나. 국민연금의 가입

- 외국인에 대한 적용: 상호주의 원칙
  1명 이상의 근로자를 사용하거나 주한 외국 기관으로서 1명 이상의 대한민국 국민인 근로자를 사용하는 사업장에 사용되고 있는 외국인근로자가 다음 중 어느 하나에 해당하지 않으면 당연히 사업장가입자 또는 지역가입자가 되는데, 상호주의 원칙에 따라 이 법에 따른 국민연금에 상응하는 연금에 관해 그 외국인근로자의 본국 법이 대한민국 국민에게 적용되지 않으면 그 외국인에 대해서 「국민연금법」이 적용되지 않습니다.
① 체류기간연장허가를 받지 않고 체류하는 사람
② 외국인등록을 하지 않거나 강제퇴거명령서가 발급된 사람
③ 「출입국관리법 시행규칙」 별표에 따라 외국인으로서의 체류자격이 있는 사람
- 가입자의 종류

종류	요건
직장가입자	1명 이상의 근로자를 사용하는 사업장의 18세 이상 60세 미만의 사용자 및 근로자
지역가입자	- 사업장가입자가 아닌 사람으로서 18세 이상 60세 미만인 사람 - 다만, 다음 중 어느 하나에 해당하는 자사람은 제외 　① 다음 각 목의 어느 하나에 해당하는 사람의 배우자로서 별도의 소득이 없는 사람 　㉮ 다른 공적연금의 가입자 　㉯ 사업장가입자, 지역가입자 및 임의계속가입자 　㉰ 노령연금 수급권자 및 퇴직연금 등 수급권자 　② 퇴직연금 등 수급권자 　③ 18세 이상 27세 미만인 사람으로서 학생이거나 군복무 등의 이유로 소득이 없는 사람 　④ 「국민기초생활 보장법」에 따른 생계급여 수급자 및 의료급여 수급자 　⑤ 1년 이상 행방불명된 사람
임의가입자	사업장가입자와 지역가입자 외의 자로서 18세 이상 60세 미만인 사람으로서 본인의 희망에 의해 가입신청을 한 사람
임의계속가입자	다음 중 어느 하나에 해당하는 사람으로서 65세가 되기 전에 본인의 희망에 의해 가입신청을 한 사람

	① 국민연금 가입자 또는 가입자였던 자로서 60세가 된 사람
	※ 다만, 다음 중 어느 하나에 해당하는 사람은 제외합니다. ㉮ 연금보험료를 납부한 사실이 없는 사람 ㉯ 노령연금 수급권자로서 급여를 지급받고 있는 사람 ㉰ 「국민연금법」 제77조제1항제1호에 따른 사유로 반환일시금을 지급받은 사람 ② 전체 국민연금 가입기간의 5분의 3 이상을 광업(갱내작업만 해당) 및 선박 중 어선에서 어업(직접 어로작업에 종사하는 경우만 해당)의 근로자로 국민연금에 가입하거나 가입하였던 사람으로서 다음에 해당하는 사람 중 노령연금 급여를 지급받지 않는 사람 ㉮ 노령연금 수급권을 취득한 사람 ㉯ 특례노령연금 수급권을 취득한 사람

다. 연금급여의 종류 및 내용

  - 연금급여의 종류

    연금급여는 사고의 종류와 급여행태에 따라 노령연금, 장애연금, 유족연금, 반환일시금이 있습니다. 연금급여는 수급권자의 청구에 따라 국민연금관리공단이 지급합니다.

라. 중복급여의 조정

  - 국민연금급여 간의 병급(竝給) 조정

    조정수급권자에게 「국민연금법」에 따른 둘 이상의 급여 수급권이 생기면 수급권자의 선택에 따라 그 중 하나만 지급하고 다른 급여의 지급은 정지됩니다. 이 경우 선택하지 않은 급여가 다음 중 어느 하나에 해당하면 그 금액을 선택한 급여에 추가해서 지급됩니다.

    ① 선택하지 않은 급여가 유족연금일 경우(선택한 급여가 반환일시금일 경우를 제외) : 유족연금액의 100분의 30에 해당하는 금액

② 선택하지 않은 급여가 반환일시금일 경우(선택한 급여가
   장애연금이고, 선택하지 않은 급여가 본인의 연금보험료
   납부로 인한 반환일시금일 경우 제외) : 「국민연금법」
   제80조제2항에 상당하는 금액

(4) 「국민건강보험법」에 의한 보호

　가. 국민건강보험제도의 의의

국민건강보험은 국민의 질병·부상에 대한 예방·진단·치료·재
활과 출산·사망 및 건강증진에 대해 보험급여를 실시함으로
써 예측할 수 없는 질병의 발생 등에 대한 개인의 부담능력
의 한계를 극복하고, 개인의 위험을 사회적 국가적 위험으로
인식해서 위험의 분산 및 상호부조인식을 제고하기 위한 제
도입니다. 국민건강보험의 보험자는 국민건강보험공단입니다.

　나. 국민건강보험의 가입

－ 국내에 체류하는 재외국민 또는 외국인이 적용대상사업장의
근로자, 공무원 또는 교직원이고, ① 「주민등록법」에 따라
등록을 한 사람 ② 「재외동포의 출입국과 법적지위에 관한
법률」에 따라 국내거소신고를 한 사람이거나 ③ 「출입국관
리법」에 따라 외국인등록을 한 외국인근로자가 다음 중 어
느 하나에 해당하지 않으면 당연히 「국민건강보험법」의 적
용을 받는 직장가입자가 됩니다.

　㉮ 고용 기간이 1개월 미만인 일용근로자

　㉯ 「병역법」에 따른 현역병(지원에 의하지 않고 임용된 하
　　사 포함), 전환복무된 사람 및 무관후보생

　㉰ 선거에 당선되어 취임하는 공무원으로서 매월 보수 또는
　　보수에 준하는 급료를 받지 않는 사람

　㉱ 비상근 근로자 또는 1개월 동안의 소정(所定)근로시간이
　　60시간 미만인 단시간근로자

　㉲ 비상근 교직원 또는 1개월 동안의 소정근로시간이 60시

간 미만인 시간제공무원 및 교직원
  - ㉕ 소재지가 일정하지 않은 사업장의 근로자 및 사용자
  - ㉖ 근로자가 없거나 4.에 해당하는 근로자만을 고용하고 있는 사업장의 사업주
- 직장가입자에 해당하지 않는 외국인근로자로서 다음의 요건을 모두 갖춘 경우에는 지역가입자가 됩니다.
  - ㉮ 6개월 이상의 기간 동안 국내에 거주하였거나 해당 기간 동안 국내에 지속적으로 거주할 것으로 예상할 수 있는 다음의 사유에 해당될 것
  - ㉯ 「주민등록법」에 따라 등록을 하거나 「재외동포의 출입국과 법적 지위에 관한 법률」에 따라 국내거소신고를 한 사람
  - ㉰ 외국인등록을 한 사람으로서 「국민건강보험법 시행규칙」 별표 9에 따른 체류자격이 있는 사람

다. 가입자자격 취득·상실 등의 신고
  - 자격취득의 신고
    가입자는 국내에 거주하게 된 날에 직장가입자 또는 지역가입자의 자격을 얻는데, 가입자 자격을 얻은 경우 직장가입자의 사용자 및 지역가입자의 세대주는 그 내역을 자격취득일부터 14일 이내에 국민건강보험공단에 신고해야 합니다.
  - 자격변동의 신고
    가입자는 다음 중 어느 하나에 해당하게 된 날에 그 자격이 변동되는데, 지역가입자가 직장가입자로 자격이 변동된 경우에는 해당 직장가입자의 사용자가, 직장가입자 또는 그 피부양자가 지역가입자로 자격이 변동된 경우에는 해당 지역가입자의 세대주가 각각 그 내역을 자격변동일부터 14일 이내에 국민건강보험공단에 신고해야 합니다.
    ① 지역가입자가 적용대상사업장의 사용자로 되거나, 근로자·공무원 또는 교직원으로 사용된 날
    ② 직장가입자가 다른 적용대상사업장의 사용자로 되거나 근로자로 사용된 날

③ 직장가입자인 근로자가 그 사용관계가 끝난 날의 다음 날
④ 직장가입자인 사용자의 사업장에 휴업·폐업 등의 사유가 발생한 날의 다음 날
⑤ 지역가입자가 다른 세대로 전입한 날

- 자격상실의 신고

가입자가 다음 중 어느 하나에 해당되어 그 자격을 잃은 경우 해당 직장가입자의 사용자 및 지역가입자의 세대주는 그 내역을 자격을 잃은 날부터 14일 이내에 국민건강보험공단에 신고해야 합니다.

① 사망한 날의 다음 날
② 국적을 잃은 날의 다음 날
③ 국내에 거주하지 않게 된 날의 다음 날
④ 직장가입자의 피부양자가 된 날
⑤ 수급권자가 된 날
⑥ 건강보험의 적용을 받고 있던 자로서 유공자 등의 의료보호대상자가 된 자가 건강보험의 적용배제신청을 한 날

라. 보험급여의 종류 및 내용

- 「국민건강보험법」상 보험급여에는 요양급여, 요양비, 건강검진, 장애인보장구급여비가 있습니다.

- 요양급여

가입자 및 피부양자의 질병·부상·출산 등에 대해 요양기관에서 제공되는 ① 진찰·검사, ② 약제·치료재료의 지급, ③ 처치·수술 및 그 밖의 치료, ④ 예방·재활, ⑤ 입원, ⑥ 간호, ⑦ 이송을 실시하는 급여를 말합니다.

- 요양비

가입자 또는 피부양자가 부득이한 사유로 인해 요양기관과 유사한 기능을 수행하는 기관에서 질병·부상·출산 등에 대해 요양을 받거나 요양기관 외의 장소에서 출산을 한 경우에는 그 요양급여에 상당하는 금액이 그 가입자 또는 피부양자에게 요양비로 지급됩니다. 이 경우 요양을 실시한 기관은 요양비명세서 또는 요양의 내역을 기재한 영수증을 요양을 받

은 사람에게 교부해야 하며, 요양을 받은 사람은 이를 국민
건강보험공단에 제출해야 합니다.
- 건강검진
국민건강보험공단은 가입자 및 피부양자에 대해 질병의 조기
발견과 그에 따른 요양급여를 하기 위해 건강검진을 실시해
야 합니다. 건강검진은 일반건강검진, 암검진 및 영유아건강
검진으로 구분해서 실시되는데, 건강검진에 따라 그 실시에
관한 사항을 다음에 해당하는 사람에게 통보해야 합니다.
① 일반건강검진 및 암검진 : 직장가입자는 그 사용자, 직장가
입자의 피부양자 및 지역가입자인 경우에는 그 검진대상자
② 영유아건강검진: 직장가입자의 피부양자인 영유아가 대
상인 경우에는 그 직장가입자에게, 지역가입자인 영유아
가 대상인 경우에는 해당 세대주
- 장애인보조기기급여
「장애인복지법」에 따라 등록한 장애인인 가입자 및 피부양
자에게는 보조기기에 대해 보험급여가 지급될 수 있습니다.

마. 중복급여의 조정
- 보험급여를 받을 수 있는 자가 다른 법령에 따라 국가 또는
지방자치단체로부터 보험급여에 상당하는 급여를 받거나 보
험급여에 상당하는 비용을 지급받게 된 경우에는 그 비용을
제외한 보험급여가 지급됩니다.
- 보험급여를 받을 수 있는 자가 업무상 또는 공무상 질병·부
상·재해로 인해 다른 법령에 따른 보험급여나 보상을 받게
된 경우에는 보험급여가 지급되지 않습니다. 특히 공적제도
인 「산업재해보상보험법」이 적용될 경우에는 「국민건강보
험법」이 보충적으로 적용될 가능성이 거의 없습니다.

(5) 「고용보험법」에 의한 보호
가. 고용보험제도의 의의

고용보험은 고용보험의 시행을 통해 실업의 예방, 고용의 촉진 및 근로자의 직업능력 개발과 향상을 꾀하고, 근로자가 실업한 경우에 생활에 필요한 급여를 지급함으로써 근로자의 생활안정과 구직활동을 촉진하려는 사회보장보험입니다.

나. 고용보험의 가입
  - 외국인에 대한 적용
   「고용보험법」의 적용을 받는 사업장에 고용된 외국인근로자는 다음 구분에 따라 「고용보험법」이 적용됩니다.
   ① 다음 중 어느 하나에 해당하는 외국인근로자: 「고용보험법」 전부 적용
     ㉮ 외국인 체류자격 중 주재(D-7), 기업투자(D-8) 및 무역경영(D-9)의 체류자격을 가진 사람(법에 따른 고용보험에 상응하는 보험료와 급여에 관하여 그 외국인의 본국법이 대한민국 국민에게 적용되지 않는 경우는 제외)
     ㉯ 외국인 체류자격 중 영주(F-5)의 체류자격을 가진 사람
     ㉰ 취업활동에 제한을 받지 않는 외국인근로자
   ② 다음 중 어느 하나에 해당하는 외국인근로자: 보험가입을 신청한 경우에 「고용보험법」 전부 적용
     ㉮ 외국인의 체류자격 중 재외동포(F-4)의 체류자격을 가진 사람
     ㉯ 취업활동을 할 수 있는 체류자격을 가진 사람(「외국인근로자의 고용 등에 관한 법률」의 적용을 받는 외국인근로자 제외)

다. 보험급여의 종류 및 내용
  - 「고용보험법」은 고용안정·직업능력개발사업과 실업급여·모성보호급여를 고용보험사업의 내용으로 규정하고 있습니다. 고용안정·직업능력개발사업은 실업을 예방하기 위한 적극적인 노동시장 정책의 수단이며, 실업급여는 실업으로 인한 소득상

실을 보장하기 위한 제도입니다. 육아휴직급여는 「근로기준법」의 출산전후휴가 기간이 연장됨에 따라 보상의무를 「고용보험법」이 부담하도록 한 것입니다.

- 고용안정·직업능력개발사업

  고용노동부장관은 피보험자 및 피보험자였던 사람, 그 밖에 취업할 의사를 가진 사람에 대한 실업의 예방, 취업의 촉진, 고용기회의 확대, 직업능력개발·향상의 기회 제공 및 지원, 그 밖에 고용안정과 사업주에 대한 인력 확보를 지원하기 위해 고용안정·직업능력개발 사업을 실시합니다.산업별로 상시 사용하는 근로자 수가 다음 중 어느 하나에 해당하는 기업(이하 "우선지원 대상기업"이라 함)은 고용안정·직업능력개발 사업의 우선지원의 대상이 됩니다.

  ① 제조업(다만, 산업용 기계 및 장비 수리업은 그 밖의 업종임) : 500명 이하

  ② 광업, 건설업, 운수·창고업, 정보통신업, 사업시설 관리·사업 지원 및 임대 서비스업, 전문·과학 및 기술 서비스업, 보건업·사회복지 서비스업 : 300명 이하

  ③ 도매·소매업, 숙박·음식점업, 금융·보험업, 예술·스포츠 및 여가관련 서비스업 : 200명 이하

  ④ 그 밖의 업종 : 100명 이하

- 실업급여

  실업급여는 고용보험의 피보험자가 비자발적 실업을 당한 경우에 일정기간 소정의 현금급여를 지급함으로써 실업기간 중 근로자의 생활안정과 취업지원 및 조기재취업을 유도하기 위해 지급됩니다. 실업급여에는 실업상태에 대응해 일률적으로 지급되는 구직급여와 조기재취직을 촉진하기 위해 일정한 요건 아래 추가적으로 지급되는 취업촉진수당이 있습니다. 취업촉진수당의 종류에는 직업능력개발수당, 광역구직활동비 및 이주비가 있습니다. 실업급여의 종류 및 내용은 다음과 같습니다.

종류		내용
구직급여		- 「고용보험법」 제40조제2항에 따른 기준기간 동안의 피보험기간이 통산하여 180일 이상이고, 근로의 의사와 능력이 있어 재취업을 위한 노력을 적극적으로 하고 있음에도 불구하고 실업상태에 있는 피보험자에게 지급되는 급여(「고용보험법」 제40조) - 구직급여를 받으려는 자는 이직 후 지체 없이 직업안정기관에 출석해서 실업을 신고해야 하며, 실업의 신고에는 구직 신청과 수급자격의 인정신청을 포함해야 함
취업촉진급여	직업능력개발수당	수급자격자가 직업안정기관의 장이 지시한 직업능력개발훈련 등을 받는 경우에 그 직업능력개발 훈련 등을 받는 기간에 대하여 지급되는 급여
	광역구직활동비	수급자격자가 직업안정기관의 소개에 따라 광범위한 지역에 걸쳐 구직활동을 하는 경우에 인정되는 급여
	이주비	수급자격자가 취업하거나 직업안정기관의 장이 지시한 직업능력개발 훈련 등을 받기 위해 그 주거를 이전하는 경우에 인정되는 급여

- 육아휴직 급여
  육아휴직을 30일(출산전후휴가기간과 중복되는 기간 제외) 이상 부여받은 피보험자 중 중 육아휴직을 시작한 날 이전에 피보험 단위기간이 합산하여 180일 이상인 피보험자에게 육아휴직 급여가 지급됩니다.
- 출산전후휴가 급여 또는 유산·사산 휴가 급여
  다음의 요건을 모두 갖춘 피보험자가 출산전후휴가 또는 유산·

사산 휴가 및 배우자 출산휴가를 받을 경우 급여가 지급됩니다.

① 휴가가 끝난 날 이전에 「고용보험법」 제41조에 따른 피보험 단위기간이 통산해서 180일 이상일 것

② 휴가를 시작한 날[출산전후휴가 또는 유산·사산휴가를 받은 피보험자가 속한 사업장이 우선지원 대상기업이 아닌 경우에는 휴가 시작 후 60일(한 번에 둘 이상의 자녀를 임신한 경우에는 75일)이 지난 날로 봄] 이후 1개월부터 휴가가 끝난 날 이후 12개월 이내에 신청할 것. 다만, 그 기간에 천재지변, 본인이나 배우자의 질병·부상, 본인이나 배우자의 직계존속 및 직계비속의 질병·부상, 「병역법」에 따른 의무복무 또는 범죄혐의로 인한 구속이나 형의 집행의 사유로 출산전후휴가 급여 등을 신청할 수 없었던 경우에는 그 사유가 끝난 후 30일 이내에 신청해야 합니다.

(6) 「산업재해보상보험법」에 의한 보호

　가. 산업재해보상보험제도의 의의

　　− 산업재해보상보험이란 근로자가 업무상 사유로 부상·질병·신체장애를 입거나 사망한 경우에 해당 근로자 또는 그의 가족을 보호하기 위한 제도로서 근로자가 업무상 재해를 당한 경우에 「근로기준법」에 따라 사업주가 지게 되는 재해보상 책임을 국가가 대신해서 사업주로부터 일정액의 보험료를 징수하고 이를 재원으로 해서 재해를 당한 근로자에게 보상하는 제도입니다.

　　− 고용노동부장관의 위탁을 받아 산업재해보상보험에 관한 사업을 효율적으로 수행하기 위해 근로복지공단이 설립되어 있습니다.

　나. 산업재해보험의 특성

　　− 근로자의 업무상 재해에 대해 사용자의 고의·과실 유무를 불문하는 무과실 책임주의입니다.

　　− 보험사업에 소요되는 재원인 보험료는 원칙적으로 사업주가

전액 부담합니다.
- 재해발생에 따른 손해전체를 보상하는 것이 아니라 평균임
금을 기초로 하는 정률보상방식입니다.
- 자진신고 및 자진납부를 원칙으로 합니다.

다. 산업재해보험의 가입
- 외국인에 대한 적용
「산업재해보상보험법」이 적용되는 모든 사업 또는 사업장에
고용된 외국인근로자에게 적용됩니다.
- 보험가입자와 수급자
산업재해보상보험에 가입하는 자는 근로자를 사용하는 사업
의 사업주입니다. 산업재해보상보험의 보험급여 수급자는
업무상 재해를 당한 근로자입니다.

라. 업무상 재해의 범위
- 산업재해보상보험과 업무상 재해
「산업재해보상보험법」에 따른 보상을 받기 위해서는 해당 재해
가 '업무상 재해'여야 합니다. '업무상 재해'란 업무상의 사유에
따른 근로자의 부상·질병·신체장애 또는 사망을 말합니다. 업무
상 재해의 구체적인 인정 기준은 「산업재해보상보험법 시행
령」 제27조부터 제37조까지에서 자세하게 정하고 있습니다.
- 업무상 재해의 인정 기준
근로자가 다음 중 어느 하나에 해당하는 사유로 부상·질병
또는 장해가 발생하거나 사망하면 업무상 재해로 봅니다.
다만, 업무와 재해 사이에 상당인과관계(相當因果關係)가
없는 경우에는 제외됩니다.
① 업무상 사고
㉮ 근로자가 근로계약에 따른 업무나 그에 따르는 행위를
하던 중 발생한 사고
㉯ 사용자가 제공한 시설물 등을 이용하던 중 그 시설물
등의 결함이나 관리소홀로 발생한 사고

ⓓ 사용자가 주관하거나 사용자의 지시에 따라 참여한 행사나 행사준비 중에 발생한 사고

ⓔ 휴게시간 중 사용자의 지배관리 하에 있다고 볼 수 있는 행위로 발생한 사고

ⓕ 그 밖에 업무와 관련해서 발생한 사고

② 업무상 질병

ⓐ 업무수행 과정에서 물리적 인자, 화학물질, 분진, 병원체, 신체에 부담을 주는 업무 등 근로자의 건강에 장해를 일으킬 수 있는 요인을 취급하거나 그에 노출되어 발생한 질병

ⓑ 업무상 부상이 원인이 되어 발생한 질병

ⓒ 직장 내 괴롭힘, 고객의 폭언 등으로 인한 업무상 정신적 스트레스가 원인이 되어 발생한 질병

ⓓ 그 밖에 업무와 관련하여 발생한 질병

③ 출퇴근 재해

ⓐ 사업주가 제공한 교통수단이나 그에 준하는 교통수단을 이용하는 등 사업주의 지배관리 하에서 출퇴근하는 중 발생한 사고

ⓑ 그 밖에 통상적인 경로와 방법으로 출퇴근하는 중 발생한 사고

마. 보험급여의 종류 및 내용

- 「산업재해보상보험법」에 따른 보험급여는 요양급여, 휴업급여, 장해급여, 간병급여, 유족급여, 상병보상연금, 장의비, 직업재활급여의 8종류가 있습니다.

- 보험급여는 수급권자의 청구에 의해서 지급됩니다.

- 보험급여의 종류 및 내용은 다음과 같습니다.

종류	내용
요양급여	- 근로자가 업무상 사유로 부상을 당하거나 질병에 걸린 경우에 지급되는 급여 - 부상 또는 질병이 3일 이내의 요양으로 치유될 수 있으면 요양비 지급하지 않음
휴업급여	- 업무상 사유로 부상을 당하거나 질병에 걸린 근로자에게 요양으로 취업하지 못한 기간에 대해 지급되는 급여 - 1일당 지급액은 평균임금의 100분의 70에 상당하는 금액
장해급여	근로자가 업무상 사유로 부상을 당하거나 질병에 걸려 치유된 후 신체 등에 장해가 있는 경우에 지급되는 급여
간병급여	요양급여를 받은 사람 중 치유 후 의학적으로 상시 또는 수시로 간병이 필요하여 실제로 간병을 받는 사람에게 지급
유족급여	근로자가 업무상 사유로 사망한 경우에 유족에게 지급되는 급여
상병보상연금	요양급여를 받는 근로자가 요양을 시작한 지 2년이 지난 날 이후에 일정 요건에 해당하는 상태가 계속되면 휴업급여 대신 그 근로자에게 지급되는 급여
장의비	- 근로자가 업무상 사유로 사망한 경우에 그 장제(葬祭)를 지낸 유족에게 지급되는 급여 - 장의비는 평균임금의 120일분에 상당하는 금액
직업재활급여	- 장해급여 또는 진폐보상연금을 받은 사람, 장해급여를 받을 것이 명백한 사람으로서 취업을 위해 직업훈련이 필요한 사람에게 실시하는 직업훈련비용 및 직업훈련수당 - 업무상 재해가 발생할 당시의 사업장에 복귀한 장해급여자에 대해 사업주가 고용을 유지하거나 직장적응훈련 또는 재활운동을 실시하는 경우(직장적응훈련의 경우에는 직장 복귀 전에 실시한 경우 포함)에 각각 지급되는 직장복귀지원금, 직장적응훈련비 및 재활운동비

바. 중복급여의 조정

- 「근로기준법」의 재해보상과의 관계
  수급권자가 「산업재해보상보험법」에 따라 보험급여를 받았
  거나 받을 수 있으면 동일한 사유에 대해 「근로기준법」에
  따른 재해보상급여를 받을 수 없습니다. 「산업재해보상보험
  법」이 「근로기준법」에 따른 재해보상과 기능적으로 중복
  되고 책임보험적 성격을 가지기 때문입니다.

- 「민법」의 사용자책임과의 관계
  수급권자가 동일한 사유에 대해 「산업재해보상보험법」에 따
  른 보험급여를 받으면 그 금액의 한도 안에서 「민법」이나
  그 밖의 법령에 따른 손해배상금을 받을 수 없습니다. 이 경
  우 장해보상연금 또는 유족보상연금을 받고 있는 사람은 장
  해보상일시금 또는 유족보상일시금을 받은 것으로 봅니다.

- 다른 사회보장급여와의 조정
  「국민연금법」의 장애연금 또는 유족연금과 「산업재해보상보
  험법」의 장해급여, 유족급여, 진폐보상연금 또는 진폐유족
  연금을 모두 받을 수 있는 경우에는 「산업재해보상보험법」
  의 급여가 우선적으로 지급되고 「국민연금법」의 장애급여
  및 유족급여는 2분의 1이 감액됩니다.

3. 외국인근로자 권리구제 제도

1) 노동 관련 권리구제

(1) 사업장 내 권리구제

가. 고충처리제도

① 고충처리위원

- 상시 30명 이상의 근로자를 사용하는 사업 또는 사업장에
  서는 근로자의 고충을 청취하고 이를 처리하기 위해 고충
  처리위원을 두어야 합니다.
- 근로자가 고충처리위원에게 고충사항을 전달하면 10일 이

내에 조치 사항과 그 밖의 처리결과를 고충처리위원으로부터 통보받게 됩니다.

② 분쟁의 자율적 해결을 위한 노력

사업주는 근로자가 고충을 신고하였을 때에는 해당 사업장에 설치된 노사협의회에 고충의 처리를 위임하는 등 자율적인 해결을 위하여 노력해야 합니다.

③ 고충 신고 및 처리 절차

- 고충 신고는 구두, 서면, 우편, 전화, 팩스 또는 인터넷 등의 방법으로 합니다.
- 사업주는 고충 신고를 받은 경우, 특별한 사유가 없으면 신고 접수일로부터 10일 이내에 신고된 고충을 직접 처리하거나 「근로자참여 및 협력 증진에 관한 법률」에 따라 설치된 노사협의회에 위임하여 처리하게 하고, 사업주가 직접 처리한 경우에는 처리 결과를, 노사협의회에 위임해서 처리하게 한 경우에는 위임 사실을 해당 근로자에게 알립니다.

나. 명예감독관제도

① 명예고용평등감독관

「남녀고용평등과 일·가정 양립 지원에 관한 법률」에서는 사업장의 남녀고용평등 이행을 촉진하기 위해 해당 사업장 소속 근로자 중 노사가 추천하는 사람을 명예고용평등감독관으로 위촉될 수 있도록 하고 있습니다. 명예고용평등감독관은 다음의 어느 하나의 업무를 수행합니다.

ⓐ 해당사업장의 차별 및 직장 내 성희롱 발생 시 피해 근로자에 대한 상담·조언

ⓑ 해당 사업장의 고용평등 이행상태 자율점검 및 지도 시 참여

ⓒ 법령위반 사실이 있는 사항에 대하여 사업주에 대한 개선 건의 및 감독기관에 대한 신고

ⓓ 남녀고용평등 제도에 대한 홍보·계몽

ⓔ 그 밖에 남녀고용평등의 실현을 위해 고용노동부장관이 정하는 업무

② 명예산업안전감독관

산업재해예방활동에 대한 참여와 지원을 촉진하기 위해 근로자·근로자단체·사업주단체 및 산업재해예방 관련 전문단체에 소속된 자 중에서 명예산업안전감독관이 위촉될 수 있습니다. 명예산업안전감독관의 업무는 다음과 같습니다.

ⓐ 사업장에서 하는 자체점검에의 참여 및 근로감독관이 하는 사업장 감독 참여

ⓑ 사업장 산업재해 예방계획수립 참여 및 사업장에서 하는 기계·기구자체검사 입회

ⓒ 법령 위반 사실이 있는 경우 사업주에 대한 개선 요청 및 감독기관에의 신고

ⓓ 산업재해발생의 급박한 위험이 있는 경우 사업주에 대한 작업 중지 요청

ⓔ 작업환경측정·근로자 건강진단시의 입회 및 그 결과에 대한 설명회 참여

ⓕ 직업성질환의 증상이 있거나 질병에 걸린 근로자가 여럿 발생한 경우 사업주에 대한 임시건강진단 실시 요청

ⓖ 근로자에 대한 안전수칙 준수 지도

ⓗ 법령 및 산업재해예방정책 개선 건의

ⓘ 안전·보건의식 고취를 위한 활동과 무재해운동 등에 대한 참여와 지원

ⓙ 그 밖에 산업재해예방에 대한 홍보·계몽 등 산업재해예방 업무와 관련하여 고용노동부장관이 정하는 업무

(2) 고용노동부를 통한 권리구제

가. 지방고용노동관서의 조직과 기능

지방고용노동관서란 고용노동부의 지방소재 소속기관을 말하며, 현재 6개의 지방고용노동청(서울, 부산, 대구, 중부, 광주, 대전), 40개의 지청 및 2개 출장소가 설치되어 있습니다. 지방고용노동관서는 다음의 업무를 수행합니다.

① 보안·관인관리, 문서의 접수·발송, 예산·회계 및 결산, 공

무원의 임용·급여, 그 밖의 인사사무

② 고용보험료의 체납처분 및 결손처분의 승인과 고용보험 관련 과태료의 부과에 관한 사항

③ 직업능력개발훈련 및 직업능력개발사업에 관한 사항

④ 「근로기준법」의 적용 및 위반에 대한 조치 등 근로감독에 관한 사항

⑤ 사업장의 재해예방에 관한 지도 및 산업안전보건에 관한 법령의 위반에 대한 조치 등 산업안전보건에 관한 사항

⑥ 「남녀고용평등과 일·가정 양립 지원에 관한 법률」의 적용과 남녀고용차별의 개선 등 여성근로자에 관한 사항

⑦ 구인·구직 및 취업알선 등 직업안정에 관한 사항

⑧ 국내취업 외국인근로자의 고용허가 및 관리에 관한 사항

⑨ 실업급여 지급 및 고용안정사업에 관한 사항

⑩ 고용보험 피보험자격 관리에 관한 사항

⑪ 소속 지청에 대한 업무의 지휘·감독

나. 지방고용노동관서에의 진정

근로자는 사업장에서 노동 관계 법령 위반사실이 있는 경우 그 사업장의 주소지를 관할하는 지방고용노동관서나 고용노동부 홈페이지를 통해 해당 사실을 알릴 수 있습니다.진정이 접수되면, 근로감독관이 해당 사건에 대해 근로자와 사업주를 대상으로 사실조사를 실시합니다. 사건을 조사한 근로감독관은 사용자의 위법사실이 발견되면 행정지도를 하고, 이에 사용자가 불응하면 검찰에 입건 송치하게 됩니다.

(3) 노동위원회를 통한 권리구제

가. 노동위원회의 조직 및 기능

노동위원회란 노동관계에 있어서 판정 및 조정업무의 신속·공정한 수행하기 위해 설치된 행정기관으로서(「노동위원회법」

제1조), 고용노동부장관 소속 하에 둔 중앙노동위원회, 지방노동위원회(위치 및 관할 구역은 「노동위원회법 시행령」 별표 1 참고)와 중앙행정기관의 장 소속 하에 둔 특별노동위원회로 구분됩니다. 노동위원회는 다음의 업무를 수행합니다.

① 「노동조합 및 노동관계조정법」·「근로기준법」·「근로자참여 및 협력증진에 관한 법률」·「교원의 노동조합 설립 및 운영 등에 관한 법률」·「공무원의 노동조합 설립 및 운영 등에 관한 법률」·「기간제 및 단시간근로자 보호 등에 관한 법률」·「파견근로자 보호 등에 관한 법률」 및 「산업현장 일학습병행 지원에 관한 법률」에 따른 판정·결정·의결·승인·인정 또는 차별적 처우 시정 등에 관한 업무

② 「노동조합 및 노동관계조정법」·「교원의 노동조합 설립 및 운영 등에 관한 법률」 및 「공무원의 노동조합 설립 및 운영 등에 관한 법률」에 따른 노동쟁의 조정(調停)·중재 또는 관계 당사자의 자주적인 노동쟁의 해결지원에 관한 업무

③ ①부터 ②까지의 업무수행과 관련된 조사·연구·교육 또는 홍보 등에 관한 업무

④ 그 밖에 다른 법률에 따라 노동위원회의 소관으로 규정된 업무

나. 부당노동행위에 대한 권리구제

– 부당노동행위의 의미

부당노동행위란 근로자 또는 노동조합의 단결권·단체교섭권 및 단체행동권 실현 활동에 대한 사용자의 침해 또는 간섭활동에 해당하는 다음의 어느 하나에 해당하는 행위를 말합니다.

① 근로자가 노동조합에 가입 또는 가입하려고 했거나 노동조합을 조직하려고 했거나 그 밖에 노동조합의 업무를 위한 정당한 행위를 한 것을 이유로 그 근로자를 해고하거나 그 근로자에게 불이익을 주는 행위

② 근로자가 어느 노동조합에 가입하지 않을 것 또는 탈퇴할 것을 고용조건으로 하거나 특정한 노동조합의 조합원

이 될 것을 고용조건으로 하는 행위

③ 노동조합의 대표자 또는 노동조합으로부터 위임을 받은 자와의 단체협약체결, 그 밖의 단체교섭을 정당한 이유 없이 거부하거나 해태하는 행위

④ 근로자가 노동조합을 조직 또는 운영하는 것을 지배하거나 이에 개입하는 행위와 노동조합의 전임자에게 급여를 지원 하거나 노동조합의 운영비를 원조하는 행위

- 근로자 또는 노동조합의 구제신청

  사용자의 부당노동행위로 인해 그 권리를 침해당한 근로자 또는 그 근로자가 가입한 노동조합은 부당노동행위가 있은 날(계속하는 행위는 그 종료일)부터 3개월 이내에 지방노동위원회에 구제를 신청할 수 있습니다.

- 관할 노동위원회의 구제명령 또는 기각결정

  근로자 또는 노동조합으로부터 구제신청을 받은 관할 노동위원회는 지체 없이 필요한 조사를 하고 관계 당사자를 심문합니다. 조사와 심문 결과 부당노동행위가 성립한다고 판정되면 관할 노동위원회는 사용자에게 구제명령을 하게 됩니다. 부당노동행위가 성립되지 않는다고 판정되는 때에는 기각결정이 내려집니다. 관할 노동위원회의 결정에 대해 재심신청을 하지 않는 경우에는 그 구제명령이 확정됩니다.

- 구제명령 또는 기각결정에 대한 불복 : 재심판정의 신청

  관할 노동위원회의 구제명령 또는 기각결정에 불복하는 관계 당사자는 그 명령서 또는 결정서를 송달받은 날부터 10일 이내에 중앙노동위원회에 재심을 신청할 수 있습니다. 중앙노동위원회는 재심결과 그 신청이 이유 없다고 인정하면 사건을 기각하고, 이유 있다고 인정하면 관할 노동위원회의 처분을 취소하고 새로운 명령을 내리거나 명령을 변경합니다. 중앙노동위원회의 재심판정에 대해 기간 내에 행정소송을 제기하지 않으면 그 재심판정이 확정됩니다.

- 재심판정에 대한 불복 : 행정소송의 제기

  재심신청에 의한 중앙노동위원회의 재심판정에 불복하는 관계

당사자는 그 재심판정서의 송달을 받은 날부터 15일 이내에 「행정소송법」이 정하는 바에 따라 소를 제기할 수 있습니다.

다. 부당해고에 대한 권리구제

- 부당해고의 의미

  부당해고란 정당한 이유 없는 사용자의 해고를 말하며, 정당한 이유가 없는지의 여부는 법에서 구체적으로 정하지 않고 있으므로 법원의 판례와 노동위원회의 결정, 고용노동부의 유권해석 등을 통해 결정됩니다.

- 부당해고에 대한 권리구제절차

  부당해고에 대한 권리구제절차는 위의 부당노동행위에 대한 권리구제절차와 마찬가지로 ① 부당해고의 구제신청, ② 관할 노동위원회의 구제명령 또는 기각결정, ③ 중앙노동위원회에의 재심신청, ④ 중앙노동위원회의 재심판정, ⑤ 행정소송 제기의 절차에 따릅니다. 다만, 부당노동행위에 대한 구제신청권자는 해당 근로자 외에 노동조합도 포함되는데 반해, 부당해고에 대한 구제신청권자는 해당 근로자에 한정되는 것이 서로 다릅니다.

(4) 국가인권위원회를 통한 권리구제

가. 국가인권위원회의 조직과 기능

국가인권위원회는 인권의 보호와 향상을 위한 업무를 수행하기 위해 설치된 기구로서 그 권한에 속하는 업무를 독립적으로 수행합니다. 국가인권위원회는 다음의 업무를 수행합니다.

① 인권에 관한 법령(입법과정 중에 있는 법령안을 포함)·제도·정책·관행의 조사와 연구 및 그 개선이 필요한 사항에 관한 권고 또는 의견의 표명

② 인권침해행위에 대한 조사와 구제

③ 차별행위에 대한 조사와 구제

④ 인권상황에 대한 실태조사

⑤ 인권에 관한 교육 및 홍보
⑥ 인권침해의 유형·판단기준 및 그 예방조치 등에 관한 지침의 제시 및 권고
⑦ 국제인권조약에의 가입 및 그 조약의 이행에 관한 연구와 권고 또는 의견의 표명
⑧ 인권의 옹호와 신장을 위하여 활동하는 단체 및 개인과의 협력
⑨ 인권과 관련된 국제기구 및 외국의 인권기구와의 교류·협력
⑩ 그 밖에 인권의 보장과 향상을 위하여 필요하다고 인정하는 사항

나. 국가인권위원회에의 진정

인권침해나 차별행위를 당한 사람 또는 그 사실을 알고 있는 사람이나 단체는 인권침해나 차별행위가 발생한 날부터 1년 이내에 국가인권위원회에 그 내용을 알릴 수 있습니다.

다. 진정의 처리

진정이 접수되면, 사건 담당자는 당사자, 관계인, 관계기관 등에 대해 사실조사를 실시합니다. 진정인의 진정내용에 이유 있다고 판단되는 경우, 즉 인권의 침해가 있다고 인정하는 경우에는 국가인권위원회는 아래의 처리방법 중 적당하다고 판단되는 조치를 할 수 있습니다.

종류	내용
합의의 권고	조사 중이거나 조사가 끝난 진정에 대해서 사건의 공정한 해결을 위해 필요한 구제 조치를 당사자에게 제시하고 합의를 권고
조정	조정위원회가 인권침해나 차별행위와 관련해서 당사자의 신청이나 위원회의 직권으로 조정위원회에 회부된 진정에 대해 조정 절차를 시작
수사개시와 필요한 조치의 의뢰	진정의 원인이 된 사실이 범죄행위에 해당한다고 믿을 만한 상당한 이유가 있고 그 혐의자의 도주 또는 증

	거 인멸 등을 방지하거나 증거 확보를 위하여 필요하다고 인정될 경우에는 검찰총장 또는 관할 수사기관의 장에게 수사의 개시와 필요한 조치를 의뢰
구제조치 등의 권고	진정을 조사한 결과 인권침해나 차별행위가 일어났다고 판단하는 경우에는 피진정인, 그 소속기관·단체 또는 감독기관의 장에게 ① 구제조치의 이행(「국가인권위원회법」 제42조제4항), ② 법령·제도·정책·관행의 시정 또는 개선을 권고
고발 및 징계의 권고	진정을 조사한 결과 진정의 내용이 범죄행위에 해당하고 이에 대해 형사처벌이 필요하다고 인정하면 검찰총장에게 그 내용을 고발할 수 있으며, 인권침해가 있다고 인정하는 경우에는 피진정인 또는 인권침해에 책임이 있는 자에 대한 징계를 소속기관·단체 또는 감독기관의 장에게 권고
법률구조의 요청	진정에 관한 위원회의 조사, 증거의 확보 또는 피해자의 권리 구제를 위하여 필요하다고 인정하면 피해자를 위해 대한법률구조공단 또는 그 밖의 기관에 법률구조를 요청
긴급구제조치의 권고	진정을 접수한 후 조사대상 인권침해나 차별행위가 계속되고 있다는 상당한 개연성이 있고, 이를 방치할 경우 회복하기 어려운 피해가 발생할 우려가 있다고 인정하면 그 진정에 대한 결정 이전에 진정인이나 피해자의 신청에 의해 또는 직권으로 피진정인, 그 소속기관·단체 또는 감독기관의 장에게 다음 어느 하나를 하도록 권고 ① 의료, 급식, 의복 등의 제공 ② 장소, 시설, 자료 등에 대한 현장조사 및 감정 또는 다른 기관이 하는 검증 및 감정에 대한 참여 ③ 시설수용자의 구금 또는 수용 장소의 변경 ④ 인권침해나 차별행위의 중지

	⑤ 인권침해나 차별행위를 하고 있다고 판단되는 공무원 등을 그 직무에서 배제하는 조치 ⑥ 그 밖에 피해자의 생명, 신체의 안전을 위하여 필요한 사항

(5) 사법기관에 의한 권리구제

　가. 검찰

　　노동 관계 법령에서 위반자에 대해 형사처벌을 부과하고 있는 경우 피해자나 이를 지원하는 노동조합 등은 검찰에 직접 고소 또는 고발할 수 있습니다. 검사는 고소 또는 고발 받은 사건이나 근로감독관으로부터 입건송치 받은 사건에 대해 사실조사를 실시하여 고소 또는 고발을 수리한 날부터 3개월 이내에 형사법원에 기소할 것인지를 결정합니다.

　나. 법원

　　- 형사법원

　　　형사법원은 검사의 기소에 의한 형사재판을 열어 사건의 진실을 규명하고 국가의 질서와 국민의 권리침해에 대해 국가의 형벌권을 부과할 것인지의 여부를 결정합니다.

　　- 민사법원

　　　민사법원은 근로자의 임금청구소송, 해고무효확인소송, 근로자지위확인소송, 손해배상 등과 같이 사법상의 권리 또는 법률관계의 존부를 확정하는 민사재판절차를 통해 판정하고 원상회복적 권리구제를 도모합니다.

　　- 행정법원

　　　중앙노동위원회가 내린 재심결정에 불복하는 근로자와 사용자는 행정법원에 행정소송을 제기할 수 있습니다.

다. 헌법재판소

　－ 헌법소원심판

　　헌법소원이란 공권력의 행사 또는 불행사로 인해 헌법상 보
　　장된 기본권을 침해받은 자가 헌법재판소에 해당 공권력의
　　위헌여부를 심사해 줄 것을 청구하는 것입니다.

(6) 법률구조제도의 이용

　가. 법률구조의 의의

　　법률구조제도는 경제적으로 어렵거나 법을 모르기 때문에 법
　　의 보호를 충분히 받지 못하는 사람들에게 법률상담, 소송대
　　리 및 법률사무에 관한 각종 지원을 해 줌으로써 정당한 권
　　리를 보호하는 제도를 말합니다.

　나. 대한법률구조공단의 조직과 기능

　　－ 법률구조사업을 효율적으로 추진하기 위한 비영리공익법인
　　　으로 대한법률구조공단이 설립되어 있습니다(「법률구조
　　　법」 제8조). 대한법률구조공단은 서울특별시에 본부를 두고
　　　있으며, 서울중앙지부 등 18개 지부와 37개의 출장소를 설
　　　치하고 있습니다.

　　－ 대한법률구조공단은 모든 국민을 대상으로 무료법률상담을
　　　하고, 공단 규칙으로 정하는 바에 따라 소송대리, 형사사건
　　　변호 등 법률구조사업을 하고 있습니다.

A. 노동 관계 법령이 지켜지지 않아 근로자의 권리가 침해된 경우 권리구제절차를 통해 피해근로자는 상담을 받거나 침해된 권리를 회복시킬 수 있습니다.

즉, 외국인노동자는 ① 사업장 내 고충처리기관의 상담, ② 노동부를 통한 진정, ③ 노동위원회를 통한 구제신청, ④ 국가인권위원회를 통한 진정, ⑤ 사법기관에 의한 재판, ⑥ 대한법률구조공단의 지원 등을 이용해서 권리를 구제받을 수 있습니다.

2) 사회보장 관련 권리구제

(1) 국민건강보험에 관한 권리구제

가. 이의신청

가입자 및 피부양자의 자격·보험료 등·보험급여 및 보험급여비용에 관한 국민건강보험공단의 처분이나 요양급여비용 및 요양급여의 적정성에 대한 평가 등에 관한 건강보험심사평가원의 처분에 이의가 있으면 그 처분이 있음을 안 날부터 90일 이내, 그 처분이 있었던 날부터 180일 이내에 국민건강보험공단 또는 건강보험심사평가원에 이의신청을 할 수 있습니다.

나. 심판청구

이의신청에 대한 결정에 불복하는 사람은 그 결정통지를 받은 날부터 90일 이내에 건강보험분쟁조정위원회에 심사청구를 할 수 있습니다.

다. 행정소송 제기

국민건강보험공단 또는 건강보험심사평가원의 처분에 이의가 있거나 이의신청 또는 심판청구에 대한 결정에 불복하는 경우에는 「행정소송법」에 따라 행정법원에 행정소송을 제기할 수 있습니다.

(2) 국민연금에 관한 권리구제

가. 심사청구

가입자의 자격, 기준소득월액, 연금보험료, 그 밖의 징수금과 급여에 관한 국민연금관리공단의 처분에 이의가 있으면 그 처분이 있음을 안 날로부터 90일 이내에 국민연금공단에 심사청구를 할 수 있습니다.

나. 재심사청구

심사청구에 대한 결정에 불복하는 사람은 그 결정통지를 받

은 날부터 90일 이내에 다음의 사항을 적은 재심사청구서
(「행정심판법」 제28조제2항에 따라 포함되어야 하는 사항
을 준용하는 경우는 제외)에 따라 국민연금재심사위원회에
재심사를 청구할 수 있습니다.

① 재심사청구를 하는 자와 처분을 받은 자가 다른 경우에는
처분을 받은 자의 성명, 주소 및 주민등록번호

② 재심사청구를 하는 자 및 처분을 받은 자가 가입자 또는
가입자였던 자가 아닌 경우에는 해당 가입자 또는 가입자
였던 자의 성명, 주소 및 주민등록번호

다. 행정소송 제기

국민연금공단의 처분에 이의가 있거나 국민연금재심사위원회
의 재심사에 불복하는 경우에는 「행정소송법」에 따라 행정
법원에 행정소송을 제기할 수 있습니다.

(3) 고용보험에 관한 권리구제

가. 심사청구

피보험자격의 취득·상실에 대한 확인, 실업급여 및 육아휴직
급여와 출산전후휴가 급여 등에 관한 처분에 이의가 있으면
확인 또는 처분이 있음을 안 날부터 90일 이내에 고용보험심
사관에게 심사를 청구할 수 있습니다.

나. 재심사청구

심사청구에 대한 결정에 불복하는 사람은 그 결정이 있음을
안 날부터 90일 이내에 고용보험심사위원회에 재심사를 청구
할 수 있습니다.

다. 행정소송 제기

고용보험 관련 처분에 이의가 있거나 고용보험심사위원회의
재심사에 불복하는 경우에는 「행정소송법」에 따라 행정법원
에 행정소송을 제기할 수 있습니다.

(4) 산업재해보상보험에 관한 권리구제

　가. 심사청구

　　보험급여 결정·진료비 결정·약제비 결정·진료계획 변경 조치·
　　보험급여의 일시지급 결정·부당이득의 징수 결정 또는 수급
　　권의 대위 결정 등 근로복지공단의 처분에 이의가 있으면 보
　　험급여 결정 등이 있음을 안 날부터 90일 이내에 근로복지공
　　단에 심사청구를 할 수 있습니다.

　나. 재심사청구

　　심사청구에 대한 결정에 불복하는 사람은 그 결정이 있음을
　　안 날부터 90일 이내에 산업재해보상보험재심사위원회에 재
　　심사청구를 할 수 있습니다. 다만, 업무상질병판정위원회의
　　심의를 거친 보험급여에 관한 결정에 불복하는 사람은 보험
　　급여에 관한 결정이 있음을 안 날부터 90일 이내에 심사청구
　　를 하지 않고 재심사청구를 할 수 있습니다.

　다. 행정소송의 제기

　　근로복지공단의 처분에 이의가 있거나 산업재해보상보험재심
　　사위원회의 재심사에 불복하는 경우에는 「행정소송법」에 따
　　라 행정법원에 행정소송을 제기할 수 있습니다.

제2절 외국인근로자 고용

1. 외국인근로자 고용자격·범위

1) 사용자 자격요건

(1) 공통사항 : 내국인근로자 구인 노력

- 사용자가 「외국인근로자의 고용 등에 관한 법률」에 따라 비전문취업(E-9) 또는 방문취업(H-2)의 체류자격을 가진 외국인근로자를 고용하려면 먼저 직업안정기관에 내국인 구인신청을 함으로써 내국인 구인노력을 해야 합니다.
- 내국인 구인노력에도 불구하고 원하는 인력의 전부 또는 일부를 채용하지 못한 경우에만 고용허가 또는 특례고용가능확인을 받을 수 있습니다. 다만, 사용자가 고용센터의 소개에도 불구하고 정당한 이유 없이 2회 이상 채용을 거부했다면 내국인 구인노력을 한 것으로 인정되지 않습니다.

(2) 비전문취업(E-9) 체류자격 외국인근로자를 고용하려는 경우

- 비전문취업(E-9) 체류자격을 가진 외국인근로자를 고용하려는 사용자는 다음의 요건을 모두 갖추어야 고용센터로부터 외국인근로자를 추천받을 수 있습니다.
  ① 외국인력정책위원회에서 정한 외국인근로자의 도입 업종과 고용 가능 사업 또는 사업장에 해당할 것
  ② 내국인 구인노력기간(「외국인근로자의 고용 등에 관한 법률 시행규칙」 제5조의2) 이상 내국인을 구인하기 위하여 노력하였는데도 직업안정기관에 구인 신청한 내국인근로자의 전부 또는 일부를 채용하지 못하였을 것. 다만, 직업안정기관의 소개에도 불구하고 정당한 이유 없이 2회이상 채용을 거부한 경우는 제외.
  ③ 내국인 구인신청을 하기 2개월 전부터 고용허가서 발급일까지 고용조정으로 내국인근로자를 이직시키지 않을 것
  ④ 내국인 구인신청을 하기 5개월 전부터 고용허가서 발급일까

지 임금을 체불(滯拂)하지 않았을 것

⑤ 「고용보험법」 및 「산업재해보상보험법」 의 적용을 받는 사업 또는 사업장인 경우에는 고용보험 및 산업재해보상보험에 가입하고 있을 것

⑥ 외국인근로자를 고용하고 있는 사업 또는 사업장의 사용자인 경우에는 그 외국인근로자를 대상으로 출국만기보험 또는 신탁(「외국인근로자의 고용 등에 관한 법률」 제13조제1항)과 임금체불에 대비한 보증보험(「외국인근로자의 고용 등에 관한 법률」 제23조제1항)에 가입하고 있을 것

(3) 방문취업(H-2) 체류자격 외국인근로자를 고용하려는 경우

방문취업(H-2) 체류자격을 가진 외국인근로자를 고용하려는 사용자는 다음의 요건을 모두 갖추어야 고용센터로부터 특례고용가능확인서를 발급받을 수 있습니다.

① 비전문취업(E-9) 체류자격 외국인근로자를 고용하려는 사용자가 갖추어야 할 요건(위의 제1호부터 제6호까지)을 모두 갖출 것

② 다음의 어느 하나에 해당하는 사업 또는 사업장을 영위할 것

㉮ 건설업으로서 외국인력정책위원회가 일용근로자 노동시장의 현황, 내국인근로자 고용기회의 침해 여부 및 사업장규모 등을 고려해서 정하는 사업 또는 사업장

㉯ 서비스업·제조업·농업 또는 어업으로서 외국인력정책위원회가 산업별 특성을 고려해서 정하는 사업 또는 사업장

Q. <외국인 요리사 초청 관련 문의> 안녕하세요. 저는 태국음식점을 오픈중입니다. 태국 현지에 있는 주방장을 초청하려고 합니다. 어떠한 필요한 절차를 거쳐야 하는지 알려 주세요.

A. 외국인이 한국에서 취업하고자 하는 경우에는 취업할 수 있는 비자를 소지하여야 하고 우리나라 취업비자 종류에는 일정한 요건을 충족하는 외국인이 국내에서 주방장 및 조리사로 취업할 수 있는 특정활동 비자가 있습니다. 주방장 및 조리사 직종이 포함되어 있는 특정활동(E-7)비자는 대한민국내의 공, 사기관 등과의 계약에 의하여 법무부장관이 특히 지정하는 활동에 종사하고자 하는 외국인에게 발급되는 비자입니다.

E-7 비자의 발급 절차는 먼저 초청인이 사증발급인정서를 국내 관할 출입국관리사무소에 신청하고 심사 후 사증발급인정번호를 발급(허가) 받게 되면 피초청외국인이 자국 대한민국대사관 또는 영사관에 사증발급을 신청하시면 됩니다. 그리고 외국인 주방장 등을 고용하기 위해서는 고용업체와 해당 외국인이 일정 요건을 갖추어야 합니다. 간략히 설명드리면, 외국인 주방장 및 조리사를 초청하고자 하는 경우에 초청자(고용주)가 일반사업자 또는 법인이냐를 따지지는 않으나 관광편의시설업 지정을 받은 외국음식점(관광편의시설업지정증)으로서 사업장면적 60㎡ 이상, 연간 매출액 6천만원 이상, 내국인 고용인원 2명 이상의 최소 요건을 갖추어야 합니다.

피초청외국인의 경우 국제적으로 인정되는 국내외 요리경연대회 입상경력자(자격요건 면제), 중급 이상 자격증 소지자(경력요건 면제), 초급 수준 자격증 소지자(+ 경력 3년 이상), 6개월 이상 교육이수자(+ 경력 5년 이상), 경력 10년 이상의 어느 하나에 해당하는 사람이어야 하며, 외국인 주방장 및 조리사를 초청하고자 하는 경우에 일반적으로 제출하여야 하는 서류는 다음과 같습니다(※ 관할 출입국관리사무소에서 심사 과정에서 필요하다고 인정하는 때에는 제출서류를 가감할 수 있습니다.)

* 사증발급인정신청서 (별지 제21호 서식) - 피초청인의 반명함판 칼라사진 1장 부착
* 초청사유서 및 구체적 활용계획서 - 한국인과 대체가 불가한 필수전문 요리사의 구체적 활용계획에 대하여 상세히 기술
* 사업자 등록증 사본, 영업신고증 사본 * 관광편의시설업지정증
* 고용계약서 사본 * 신원보증서
* 영업실적 증빙서류 - 부가가치 과세표준증명(세무서 발행)
* 업체현황 - 평수, 좌석수, 내국인 종업원 현황(3개월치 임금대장, 국민건강보험공단 의료보험 신고 등)
* 기타 참고자료 - 외국인 관광객 유치실적 증빙서류(여행사의 단체여행객 예약사실 증빙서류)
* 식당사진(간판 나오는 전면사진 및 내부홀사진)(피초청자의)
* 여권 사본, 이력서
* 요리사자격증 원본 및 사본, 재직증명서 또는 경력증명서(아포스티유확인 또는 자국에 있는 대한민국대사관의 영사확인)

아울러, E-7비자(주방장 및 조리사) 허가 여부는 관할 출입국관리사무소장이 고용주(초청자)의 적격 여부, 외국인의 전공, 자격, 기술, 기능 등과 근무처와의 직접적 연관성, 기술, 기능 등 보유 여부, 국민 대체고용이 부적절하여 고용필요성이 인정되는지 여부, 고용의 타당성, 초청자의 업체운영실태 등을 종합적으로 고려하여 판단하고 있음을 양지해 주시고 미리 관할 출입국관리사무소에 내방하시어 개별상담을 받아 보시기 바랍니다.

2) 외국인근로자 도입규모 및 업종

(1) 외국인근로자 도입계획

가. 외국인근로자 도입계획

고용노동부에서는 다음의 사항이 포함된 외국인근로자도입계획을 매년 3월 31일까지 관보, 일간신문 또는 인터넷을 통해 공표하고 있습니다.

① 외국인근로자를 고용할 수 있는 사업 또는 사업장에 관한 사항
② 사업 또는 사업장에서 고용할 수 있는 외국인근로자의 규모에 관한 사항
③ 외국인근로자를 송출할 수 있는 국가별 외국인력 도입 업종 및 규모에 관한 사항
④ 외국인근로자의 권익보호에 관한 사항
⑤ 그 밖에 외국인근로자의 고용 등에 관해 외국인력정책위원회의 위원장이 필요하다고 인정하는 사항

나. 외국인근로자 도입규모

2020년 외국인근로자 도입규모는 다음과 같습니다.

구분	인원	제조업	건설업	서비스업	농축산업	어업
일반 (E-9)	44,000[40,500 + α (3,500)]	30,130 + α	2,280 + α	90 + α	5,300 + α	2,700 + α
재입국 취업자	12,000	10,570	20	10	1100	300
총계	56,000[53,500 + α (3,500)]	40,700 + α	2,300 + α	100 + α	6,400 + α	3,000 + α

다. 외국인근로자 도입업종

외국인근로자를 도입할 수 있는 업종은 제조업, 건설업, 서비스업, 농축산업, 어업으로 제한되어 있습니다. 즉 모든 사업장에서 비전문취업(E-9) 또는 방문취업(H-2) 체류자격을 가진 외국인근로자를 채용할 수는 없습니다. 체류자격에 따른 외국인근로자 도입업종은 다음과 같습니다.

구분	일반고용허가제	특례고용허가제
제 조 업	상시근로자 300명 미만 또는 자본금 80억원 이하인 기업의 사업장 (※ 위 기준을 충족하지 않더라도 지방중소벤처기업청장이 발급한 중소기업 유예기간 확인서가 있을 경우 가능)	
건 설 업	모든 건설공사(다만, 발전소·제철소·석유화학 건설현장의 건설업체 중 건설면허가 산업환경설비인 경우에는 적용 제외)	
서비스업	건설폐기물처리업(38 23)	하수·폐수 및 분뇨처리업(37) 폐기물 수집운반, 처리 및 원료재생업(38) 육지동물 및 애완동물 도매업(46205) 기타 산업용 농산물 도매업(46209) 생활용품 도매업(464) 기계장비 및 관련용품 도매업(465) 기타 생활용품 소매업(475) 기타 상품 전문 소매업(478) 무점포 소매업(479) 호텔업(55101) ※ 「관광진흥법」 제3조의 호텔업은 제외되나,「관광진흥법 시행령」 제2조 및 제22조에 의한 1성급~3성급 관광호텔업은 포함됨 여관업(55102)

한식 음식점업(5611)

외국식 음식점업(5612)

기타 간이 음식점업(5619)

사업시설 유지관리 서비스업(7410)

건물 및 산업설비 청소업(7421)

여행사 및 기타 여행보조업(752)

사회복지 서비스업(87)

자동차 종합 수리업(95211)

자동차 전문 수리업(95212)

모터사이클 수리업(9522)

욕탕업(96121)

산업용 세탁업(96911)

개인 간병 및 유사 서비스업(96993)

가구내 고용활동(97)

	재생용 재료수집 및 판매업(46791) 냉장·냉동 창고업(52102)(내륙에 위치한 업체) 서적, 잡지 및 기타 인쇄물 출판업(581) 음악 및 기타 오디오물 출판업(59201)	좌동
어 업	연근해어업(03112) 양식어업(0321) 소금채취업(07220)	좌동
농·축산업	작물재배업(011) 축산업(012) 작물재배 및 축산 관련 서비스업(014)	좌동

2. 외국인근로자 고용절차

1) 비전문취업(E-9) 체류자격자 고용절차

(1) 내국인 구인 신청

사용자는 우선 고용센터에 내국인근로자 구인 신청을 해야 합니다. 사용자는 농업·축산업 및 어업의 경우 7일, 그 밖의 업종의 경우 14일 이상 내국인근로자를 채용하기 위해 노력해야 합니다. 다만, 다음의 어느 하나에 해당하는 경우에는 농업·축산업 및 어업의 경우 3일, 그 밖의 업종의 경우 7일로 각각 그 기간을 단축할 수 있습니다.

① 소재지 관할 직업안정기관의 장이 사용자가 제출한 내국인 구인노력증명서(「외국인근로자의 고용 등에 관한 법률 시행규칙」 별지 제5호의2 서식)를 검토한 결과 사용자의 적극적인 내국인 채용노력 사실을 인정하는 경우

② 사용자가 소재지 관할 직업안정기관을 통한 구인노력을 하면서 다음의 어느 하나에 해당하는 매체를 통하여 3일 이상 내국인 구인 사실을 알리는 구인노력을 한 경우
   - 「신문 등의 진흥에 관한 법률」 제2조제1호가목에 따른 일반일간신문 또는 같은 호 나목에 따른 특수일간신문 (경제 및 산업 분야에 한정)
   - 「잡지 등 정기간행물의 진흥에 관한 법률」 제2조제1호나목에 따른 정기간행물, 같은 호 다목에 따른 전자간행물 또는 같은 호 라목에 따른 기타간행물
   - 「방송법」 제2조제1호에 따른 방송

(2) 고용허가 신청

사용자가 내국인근로자를 구하기 위해 노력했음에도 불구하고 내국인근로자의 전부 또는 일부를 채용하지 못한 경우에만 고용허가를 신청할 수 있습니다. 다만, 사용자가 고용센터의 소개에도 불구하고 정당한 이유없이 2회 이상 채용을 거부 하였다면 내국인 구인노력을 한 것으로 인정되지 않습니다.

(3) 고용허가서 발급

사용자가 추천받은 적격자 중에서 채용할 근로자를 선정하면 고용센터 소장으로부터 선정된 외국인근로자의 성명, 고용허가기간 등이 기재된 외국인근로자 고용허가서(「외국인근로자의 고용 등에 관한 법률 시행규칙」 별지 제5호 서식)를 발급받습니다.

(4) 고용허가서 재발급

가. 재발급사유

사용자가 고용허가서를 발급받은 후 외국인근로자의 사망 등 불가피한 사유로 해당 외국인근로자와 근로계약을 체결하지 못하거나 근로계약을 체결한 후 사용자의 책임이 아닌 사유로 외국인근로자가 근로를 개시할 수 없게 된 경우에는 고용센터 소장으로부터 고용허가서를 재발급 받아야 합니다.

나. 재발급신청절차

사용자가 외국인근로자 고용허가서를 재발급 받으려면 재발급 사유가 발생한 사실을 안 날부터 7일 이내에 외국인근로자 고용허가서 재발급신청서(「외국인근로자의 고용 등에 관한 법률 시행규칙」 별지 제4호 서식에 다음의 서류를 첨부해서 사용자가 영위하는 사업 또는 사업장의 소재지를 관할하는 고용센터 소장에게 제출해야 합니다.

① 외국인근로자 고용허가서 원본
② 고용허가서 발급 요건에 해당함을 입증하는 서류(고용허가서 발급 시와 비교했을 때 사업장의 업종 및 규모가 다른 경우에만 해당)

(5) 근로계약 체결

가. 표준근로계약서의 작성

사용자가 선정한 외국인근로자를 고용하려는 경우에는 표준
근로계약서(「외국인근로자의 고용 등에 관한 법률 시행규
칙」 별지 제6호 서식)를 사용해서 근로계약을 체결해야 합니
다. 사용자 또는 한국산업인력공단이 근로계약을 체결하거나
이를 대행하는 경우에는 근로계약서 2부를 작성하고 그 중 1
부를 외국인근로자에게 내주어야 합니다.

나. 근로계약기간

외국인근로자와 사용자는 3년의 기간 내에서 당사자 간 합의
에 따라 근로계약을 체결하거나 갱신할 수 있습니다. 다만,
취업활동기간 3년이 만료되어 출국하기 전에 사용자가 고용
노동부장관에게 재고용허가를 요청한 외국인근로자는 3년의
기간제한(「외국인근로자의 고용 등에 관한 법률」 제18조)에
도 불구하고 한 차례만 2년 미만의 범위에서 취업활동기간을
연장받아, 연장된 취업활동기간의 범위에서 근로계약을 체결
할 수 있습니다.

(6) 사증발급인정서 신청

외국인근로자와 근로계약을 체결한 사용자는 해당 외국인근
로자를 대신해서 법무부장관에게 사증발급인정서를 신청할
수 있습니다. 국내에 있는 사용자가 외국인근로자를 대신해서
관할 출입국관리사무소 또는 출장소(울산, 동해 출장소만 해
당)에 신청해서 사증발급인정서를 발급받으면, 입국하려는 외
국인근로자는 사용자로부터 사증발급인정서를 송부받아 대한
민국 대사관 또는 영사관에 사증발급을 신청할 수 있습니다.

(7) 외국인 취업교육 실시

사용자는 외국인근로자가 입국한 후 15일 이내에 한국산업인
력공단 또는 국제노동협력원에서 국내 취업활동에 필요한 사

항을 주지시키기 위해 실시하는 교육을 받게 해야 합니다.

(8) 근로 시작

이상의 절차를 마치면, 취업교육을 이수한 외국인근로자를 인도해서 사업장에 배치시키고 근로를 시작하게 됩니다.

(9) 고용허가기간 연장허가

사용자가 외국인근로자와 근로계약을 갱신하면 고용센터 소장에게 외국인근로자 고용허가기간 연장허가를 받아야 합니다. 이 경우 사용자는 외국인근로자고용허가기간연장신청서 (「외국인근로자의 고용 등에 관한 법률 시행규칙」 별지 제7호서식)에 근로계약서 사본, 외국인등록증 사본, 여권 사본을 첨부해서 사용자가 영위하는 사업 또는 사업장의 소재지를 관할하는 고용센터 소장에게 제출해야 합니다. 이 경우 고용센터에서 행정정보의 공동이용을 통하여 사업자등록증을 확인하며, 신청인은 확인에 동의하지 않으면 사업자등록증 사본을 제출해야 합니다.

(10) 재입국금지기간

고용허가를 받은 사용자에게 고용되어 취업한 후 출국한 외국인근로자는, 출국한 날부터 6개월이 지나지 않으면 「외국인근로자의 고용 등에 관한 법률」에 따라 다시 취업할 수 없습니다. 다만, 사용자가 외국인근로자의 취업기간이 만료되어 출국하기 전에 고용노동부장관에게 재고용을 요청한 경우에는 2년 미만의 범위에서 취업활동기간을 연장받을 수 있습니다. 이 경우 해당 외국인근로자는 출국할 필요없이 연장된 취업활동기간 동안 계속하여 근무할 수 있습니다.

Q. 사용자가 국외에 있는 외국인을 비전문취업(E-9) 체류자격으로 고용하려면 어떤 절차를 거쳐야 하나요?

A. 비전문취업(E-9) 체류자격자의 고용절차는 ① 내국인의 구인 신청, ② 고용허가의 신청, ③ 고용허가서의 발급, ④ 근로계약의 체결, ⑤ 사증발급인정서의 신청, ⑥ 외국인 취업교육의 실시, ⑦ 근로 시작 등의 순서로 이루어집니다.

사용자는 우선 고용지원센터에 내국인 구인신청을 해야 하고, 내국인 구인 노력에도 불구하고 원하는 인력을 채용하지 못한 때에는 고용지원센터에 외국인 근로자 고용허가를 신청할 수 있습니다.

사용자가 일정한 요건을 갖춘 경우 고용지원센터로부터 외국인구직자명부에 등록된 자 중에서 적격자를 추천받으며, 사용자가 추천된 적격자 중에서 채용할 근로자를 선정할 경우 고용지원센터에서 외국인근로자 고용허가서를 발급받습니다. 사용자는 해당 외국인근로자와 표준근로계약서로 근로계약을 체결해야 하며, 근로계약이 체결되면 해당 외국인근로자를 대리해서 법무부장관에게 사증발급인정서를 신청할 수 있습니다. 사용자는 외국인근로자가 입국한 후 외국인 취업교육을 받을 수 있도록 해야 합니다.

Q. <캄보디안인이 한국에서 취업비자를 획득할려면> 캄보디아인을 한국에 데려와서 저의 업장에 취업을 시켜보고 싶은데 가능한지 여부와 어떠한 절차와 방법으로 진행해야하는지 궁금합니다.에 취업을 시켜보고 싶은데 가능한지 여부와 어떠한 절차와 방법으로 진행해야하는지 궁금합니다.

A. ㅇ 캄보디아인이 우리나라에 취업하려면
 - 초청회사 측에서 법무부로부터 사증발급인정서를 발급받게 해 주거나
 - 고용허가제에 따라 캄보디아 노동부에서 시행하는 한국어 시험에 응시하는 방법을 통해서만 가능합니다.
 ㅇ 캄보디아 노동부와 우리나라 노동부의 협력으로 시행하고 있는 고용허가제는 매년 2차례 정도 시행되는 시험에 합격한 사람들을 캄보디아 노동부가 우리 노동부를 통해 우리나라 업체에 추천하여 취업케 하는 제도입니다.

Q. <외국인고용절차> 사업주가 외국인력을 고용할 수 있는지, 있다면 절차는 어떻게 되나요?

A. ○ 외국인 근로자를 고용하실 때는 다음과 같은 절차가 필요합니다 - 일반외국인근로자를 고용하실 경우 ① 내국인 구인노력 : 7일간의 내국인 구인노력이 필요 * 신문, 방송 등을 통해 구인노력을 한 경우는 3일로 단축 ② 외국인고용허가서 신청 및 발급 ③ 근로계약체결 ④ 사증발급인정서 신청 및 발급 ⑤ 외국인근로자 입국 및 취업교육 * 사업주 부담으로 입국 즉시 2박 3일간 20시간의 취업교육을 받아야 함 ⑥ 사업장 배치 - 동포를 고용하실 경우 ① 내국인구인노력 : 7일간의 내국인 구인노력이 필요 * 신문, 방송 등을 통해 구인노력을 한 경우는 3일로 단축 ② 특례고용가능확인서 신청 및 발급 ③ 취업교육과 구직신청(외국인근로자) * 입국일과 상관업시국내 산업장 취업 이전에 개인부담으로 취업교육을 받아야 함 ④ 근로계약 체결 ⑤ 근로개시신고 * 고용한 날부터 10일이내에 근로개시 신고를 하여야 함. ※ 가급적 고용지원센터를 통해 채용하시는 것이 바람직합니다○ 외국인 근로자를 사용하실 때는 다음과 같은 절차가 필요합니다 - 외국인근로자와 동포하는 입국한 날로부터 90일 이내에 관할 출입국관리사무소에 외국인등록을 해야 합니다. - 외국 인고용과 관련하여 이탈, 부상, 근로계약 갱신 등 변동사항이 발생하면 발생일로부터 10일 이내에 고용지원센터에 신고하셔야 합니다.○ 재고용제도를 활용하실 수도 있습니다 ① 재고용신청 * 신청기간은 해당 외국인근로자 체류기간 만료일 90일전부터 만료일 전일까지 입니다. ② 재고용확인서발급 ③ 사증발급인정서 신청 및 발급(법무부) ④ 외국인근로자 출국 및 재입국 * 출국일로부터 1개월 경과 후 재입국이 가능합니다. ⑤ 외국인근로자 재고용 신고(입국일로부터 10일 이내)○ 외국인 근로자에 적용되는 보험이 적용됩니다. - 4대 사회보험에 의무적으로 가입하여야 합니다. * 산재보험, 건강보험, 고용보험,국민연금(상호주의 원칙에 따라 적

용) - 출국만기 보험과 보증보험은 사업주가 가입하여야 하고, 귀
국비용 보험과 상해보험은 외국인근로자가 가입하여야 합니다.

2) 방문취업(H-2) 체류자격자 고용절차

(1) 특례고용가능확인제도의 의의

특례고용가능확인제도란, 「재외동포의 출입국과 법적지위에
관한 법률」의 실질적 적용에서 상대적으로 소외받아 온 중
국 및 구소련동포 등에 대한 차별 해소 및 포용정책의 일환
으로 도입된 고용허가제의 특례제도입니다. 만 25세 이상의
중국 및 구소련지역 등의 거주동포에 대해 방문취업(H-2)
사증(5년 유효 복수사증)을 발급해서 동포들의 입국을 확대
하고, 사용자의 경우 한 번 특례고용가능확인서를 발급받으면
3년 동안 허용인원의 범위에서 방문취업(H-2) 체류자격으로
입국한 외국인근로자를 자유롭게 고용할 수 있도록 함으로써
비전문취업(E-9) 외국인근로자의 고용절차에 비해 그 고용
과 취업 절차를 간편하게 한 제도입니다.

(2) 방문취업(H-2) 체류자격 외국인근로자의 고용절차

가. 내국인 구인 신청

사용자는 우선 고용센터에 내국인근로자 구인 신청을 해야
합니다. 사용자는 농업·축산업 및 어업의 경우 7일, 그 밖의
업종의 경우 14일 이상 내국인근로자를 채용하기 위해 노력
해야 합니다. 다만, 다음의 어느 하나에 해당하는 경우에는
농업·축산업 및 어업의 경우 3일, 그 밖의 업종의 경우 7일
로 각각 그 기간을 단축할 수 있습니다.

① 소재지 관할 직업안정기관의 장이 사용자가 제출한 내국
인 구인노력증명서를 검토한 결과 사용자의 적극적인 내
국인 채용노력 사실을 인정하는 경우

② 사용자가 소재지 관할 직업안정기관을 통한 구인노력을

하면서 다음의 어느 하나에 해당하는 매체를 통하여 3일 이상 내국인 구인 사실을 알리는 구인노력을 한 경우

- 「신문 등의 진흥에 관한 법률」 제2조제1호가목에 따른 일반일간신문 또는 같은 호 나목에 따른 특수일간신문 (경제 및 산업 분야에 한정)
- 「잡지 등 정기간행물의 진흥에 관한 법률」 제2조제1호나 목에 따른 정기간행물, 같은 호 다목에 따른 전자간행물 또는 같은 호 라목에 따른 기타간행물
- 「방송법」 제2조제1호에 따른 방송

나. 특례고용가능확인 신청

사용자가 구인노력을 했음에도 불구하고 내국인을 채용하지 못하면 특례고용가능확인서 발급 신청서에 특례고용가능확인 서의 발급요건에 해당함을 입증할 수 있는 서류를 첨부해서 사용자가 경영하는 사업 또는 사업장의 소재지를 관할하는 고용센터 소장에게 제출함으로써 외국인근로자 특례고용확인 을 신청할 수 있습니다. 다만, 사용자가 고용센터 소장의 소 개에도 불구하고 정당한 이유없이 2회 이상 채용을 거부 하 였다면 내국인 구인노력을 한 것으로 인정되지 않습니다.

다. 특례고용가능확인서 발급

고용센터 소장은 특례고용확인 신청을 받으면 '외국인근로자 의 도입 업종 및 규모 등의 요건'을 충족한 사용자에 대해 신청일로부터 7일 이내에 특례고용가능확인서를 발급합니다. 특례고용가능확인서의 유효기간은 3년이므로, 이 기간 내에 는 허용인원 수 범위에서 방문취업(H-2) 체류자격을 가진 외국인근로자를 자유롭게 고용할 수 있습니다.

라. 외국인구직자명부 등록자의 채용

사용자가 특례고용가능확인서를 발급받으면 방문취업(H-2) 사증을 발급받아 입국한 외국인으로서 외국인구직자명부에 등록된 자 중에서 적격자를 채용할 수 있습니다. 여기서의 "외국인구직자명부"란 한국산업인력공단이 외국인 취업교육을 받은 후 고용센터에 구직신청을 한 방문취업(H-2) 체류자격 외국인근로자에 대해 작성·관리하는 구직명단을 말합니다.

마. 근로계약 체결
  - 표준근로계약서의 작성 등
  사용자가 외국인근로자를 고용하려는 경우에는 표준근로계약서(「외국인근로자의 고용 등에 관한 법률 시행규칙」 별지 제6호 서식)를 사용해서 근로계약을 체결해야 합니다. 사용자 또는 한국산업인력공단이 근로계약을 체결하거나 이를 대행하는 경우에는 근로계약서 2부를 작성하고 그 중 1부를 외국인근로자에게 내주어야 합니다.
  - 근로계약기간
  외국인근로자와 사용자는 3년의 기간 내에서 당사자 간 합의에 따라 근로계약을 체결하거나 갱신할 수 있습니다. 다만, 취업활동기간 3년이 만료되어 출국하기 전에 사용자가 고용노동부장관에게 재고용허가를 요청한 외국인근로자는 3년의 기간제한에도 불구하고 한 차례만 2년 미만의 범위에서 취업활동기간을 연장받아, 연장된 취업활동기간의 범위에서 근로계약을 체결할 수 있습니다.

바. 근로 시작
  이상의 절차를 마치면 근로계약을 체결한 외국인근로자를 사업장에 배치시켜 근로를 시작하게 됩니다.

사. 근로개시 신고
  사용자는 외국인근로자가 근로를 개시한 날부터 14일 이내에 특례고용 외국인근로자 근로개시 신고서(「외국인근로자의 고용 등에 관한 법률 시행규칙」제11호 서식)에 그 사실을 기재하고 다음의 서류를 첨부하여 사용자가 영위하는 사업 또는 사업장의 소재지를 관할하는 고용센터 소장에게 제출해야 합니다.

① 표준근로계약서 사본

② 외국인등록증 사본 또는 여권 사본

아. 특례고용가능확인 변경확인

- 특례고용가능 변경확인 사유

사용자가 특례고용가능확인서를 발급받은 후 해당 사업 또는 사업장의 업종 또는 규모 등의 변화로 특례고용확인서의 내용 중 다음의 어느 하나에 해당하는 사항을 변경해야 할 필요가 있으면 고용센터 소장에게 특례고용가능확인서의 변경확인을 받아야 합니다.

① 사업 또는 사업장에서 고용할 수 있는 외국인근로자의 수

② 사업 또는 사업장의 업종·규모

- 특례고용가능 변경확인 신청서류

특례고용가능확인의 변경확인을 받아야 하는 사용자는 특례고용가능확인서 변경신청서(「외국인근로자의 고용 등에 관한 법률 시행규칙」별지 제10호 서식)에 다음의 서류를 첨부해서 사용자가 영위하는 사업 또는 사업장의 소재지를 관할하는 고용센터 소장에게 제출하여야 합니다.

① 외국인근로자 특례고용가능확인서 원본

② 사업 또는 사업장에서 고용할 수 있는 외국인근로자의 수 또는 사업 또는 사업장의 업종·규모 중 어느 하나를 변경할 필요가 있음을 입증하는 서류

- 특례고용가능 변경확인서의 발급

고용센터 소장이 특례고용가능확인서 변경신청서를 검토한 결과 기존의특례고용가능확인 사항을 변경할 필요가 있다고 인정되면 특례고용가능 변경확인서(「외국인근로자의 고용 등에 관한 법률 시행규칙」별지 제10호 서식)가 발급됩니다.

A. 방문취업(H-2) 체류자격자의 고용절차는 ① 내국인의 구인 신청, ② 특례고용가능확인의 신청, ③ 특례고용가능확인서의 발급, ④ 근로계약의 체결, ⑤ 근로개시의 신고 등의 순서로 이루어집니다. 사용자는 우선 고용지원센터에 내국인 구인신청을 해야 하고, 내국인 구인 노력에도 불구하고 원하는 인력을 채용하지 못한 때에는 고용지원센터에 특례고용가능확인서의 발급을 신청할 수 있습니다. 사용자가 일정한 요건을 갖춘 경우 특례고용가능확인서를 발급받으며, 이후 방문취업(H-2) 사증을 발급받아 입국한 외국국적동포로서 외국인구직자명부에 등록된 자 중에서 적격자를 채용할 수 있습니다.

3. 사용자 준수사항

1) 임금 및 근로조건 사항

(1) 외국인근로자 차별금지

사용자는 외국인근로자라는 이유로 부당한 차별적 처우를 해서는 안 됩니다.

(2) 표준근로계약서의 작성

사용자가 외국인근로자를 고용하려면 반드시 표준근로계약서를 사용해서 근로계약을 체결해야 합니다. 이를 위반하면 500만원 이하의 과태료에 처해집니다.

(3) 직접·전액·정기적 임금 지급

임금은 현금으로 직접, 전액을 매월 1회 이상 일정한 기일을 정해서 정기적으로 지급해야 합니다. 이를 위반하면 3년 이하의 징역 또는 3천만원 이하의 벌금에 처해집니다. 이 경우 피해자의 명시적인 의사와 다르게 공소를 제기할 수 없습니다.

(4) 최저임금 이상의 임금 지급

외국인근로자의 임금 수준을 반드시 내국인근로자와 동일하게 할 필요는 없으며 경력 및 생산성에 따라 차등해서 지급할 수 있습니다. 다만, 2021년 1월 1일부터 2021년 12월 31일까지 적용되는 최저임금액은 시간급 8,720원이고, 사업의 종류별로 구분 없이 전 사업장에 동일하게 적용되며, 최저임금을 이유로 종전의 임금수준을 낮춰서는 안 됩니다.

(5) 근로시간 및 연장근로 등

근로시간은 휴게시간을 제외하고 1일 8시간, 1주 40시간을 초과할 수 없으나, 당사자 간에 합의를 하면 1주 12시간 한도에서 연장근로가 가능합니다. 사용자는 근로자에게 연장근로 등을 시키는 경우에는 다음에 해당하는 금액 이상을 가산하여 근로자에게 지급해야 합니다. 이를 위반하면 3년 이하의 징역 또는 3천만원 이하의 벌금에 처해집니다. 이 경우 피해자의 명시적인 의사와 다르게 공소를 제기할 수 없습니다.

- 연장근로: 통상임금의 50%
- 8시간 이내의 휴일근로: 통상임금의 50%
- 8시간을 초과하는 휴일근로: 통상임금의 100%
- 야간근로(오후 10시부터 다음 날 오전 6시까지 근로): 통상임금의 50%

(6) 근로자를 위한 안전조치 강구
- 사용자는 사업을 행할 때 발생하는 다음의 위험을 예방하기 위해 필요한 조치를 해야 합니다.
  ① 기계·기구 그 밖의 설비에 의한 위험
  ② 폭발성, 발화성 및 인화성 물질 등에 의한 위험
  ③ 전기, 열이나 그 밖의 에너지에 의한 위험
- 굴착·채석·하역·벌목·운송·조작·운반·해체·중량물 취급, 그 밖에 작업에 있어 불량한 작업방법 등에 의한 위험으로 인한 산업재해를 예방하기 위하여 필요한 조치를 해야 합니다.
- 사용자는 근로자가 다음 중 어느 하나에 해당하는 장소에서 작업할 때 발생할 수 있는 산업재해를 예방하기 위하여 필요한 조치를 해야 합니다.
  ① 근로자가 추락할 위험이 있는 장소
  ② 토사·구축물 등이 붕괴할 우려가 있는 장소
  ③ 물체가 떨어지거나 날아올 위험이 있는 장소
  ④ 천재지변으로 인한 위험이 발생할 우려가 있는 장소
- 사용자는 사업을 행할 때 발생하는 다음의 건강장해를 예방하기 위해 필요한 조치를 해야 합니다.
  ①   원재료·가스·증기·분진·흄(fume)·미스트(mist)·산소결핍·병

원체 등에 의한 건강장해

② 방사선·유해광선·고온·저온·초음파·소음·진동·이상 기압 등에 의한 건강장해

③ 사업장에서 배출되는 기체·액체 또는 찌꺼기 등에 의한 건강장해

④ 계측감시·컴퓨터단말기조작·정밀공작 등의 작업에 의한 건강장해

⑤ 단순반복작업 또는 인체에 과도한 부담을 주는 작업에 의한 건강장해

⑥ 환기·채광·조명·보온·방습 및 청결 등에 대한 적정기준을 유지하지 않아서 발생하는 건강장해

2) 보험 가입 의무

(1) 4대 사회보험(산업재해보상보험·국민건강보험·고용보험·국민연금보험)의 가입

가. 산업재해보상보험(당연 적용)

「산업재해보상보험법」에 따른 산업재해보상보험은 내·외국인 근로자를 구분하지 않고 근로자를 사용하는 모든 사업 또는 사업장에 적용되지만, 다음의 어느 하나에 해당하는 사업에는 적용되지 않습니다.

① 「주택법」에 따른 주택건설사업자, 「건설산업기본법」에 따른 건설업자, 「전기공사업법」에 따른 공사업자, 「정보통신공사업법」에 따른 공사업자, 「소방시설공사업법」에 따른 소방시설업자 또는 「문화재수리 등에 관한 법률」에 따른 문화재수리업자가 아닌 자가 시공하는 총공사금액이 2천만원 미만인 공사 또는 연면적이 100제곱미터 이하인 건축물의 건축 또는 연면적이 200제곱미터 이하인 건축물의 대수선에 관한 공사

② 가구내 고용활동

③ ① 및 ②의 사업 외의 사업으로서 상시근로자수가 1명 이상이 되지 않는 사업

④ 농업·임업(벌목업은 제외)·어업·수렵업 중 법인이 아닌 자의 사업으로서 상시근로자수가 5명 미만인 사업

나. 국민건강보험(당연 적용)

- 「출입국관리법」에 따라 외국인 등록을 한 비전문취업
  (E-9) 또는 방문취업(H-2) 체류자격을 가진 외국인근로
  자는 「국민건강보험법」의 적용을 받는 직장가입자입니다
- 따라서, 사용자는 해당 외국인근로자를 고용한 날부터 14일
  이내에 해당 외국인근로자의 직장가입자 자격 취득 사실을
  국민건강보험공단에 신고해야 합니다.

다. 고용보험(임의 가입)
  - 「고용보험법」에 따른 고용보험은 근로자를 사용하는 모든
    사업 또는 사업장에 적용되지만, 다음의 어느 하나에 해당
    하는 사업에는 적용되지 않습니다.
    ① 농업·임업 및 어업 중 법인이 아닌 자가 상시 4명 이하
      의 근로자를 사용하는 사업
    ② 건설사업자, 주택건설사업자, 공사업자, 소방시설업자
      및 문화재수리업자가 아닌 자가 시공하는 총공사금액
      이 2천만원 미만인 공사 또는 연면적이 100제곱미터
      이하인 건축물의 건축 또는 연면적이 200제곱미터 이
      하인 건축물의 대수선에 관한 공사
    ③ 가구 내 고용활동 및 달리 분류되지 않은 자가소비 생산활동
  - 비전문취업(E-9) 또는 방문취업(H-2) 체류자격을 가진 외
    국인근로자는 신청에 의해 「고용보험법」에 따른 피보험자
    격을 취득하게 되므로, 사용자는 자신이 고용하고 있는 외국
    인근로자가 고용보험에 가입하려는 경우 「산업재해보상보
    험법」 제10조에 따른 근로복지공단에 외국인 고용보험 가
    입 신청을 해야 합니다.
  - 사용자는 해당 외국인근로자를 고용한 날(취득사유가 발생한
    날)이 속하는 달의 다음 달 15일 이내에 해당 근로자의 피보
    험자격 취득 사실을 지방노동관서의 장에게 신고해야 합니다.

라. 국민연금(상호주의)

- 「국민연금법」에 따른 국민연금은 상호주의 원칙에 따라 대한
  민국의 국민연금에 상응하는 연금에 대해 그 외국인근로자의
  본국법이 대한민국 국민에게 적용되는 경우에만 적용됩니다.
- 「국민연금법」의 반환일시금도 상호주의에 따라 적용되는
  것이 원칙이나, 비전문취업(E-9) 또는 방문취업(H-2) 체
  류자격을 가진 외국인근로자에 대해서는 그 본국법이 대한
  민국 근로자에게 반환일시금에 상응하는 급여를 지급하는
  지 여부와 관계없이 일시반환금 규정이 적용됩니다.

(2) 「외국인근로자의 고용 등에 관한 법률」상 보험(출국만기보
    험·신탁 및 임금체불 보증보험)의 가입

가. 출국만기보험·신탁

- 출국만기보험·신탁이란?
  외국인근로자의 출국 등에 따른 퇴직금 지급을 위해서 사용
  자가 외국인근로자[비전문취업(E-9) 또는 방문취업(H-2)
  체류자격자]를 피보험자 또는 수익자로 해서 가입해야 하는
  보험 또는 신탁을 말합니다.
- 가입 대상자
  근로자를 사용하는 모든 사업 또는 사업장(단, 동거의 친족
  만을 사용하는 사업 및 가사사용인은 제외)의 사용자로서
  취업활동기간이 1년 이상 남은 외국인근로자를 고용한 사용
  자는 의무적으로 가입해야 합니다. 다만, 방문취업(H-2)
  체류자격을 가진 외국인근로자를 고용한 건설업의 사용자인
  경우에는 가입하지 않아도 됩니다.
- 가입기간
  근로계약의 효력발생일부터 15일 이내에 출국만기보험 등에
  가입해야 합니다.
- 납입보험료
  사용자는 외국인근로자고용허가서에 기재되어 있는 월 통상

임금의 1000분의 83(상시 4명 이하의 근로자를 사용하는
사업 또는 사업장의 경우 2012년까지는 1,000분의 41.5,
2013년부터는 1,000분의 83) 이상의 금액을 매월 출국만기
보험료로 적립해야 합니다.
- 보험가입 사실 등의 안내
  외국인근로자는 출국만기보험 등의 계약 전에 계약의 내용
  을, 계약체결 후에는 그 사실을 보험사업자로부터 통지받게
  됩니다. 또, 매년 보험료 또는 신탁부금 납부상황과 일시금
  의 수급예상액도 통지받습니다.
- 보험금 지급사유
  외국인근로자 계속하여 1년 이상을 근무하고 출국(일시적
  출국 제외) 또는 사망하거나 체류자격이 변경된 경우 등에
  는 적립된 금액을 일시금으로 청구할 수 있습니다. 만약, 외
  국인근로자가 근무기간이 1년 미만인 경우에는 그 일시금을
  사용자가 받게 됩니다.
- 위반시 제재
  사용자가 출국만기보험·신탁에 가입하지 않으면 500만원 이
  하의 벌금에 처해집니다.

나. 임금체불 보증보험
  - 임금체불 보증보험이란?
    외국인근로자에 대한 임금체불에 대비해서 사용자가 외국인
    근로자[비전문취업(E-9) 또는 방문취업(H-2) 체류자격
    자]를 피보험자로 해서 가입해야 하는 보험을 말합니다.
  - 가입 대상자
    ① 「임금채권보장법」이 적용되지 않는 사업 또는 사업장이
    나 ② 상시 300명 미만의 근로자를 사용하는 사업 또
    는 사업장의 사용자는 의무적으로 가입해야 합니다. 다
    만, 방문취업(H-2) 체류자격을 가진 외국인근로자를
    고용한 건설업의 사용자인 경우에는 가입하지 않아도
    됩니다.
  - 가입기간
    근로계약의 효력발생일부터 15일 이내에 임금체불 보증보험

에 가입해야 합니다.

- 보험가입 사실 등의 안내

외국인근로자는 보증보험 가입사실을 보증보험회사로부터 통지받게 됩니다.

- 보험금 지급사유

사용자가 임금을 체불한 경우 외국인근로자는 보증보험회사에 보험금 지급을 청구할 수 있습니다.

- 위반 시 제재

사용자가 보증보험에 가입하지 않으면 500만원 이하의 벌금에 처해집니다.

3) 고용변동 등 신고 의무

(1) 근로개시 신고

가. 신고사유

사용자가 방문취업(H-2) 체류자격을 가진 외국인근로자를 고용한 경우 그 외국인근로자가 근로를 시작한 때에 근로개시 신고를 해야 합니다.

나. 신고절차

사용자는 외국인근로자가 근로를 개시한 날부터 14일 이내에 특례고용외국인근로자 근로개시신고서(「외국인근로자의 고용 등에 관한 법률 시행규칙」 별지 제11호서식)에 다음의 서류를 첨부하여 사용자가 영위하는 사업 또는 사업장의 소재지를 관할하는 고용센터 소장에게 제출해야 합니다.

① 표준근로계약서 사본
② 외국인등록증 사본
③ 여권 사본

다. 위반시 제재

사용자가 근로개시 신고를 하지 않거나 거짓으로 신고하면 60만원의 과태료가 부과됩니다.

(2) 고용변동 등 신고

　가.「외국인근로자의 고용 등에 관한 법률」의 신고 의무

　　－ 사용자가 비전문취업(E-9) 또는 방문취업(H-2) 체류자격
　　　을 가진 외국인근로자를 고용한 경우 다음 어느 하나에 해
　　　당하는 사유가 발생하면 고용변동 등 신고를 해야 합니다.

　　　① 외국인근로자가 사망한 경우

　　　② 외국인근로자가 부상 등으로 해당 사업에서 계속 근무하
　　　　는 것이 부적합한 경우

　　　③ 외국인근로자가 사용자의 승인을 얻는 등 정당한 절차
　　　　없이 5일 이상 결근하거나 외국인근로자의 소재를 알
　　　　수 없는 경우

　　　④ 외국인근로자와의 근로계약을 해지하는 경우

　　　⑤ 사용자 또는 근무처의 명칭이 변경된 경우(양도, 양수,
　　　　합병 등에 의한 고용승계 등을 말함)

　　　⑥ 사용자의 변경 없이 근무장소를 변경한 경우(동일한 법
　　　　인 내에서 본사·지사 또는 지사 간 이동 등을 말함)

　　－ 사용자가 위의 신고를 한 경우 그 신고사실이 다음의 신고
　　　사유에 해당하는 때에는「출입국관리법」제19조제1항에 따
　　　른 신고를 한 것으로 봅니다.

　　　① 외국인을 해고하거나 외국인이 퇴직 또는 사망한 경우

　　　② 고용된 외국인의 소재를 알 수 없게 된 경우

　　　③ 고용계약의 중요한 내용을 변경한 경우

　　－ 신고절차

　　　사용자는 위 고용변동 등 신고사유에 해당하는 사유가 발생
　　　하거나 발생한 사실을 안 날부터 15일 이내에 외국인근로자
　　　고용변동등신고서(「외국인근로자의 고용 등에 관한 법률
　　　시행규칙」별지 제12호서식)에 그 사실을 기재해서 사용자
　　　가 영위하는 사업 또는 사업장의 소재지를 관할하는 고용센
　　　터 소장에게 제출해야 합니다.

　　－ 위반시 제재

사용자가 고용변동 등 신고를 하지 않거나 거짓으로 신고하면 60만원의 과태료가 부과됩니다.

나. 「출입국관리법」의 신고 의무

- 사용자가 비전문취업(E-9) 또는 방문취업(H-2) 체류자격을 가진 외국인근로자를 고용한 경우 다음의 구분에 따른 날부터 15일 이내에 고용변동 등 신고를 해야 합니다.
  ① 외국인을 해고하거나 외국인이 퇴직하여 신고를 하는 경우: 외국인을 해고하거나 외국인이 퇴직한 날
  ② 외국인이 사망하여 신고를 하는 경우: 외국인이 사망한 사실을 알게 된 날
  ③ 고용된 외국인의 소재를 알 수 없어 신고를 하는 경우: 외국인의 소재를 알 수 없다는 사실을 알게 된 날
  ④ 고용계약의 중요한 내용을 변경이 있어 신고를 하는 경우: 고용계약의 중요내용을 변경한 날
  ㉠ 고용계약기간을 변경한 경우
  ㉡ 고용주 또는 근무처 명칭이 변경되거나 근무처의 이전으로 그 소재지가 변경된 경우
  ㉢ 「파견근로자 보호 등에 관한 법률」 등 다른 법률에 따라 근로자를 파견한 경우(파견사업장이 변경된 경우를 포함)
- 신고절차
  사용자는 위의 구분에 따른 날부터 15일 이내에 고용·연수외국인 변동사유 발생신고서(「출입국관리법 시행규칙」 별지 제32호서식)를 관할 출입국·외국인청의 장·출입국·외국인사무소의 장 또는 출입국·외국인청 출장소의 장 또는 출입국·외국인사무소 출장소의 장에 신고해야 합니다.
- 위반시 제재
  사용자가 고용변동 등 신고를 하지 않으면 위반기간에 따라 200만원 이하의 과태료가 부과됩니다. 사용자가 외국인근로자에 대한 사증발급인정서를 신청하는 경우 신청일 최근 1개월 간 위 고용변동 등 신고 의무를 2회 이상 게을리 한 것으로 확인되는 경우에는 사증발급인정서가 발급되지 않을 수 있습니다.

Q. <외국인 노동자 퇴사>저희 회사에 외국인 노동자를 한명 쓰고 있었는데, 사정상 노동자가 업무와 맞지 않아서 퇴사를 시키려고 합니다. 일단 절차가 고용지원센터에 외국인근로자 고용변동 등신고서를 팩스로 보내고 그다음에 출입국 사무소에도 신고를 하라는데 어떻게 하면 되는건가요?

A. 출입국관리법 제19조에 따라 고용변동 사유가 발생된 경우 고용. 연수외국인변동사유발생신고서를 작성하여 주소지 관할인 출입국 관리사무소에 해당일로부터 15일 이내에 신고하셔야 합니다.
신고방법은 신고서를 작성하여 ① 관할출입국관리사무소 방문 제출 ② Fax 신고(☎ 1577-1346) ③ 하이코리아(www.hikorea.go.kr) 이용 신고방법이 있습니다. 하이코리아를 활용하시려면 우선 회원가입을 하신 후 홈페이지에 접속하여 전자민원 -> 민원사무 안내 -> 민원사무명 항목에서 "고용변동 등 신고" 클릭 -> 하단의 신고(BOX) 클릭하여 민원인 신원인증하기를 거쳐 내용을 입력하여 제출하면 됩니다.

4. 외국인근로자 고용제한

1) 외국인근로자 고용허가 또는 특례고용가능확인의 취소

(1) 취소 사유

사용자가 다음의 어느 하나에 해당하게 되면 고용센터 소장 으로부터 외국인근로자 고용허가 또는 특례고용가능확인의 취소명령을 받게 됩니다.

① 사용자가 입국 전에 계약한 임금이나 그 밖의 근로조건을 위반한 경우

② 사용자가 임금체불이나 그 밖의 노동관계법을 위반하는 등 의 이유로 근로계약을 유지하기 어렵다고 인정되는 경우

③ 사용자가 거짓이나 그 밖의 부정한 방법으로 고용허가나 특 례고용가능확인을 받은 경우

(2) 허가 취소의 통지

고용허가 또는 특례고용가능확인 취소 통지서에는 ① 취소의 사유, ② 해당 외국인근로자와의 근로계약 종료기한, ③ 외국 인근로자 고용의 제한 여부가 모두 포함됩니다.

(3) 허가 취소 후 조치

사용자는 고용허가 또는 특례고용가능확인 취소명령을 받은 날부터 15일 이내에 그 외국인근로자와의 근로계약을 종료해 야 합니다. 이를 위반하면 사용자는 1년 이하의 징역 또는 1 천만원 이하의 벌금에 처해집니다.

2) 외국인근로자 고용의 제한

(1) 고용 제한 사유

– 사용자가 「외국인근로자의 고용 등에 관한 법률」에 따라 다 음의 어느 하나에 해당하게 되면 그 사실이 발생한 날부터 3 년간 외국인근로자의 고용이 제한될 수 있습니다.

① 외국인근로자 고용허가서나 특례고용가능확인서를 발급받 지 않고 외국인근로자를 고용한 경우

② 외국인근로자 고용허가나 특례고용가능확인이 취소된 경우

③ 「외국인근로자의 고용 등에 관한 법률」 또는 「출입국관리법」을 위반해서 처벌을 받은 경우

④ 외국인근로자 고용허가서를 발급받은 날 또는 특례고용가능확인에 따라 외국인근로자의 근로가 시작된 날부터 6개월 이내에 내국인근로자를 고용조정으로 이직시킨 경우

⑤ 외국인근로자에 대해 근로계약에 명시된 사업 또는 사업장 외에서 근로를 제공하게 한 경우

⑥ 근로계약이 체결된 이후부터 외국인 취업교육을 마칠 때까지의 기간 동안 경기의 변경, 산업구조의 변화 등에 따른 사업규모의 축소, 사업의 폐업 또는 전환과 같은 불가피한 사유가 없음에도 불구하고 근로계약을 해지한 경우

- 사용자가 「출입국관리법」에 따라 다음의 어느 하나에 해당하게 되면 고용하려는 외국인에 대한 사증발급인정서의 발급이 제한됨으로써 외국인근로자를 고용할 수 없게 될 수 있습니다.

① 「출입국관리법」 제7조의2(허위초청 등의 금지), 「출입국관리법」 제12조의3(선박 등의 제공금지), 「출입국관리법」 제18조제3항부터 제5항까지(외국인고용의 제한), 「출입국관리법」 제21조제2항(근무처변경·추가허가 받지 않은 외국인의 고용금지) 또는 「출입국관리법」 제33조의3제1호(외국인등록증 등의 채무이행확보 수단제공금지)를 위반해서 금고 이상의 형의 선고를 받고 그 형의 집행이 종료되거나 집행을 받지 않기로 한 날, 금고 이상의 형의 집행유예를 선고받고 그 판결이 확정된 날 또는 500만원 이상의 벌금형의 선고를 받거나 500만원 이상의 범칙금의 통고처분을 받고 벌금 또는 범칙금을 납부한 날부터 3년(다만, 법무부장관은 재범의 위험성, 법 위반의 동기와 결과, 그 밖의 정상을 고려하여 3년 미만의 기간으로 정할 수 있음)이 지나지 않은 사람

② 「출입국관리법」 제7조의2(허위초청 등의 금지), 「출입국관리법」 제12조의3(선박 등의 제공금지), 「출입국관리법」 제18조제3항부터 제5항까지(외국인고용의 제한), 「출입국관리법」 제21조제2항(근무처변경·추가허가 받지 않은 외국인의 고용금지) 또는 「출입국관리법」 제33조의3제1호(외국인등록증 등의 채무이행확보 수단제공금지)를 위반해서 500만원

미만의 벌금형의 선고를 받거나 500만원 미만의 범칙금의 통고처분을 받고 벌금 또는 범칙금을 납부한 날부터 1년(다만, 법무부장관은 재범의 위험성, 법 위반의 동기와 결과, 그 밖의 정상을 고려하여 1년 미만의 기간으로 정할 수 있음)이 지나지 않은 사람

③ 「성매매알선 등 행위의 처벌에 관한 법률」, 「사행행위 등 규제 및 처벌 특례법」 및 「마약류 관리에 관한 법률」 등을 위반해서 금고 이상의 형의 선고를 받고 그 형의 집행이 종료되거나 집행을 받지 않기로 한 날 또는 금고 이상의 형의 집행유예를 선고받고 그 판결이 확정된 날로부터 3년이 지나지 않은 사람

④ 「근로기준법」을 위반하여 금고 이상의 형의 선고를 받고 그 형의 집행이 종료되거나 집행을 받지 않기로 한 날 또는 금고 이상의 형의 집행유예를 선고받고 그 판결이 확정된 날로부터 3년이 지나지 않은 사람

⑤ 신청일부터 최근 1년 간 「출입국관리법」 제9조제2항에 따라 10명 이상의 외국인을 초청한 사람으로서 피초청 외국인의 과반수가 불법체류 중인 사람

⑥ 신청일부터 최근 1개월 간 「출입국관리법」 제19조 또는 「출입국관리법」 제19조의4에 따른 신고의무를 2회 이상 게을리 한 사람

⑦ 「성폭력범죄의 처벌 등에 관한 특례법」 또는 「성폭력방지 및 피해자보호 등에 관한 법률」을 위반하여 금고 이상의 형의 선고를 받고 그 형의 집행이 종료되거나 집행을 받지 않기로 한 날 또는 금고 이상의 형의 집행유예를 선고받고 그 판결이 확정된 날 5년이 경과되지 않은 사람

⑧ 그 밖에 ①부터 ⑦까지에 준하는 사유에 해당하는 사람으로서 법무부장관이 따로 정하는 사람

(2) 고용 제한의 통지

사용자가 「외국인근로자의 고용 등에 관한 법률」에 따라 외국인근로자의 고용이 제한받게 되는 경우에는 사용자에게 고용제한의 사유가 명시된 문서가 통지됩니다.

제3절 외국인근로자 취업

1. 외국인근로자 취업자격

1) 한국어능력시험(EPS-KLT) 합격

(1) 응시대상자

- 비전문취업(E-9) 체류자격으로 대한민국에서 취업하려는 외국인근로자는 해당 외국인의 국가에서 시행되는 한국어능력시험에 합격해야 합니다. 한국어능력시험은 외국인근로자 고용허가제의 일환으로 외국인구직자에 대한 한국어 구사능력, 한국사회 및 산업안전에 관한 이해 등을 평가하는 시험으로 외국인구직자명부 작성시 활용됩니다.

- 따라서 특례고용 대상자인 방문취업(H-2) 체류자격 외국인근로자는 한국어능력시험에 합격하지 않아도 됩니다.3년의 취업기간 만료로 출국한 후 6개월이 지나 다시 대한민국에서 취업하려는 외국인근로자도 다시 한국어능력시험에 합격해야 합니다.

(2) 응시자격

한국어능력시험에 응시하려면 다음에 해당해야 합니다.

① 만18세 이상 만39세 이하 일 것
② 금고 이상의 범죄 경력이 없을 것
③ 대한민국에서 강제퇴거 또는 출국조치를 당한 경력이 없을 것
④ 자국으로부터 출국에 제한(결격사유)이 없을 것

(3) 한국어능력시험의 실시

한국어능력시험은 매년 1회 이상 실시하며, 객관식 필기시험을 원칙으로 하되, 주관식 필기시험을 일부 추가할 수 있습니다. 한국어능력시험의 내용에는 대한민국의 문화에 대한 이해와 산업안전 등 근무에 필요한 기본사항이 포함됩니다.

(4) 수수료

한국어능력시험의 실시기관은 시험에 응시하려는 사람으로부

터 수수료를 징수하여 사용할 수 있습니다. 이 경우 수수료는 외국인근로자 선발 등을 위한 비용으로 사용해야 합니다.

2) 자격요건 평가

(1) 자격요건 평가기관

- 고용노동부장관은 외국인구직자 선발기준 등으로 활용하기 위하여 필요한 경우 기능 수준 등 인력 수요에 부합되는 자격요건을 평가할 수 있습니다. 자격요건 평가기관은 한국산업인력공단입니다.
- 고용노동부장관은 자격평가의 방법 및 내용을 정하여 한국산업인력공단에 통보하고, 고용노동부게시판 및 인터넷 홈페이지 등에 공고해야 합니다.

(2) 자격요건 평가의 방법 및 내용

자격요건의 평가는 필기시험, 실기시험, 면접시험의 방법으로 합니다. 자격요건의 평가내용은 다음과 같습니다.

① 취업하려는 업종에 근무하기 위하여 필요한 기능 수준
② 외국인구직자의 체력
③ 근무경력
④ 그 밖에 인력 수요에 부합되는지를 평가하기 위하여 필요하다고 인정되는 사항

3) 외국인 취업교육 이수

(1) 교육 이수 의무

대한민국에서 취업하기 위해 입국한 외국인근로자[비전문취업(E-9) 체류자격 또는 방문취업(H-2)체류자격 외국인근로자]는 입국한 후 15일 이내에 한국산업인력공단 또는 국제노동협력원에서 실시하는 외국인취업교육을 받아야 합니다. 비전문취업(E-9) 체류자격 외국인근로자의 취업교육에 드는

비용은 사용자가 부담하여야 합니다. 방문취업(H-2) 체류자격 외국인근로자의 취업교육비용은 본인이 부담합니다.

(2) 교육 시간 및 내용

외국인 취업교육의 시간은 16시간 이상으로 진행됩니다. 다만, 취업활동기간이 만료된 외국인근로자가 소정의 절차를 거쳐 재입국한 경우에는 그 외국인근로자의 취업교육시간을 16시간 미만으로 단축할 수 있습니다. 외국인근로자의 취업교육에는 다음의 사항들이 포함됩니다.

① 취업활동에 필요한 업종별 기초적 기능에 관한 사항
② 외국인근로자 고용허가제도에 관한 사항
③ 산업안전보건에 관한 사항
④ 「근로기준법」, 「출입국관리법」 등 관련 법령에 관한 사항
⑤ 한국의 문화와 생활에 관한 사항
⑥ 그 밖에 취업활동을 위하여 고용노동부장관이 필요하다고 인정한 사항

(3) 교육수료증의 교부

외국인 취업교육을 이수하면 외국인 취업교육 수료증(「외국인근로자의 고용 등에 관한 법률 시행규칙」 별지 제8호 서식)이 교부됩니다.

2. 외국인근로자 취업절차

1) 비전문취업(E-9) 체류자격자 취업절차

(1) 국외에 있는 비전문취업(E-9) 체류자격 외국인근로자가 최초로 취업하려는 경우의 절차

가. 비전문취업(E-9) 체류자격 외국인근로자의 취업 규모 및 업종
고용노동부는 외국인근로자의 도입 규모 및 업종 등이 포함

된 「외국인근로자 도입계획」을 관보, 일간신문 또는 인터넷을 통해 공표합니다.

나. 외국인구직자명부 등록

사용자는 외국인구직자명부에 등록된 외국인근로자 중에서 적격자를 채용하게 되므로, 비전문취업(E-9) 체류자격을 가진 외국인근로자가 대한민국에서 취업하려면 반드시 외국인구직자명부에 등록되어 있어야 합니다. 외국인구직자명부에 등록되기 위해서는 한국어능력시험 성적, 경력 등 외국인구직자 선발기준에 해당하는 능력을 갖추어야 합니다.

다. 사업자의 요청과 고용센터 소장의 추천

외국인근로자가 취업하기 위해서는 사용자의 고용 요청과 고용센터 소장의 추천이 있어야 합니다. 사용자가 추천받은 외국인근로자 중에서 적합한 사람을 선정한 경우에는 즉시 고용허가서가 발급됩니다.

라. 근로계약 체결

- 표준계약서의 작성 등

고용센터 소장의 추천을 받아 대한민국의 사용자에 의해 선정된 외국인근로자는 그 사용자와 근로계약을 체결합니다. 이 때 근로계약은 표준근로계약서를 사용해서 이루어집니다.

- 근로계약기간

외국인근로자와 사용자는 3년의 기간 내에서 당사자 간 합의에 따라 근로계약을 체결하거나 갱신할 수 있습니다. 다만, 취업활동기간 3년이 만료되어 출국하기 전에 사용자가 고용노동부장관에게 재고용허가를 요청한 외국인근로자는 3년의 기간제한(「외국인근로자의 고용 등에 관한 법률」 제18조)에도 불구하고 한 차례만 2년 미만의 범위에서 취업활동기간을 연장받아, 연장된 취업활동기간의 범위에서 근로계약을 체결할 수 있습니다.

마. 사증 발급 신청

근로계약을 체결한 외국인근로자는 사용자로부터 사증발급인
정서를 송부받아 대한민국대사관 또는 영사관에 비전문취업
(E-9) 체류자격 사증의 발급을 신청합니다.

바. 입국

외국인근로자는 유효한 여권과 사증을 가지고 입국해야 합니다.
다만, 대한민국 법무부장관의 재입국허가를 받았거나 재입국허
가가 면제된 사람으로서 그 허가 또는 면제받은 기간이 끝나기
전에 입국하는 경우에는 사증 없이도 입국할 수 있습니다.

사. 외국인 취업교육 이수

외국인근로자는 입국한 후 15일 이내에 한국산업인력공단 또는
국제노동협력원에서 실시하는 외국인 취업교육을 받아야 합니다.

아. 건강진단

사용자는 근로자의 건강보호를 위해 일반건강진단 또는 특수
건강진단 등을 실시하여야 하므로(「산업안전보건법」 제129
조 및 제130조), 외국인근로자에게도 건강진단을 실시해야
합니다.

자. 외국인등록

외국인근로자는 입국한 날부터 90일 이내에 그 체류지를 관
할하는 출입국·외국인청(이하 "청장"이라 한다), 출입국·외국
인사무소(이하 "사무소장"이라 한다), 출입국·외국인청 출장
소장 또는 출입국·외국인사무소 출장소장에게 외국인등록을
해야 합니다.

차. 근로 시작

외국인 취업교육을 이수한 외국인근로자는 근로계약을 체결

한 사업장에 배치되어 근로를 시작하게 됩니다.

카. 체류기간 연장허가 신청

근로계약기간을 갱신하는 경우, 즉 1년의 체류기간을 초과해서 계속 체류하려는 경우에는 그 기간이 끝나기 전에 관할 청장·사무소장 또는 출장소장에게 체류기간 연장허가를 신청해야 합니다.

(2) 국내에 취업 중인 비전문취업 체류자격 외국인근로자가 사업장을 변경해서 취업하려는 경우

가. 사업 또는 사업장 변경 신청

외국인근로자가 다음 중 어느 하나에 해당하는 경우가 발생해서 그 사업 또는 사업장에서 정상적인 근로관계를 지속하기 곤란한 경우에는 근로계약 종료 후 1개월 이내에 고용센터에 다른 사업 또는 사업장으로의 변경을 신청해야 합니다.

① 사용자가 정당한 사유로 근로계약기간중 근로계약을 해지하려거나 근로계약기간이 만료된 후 갱신을 거절하려는 경우

② 사업 또는 사업장의 휴업, 폐업 등으로 근로를 계속할 수 없게 되었다고 인정되는 경우

③ 사용자의 근로조건 위반 또는 부당한 처우 등으로 근로를 계속할 수 없게 되었다고 인정되는 경우

④ 상해 등으로 외국인근로자가 해당 사업 또는 사업장에서 계속 근무하기는 부적합하나 다른 사업 또는 사업장에서의 근무는 가능하다고 인정되는 경우

나. 근무처 변경허가 신청

- 외국인근로자는 위와 같은 사유로 새로운 사업장에서 근무하게 되는 경우 고용센터에 사업 또는 사업장 변경을 신청하는 것과는 별도로 근로가 시작되기 전 「출입국관리법 시행령」 제26조에 따라 미리 법무부장관의 허가를 받아야 합니다.

- 사업 또는 사업장 변경 신청일부터 3개월 이내에 근무처 변경허가를 받지 못하면 강제출국 대상자가 됩니다. 다만, 업무상 재해, 질병, 임신, 출산 등의 사유로 근무처 변경허가를 받을 수 없거나 근무처 변경신청을 할 수 없는 경우에는 그 사유가 없어진 날부터 3개월 이내에 근무처 변경허가를 받거나 1개월 내에 근무처 변경신청을 해야 합니다.

다. 사업 또는 사업장 변경의 제한

외국인근로자의 사업 또는 사업장 변경은 입국한 날부터 3년의 기간 중에는 원칙적으로 3회를 초과할 수 없습니다. 취업활동기간 3년이 만료되어 출국하기 전, 사용자의 재고용허가 요청에 의해 취업활동기간이 연장된 외국인근로자의 경우, 연장된 기간 중 사업 또는 사업장 변경은 2회를 초과할 수 없습니다.

라. 체류지 변경신고

사업장이 변경됨으로써 외국인근로자의 체류지도 함께 변경되는 경우 그 외국인근로자는 새로운 체류지로 전입한 날부터 15일 이내에 새로운 체류지를 관할하는 시·군·구 또는 읍·면·동의 장이나 새로운 체류지 관할 청장·사무소장 또는 출장소장에게 전입신고를 해야 합니다.

마. 그 밖의 절차

사업 또는 사업장의 변경을 신청한 외국인근로자의 취업절차에 있어서 ① 외국인구직자명부 등록, ② 근로계약 체결, ③ 근로시작에 관한 사항은 국외에 있는 외국인근로자가 최초로 취업하는 경우와 동일하게 적용됩니다.

A. 비전문취업(E-9) 체류자격자의 취업절차는 ① 외국인구직자명부 등록, ② 고용지원센터소장의 고용 추천, ③ 근로계약 체결, ④ 사증 발급 신청, ⑤ 입국, ⑥ 외국인 취업교육 이수, ⑦ 근로 시작 등의 순서로 이루어집니다.

외국인근로자가 비전문취업(E-9) 체류자격으로 대한민국에서 취업하려면 외국인구직자명부에 등록되어 있어야 합니다.

대한민국의 사용자가 고용지원센터의 추천을 받아 선정한 외국인근로자는 표준근로계약서로 근로계약을 체결하고 근로계약서 1부를 받습니다. 근로계약을 체결한 외국인근로자는 사용자로부터 사증발급인정서를 송부받아 대한민국대사관 또는 영사관에 신청하여 비전문취업(E-9) 체류자격 사증을 발급받습니다. 외국인근로자는 유효한 여권과 사증을 가지고 대한민국에 입국해야 합니다.

외국인근로자는 대한민국에 입국한 후 15일 이내에 외국인 취업교육을 받아야 하며, 일반적으로 외국인 취업교육을 받을 때 건강진단을 함께 받게 됩니다. 외국인 취업교육을 이수한 외국인근로자는 사업장에 배치되어 근로를 시작합니다.

입국한 날부터 90일 이내에 체류지를 관할하는 지방출입국·외국인관서에 외국인등록을 해야 합니다.

2) 방문취업(H-2) 체류자격자 취업절차

(1) 방문취업(H-2) 체류자격 외국인근로자의 취업절차

가. 방문취업(H-2) 체류자격 외국인근로자의 취업 규모 및 업종

고용노동부는 매년 외국인근로자의 도입 규모 및 업종 등이 포함된 《외국인근로자 도입계획》을 관보, 일간신문 또는 인터넷을 통해 공표하고 있습니다.

나. 외국인 취업교육 이수

방문취업(H-2) 사증을 발급받고 입국한 외국인근로자는 입국한 후 15일 이내에 한국산업인력공단 또는 국제노동협력원에서 실시하는 외국인 취업교육을 받아야 합니다.

다. 건강진단

사용자는 근로자의 건강보호를 위해 일반건강진단 또는 특수건강진단 등을 실시하여야 하므로(「산업안전보건법」 제129조 및 제130조), 외국인근로자에게도 건강진단을 실시해야 합니다.

라. 구직 신청

- 취업교육을 이수한 외국인근로자는 외국인근로자구직신청서(「외국인근로자의 고용 등에 관한 법률 시행규칙」 별지 제9호서식)에 다음의 서류를 모두 첨부해서 소재지 관할 고용센터 소장에게 제출해야 합니다.
  ① 여권 사본
  ② 방문취업(H-2) 체류자격에 해당하는 사증 사본
- 구직 신청을 한 외국인근로자에 대한 명부는 한국산업인력공단이 작성·관리합니다.

마. 근로계약 체결

- 표준계약서의 작성 등
  외국인구직자명부에 등록된 외국인근로자 중 대한민국의 사용자에 의해 선정된 외국인근로자는 그 사용자와 근로계약을 체결합니다. 이 때 근로계약은 표준근로계약서를 사용해

서 이루어집니다. 근로계약을 체결한 외국인근로자는 근로
계약서 1부를 받습니다.

- 근로계약기간

  외국인근로자와 사용자는 3년의 기간 내에서 당사자 간 합
  의에 따라 근로계약을 체결하거나 갱신할 수 있습니다. 다
  만, 취업활동기간 3년이 만료되어 출국하기 전에 사용자가
  고용노동부장관에게 재고용허가를 요청한 외국인근로자는 3
  년의 기간제한(「외국인근로자의 고용 등에 관한 법률」 제
  18조)에도 불구하고 한 차례만 2년 미만의 범위에서 취업
  활동기간을 연장받아, 연장된 취업활동기간의 범위에서 근
  로계약을 체결할 수 있습니다.

바. 근로 시작

사용자와 근로계약을 체결한 외국인근로자는 사업장에 배치
되어 근로를 시작하게 됩니다.

사. 취업개시 신고(외국인등록사항 변경신고)

외국인등록을 한 외국인근로자가 최초로 고용되어 근로를 시
작하는 경우에는 그 취업시작 사실(외국인등록사항 변경사
실)을 근로시작일부터 15일 이내에 그 체류지를 관할하는 출
입국·외국인청(이하 "청장"이라 한다), 출입국·외국인사무소
(이하 "사무소장"이라 한다), 출입국·외국인청 출장소장 또는
출입국·외국인사무소 출장소장에게 신고해야 합니다.

아. 체류기간 연장허가 신청

근로계약기간을 갱신하는 등의 이유로 체류기간을 초과해서
계속 체류하려는 경우에는 그 기간이 끝나기 전에 관할 청
장·사무소장 또는 출장소장에게 체류기간 연장허가를 신청해
야 합니다.

(2) 취업 중인 방문취업 체류자격 외국인근로자가 사업장을 변경
    해서 취업하려는 경우의 절차
  가. 사업 또는 사업장 변경 신청
      외국인근로자가 다음 중 어느 하나에 해당하는 경우가 발생
      해서 그 사업 또는 사업장에서 정상적인 근로관계를 지속하
      기 곤란한 경우에는 근로계약 종료 후 1개월 이내에 고용센
      터에 다른 사업 또는 사업장으로의 변경을 신청해야 합니다.
      ① 사용자가 정당한 사유로 근로계약기간중 근로계약을 해지하
         려거나 근로계약기간이 만료된 후 갱신을 거절하려는 경우
      ② 사업 또는 사업장(이하 "사업장"이라 한다)의 휴업, 폐업
         등으로 근로를 계속할 수 없게 되었다고 인정되는 경우
      ③ 사용자의 근로조건 위반 또는 부당한 처우 등으로 근로를
         계속할 수 없게 되었다고 인정되는 경우
      ④ 상해 등으로 외국인근로자가 해당 사업 또는 사업장에서
         계속 근무하기는 부적합하나 다른 사업 또는 사업장에서
         의 근무는 가능하다고 인정되는 경우

  나. 근무처 변경신고(외국인등록사항 변경신고)
      외국인등록을 한 외국인근로자가 취업 중이던 사업 또는 사업
      장을 변경하는 경우에는 그 소속 근무처 변경사실(외국인등록
      사항 변경사실)을 근무처 변경일부터 14일 이내에 그 체류지를
      관할하는 청장·사무소장 또는 출장소장에게 신고해야 합니다.

  다. 사업 또는 사업장 변경의 제한
      외국인근로자의 사업 또는 사업장 변경은 입국한 날부터 3년의
      기간중에는 원칙적으로 3회를 초과할 수 없습니다. 취업활동기
      간 3년이 만료되어 출국하기 전, 사용자의 재고용허가 요청에
      의해 취업활동기간이 연장된 외국인근로자의 경우, 연장된 기간
      중 사업 또는 사업장 변경은 2회를 초과할 수 없습니다.

라. 체류지 변경신고

사업장이 변경됨으로써 외국인근로자의 체류지도 함께 변경되는 경우 그 외국인근로자는 새로운 체류지로 전입한 날부터 15일 이내에 새로운 체류지를 관할하는 시·군·구 또는 읍·면·동의 장이나 새로운 체류지 관할 청장·사무소장 또는 출장소장에게 전입신고를 해야 합니다.

마. 그 밖의 절차

사업 또는 사업장의 변경을 신청한 외국인근로자는 다른 사용자와 근로계약을 체결하고 근로를 시작하게 됩니다.

3. 외국인근로자 준수사항

1) 보험가입 의무

(1) 귀국비용보험·신탁 가입

가. 귀국비용보험·신탁이란?

외국인근로자 체류기간 만료 시 출국을 유도하여 불법체류를 방지하고 귀국 시 필요한 비용에 충당하기 위해 외국인근로자가 가입해야 하는 보험 또는 신탁을 말합니다.

나. 가입 대상자

비전문취업(E-9) 또는 방문취업(H-2) 체류자격을 가진 외국인근로자로서 대한민국에 취업한 자는 모두 귀국비용보험 등의 가입 대상이 됩니다.

다. 가입 기간

근로계약의 효력발생일부터 3개월 이내에 귀국비용보험 등에 가입해야 합니다.

라. 납입 보험료

외국인근로자는 아래의 국가별 납부금액을 일시금 또는 3회 이내로 나누어 납입해야 합니다.

구분	국가(외국인근로자 국적)	납부금액
제1군	중국, 필리핀, 인도네시아, 태국, 베트남	40만원
제2군	몽골 및 그 밖의 국가	50만원
제3군	스리랑카	60만원

마. 보험금 지급사유

- 외국인근로자는 다음의 어느 하나에 해당하는 사유가 발생하면 귀국비용보험 등의 일시금의 지급을 신청할 수 있습니다.
  ① 체류기간이 만료되어 출국하려는 경우
  ② 개인사정으로 체류기간의 만료 전에 출국(일시적 출국은 제외)하려는 경우
  ③ 사업 또는 사업장에서 이탈하였던 외국인근로자가 자진 출국하려거나 강제퇴거되는 경우
- 보험사업자는 귀국비용보험 등의 일시금 신청을 받으면 관할 출입국·외국인청의 장 또는 출입국·외국인사무소의 장에게 그 외국인근로자의 출국사실 여부를 확인한 후 귀국비용보험 등의 일시금을 지급해야 합니다.
- 귀국비용보험 등의 보험금 청구는 지급사유가 발생한 날부터 3년이내에 행사해야 합니다. 3년 이내에 청구하지 않으면 소멸시효가 완성되며, 소멸시효가 완성된 보험금 등은 한국산업인력공단으로 이전됩니다.

바. 위반시 제재

외국인근로자가 귀국비용보험 등에 가입하지 않으면 500만
원 이하의 과태료가 부과됩니다.

(2) 상해보험 가입

　가. 상해보험이란?

　　　외국인근로자가 업무상 재해 이외의 질병·사망 등에 대비해
　　　서 가입해야 하는 보험을 말합니다. 외국인근로자는 사용자
　　　의 산업재해보상보험 가입 여부와 관계없이 상해보험을 의무
　　　적으로 가입해야 합니다.

　나. 가입 대상자

　　　비전문취업(E-9) 또는 방문취업(H-2) 체류자격을 가진 외
　　　국인근로자로서 대한민국에 취업한 자는 모두 상해보험의 가
　　　입 대상이 됩니다.

　다. 가입 기간

　　　근로계약의 효력발생일부터 15일 이내에 상해보험에 가입해야 합니다.

　라. 보험금

　　　납입 보험료는 외국인근로자의 연령, 성별, 보험기간에 따라 다릅니다.

　마. 보험금 지급사유

　　　외국인근로자가 사망하거나 질병 등이 발생한 경우 본인 또는
　　　유족이 보험회사에 상해보험의 보험금액을 청구할 수 있습니다.

　바. 위반시 제재

　　　외국인근로자가 상해보험에 가입하지 않으면 500만원 이하
　　　의 벌금에 처해집니다.

(3) 출국만기보험금 및 임금체불 보증보험금의 수령

가. 출국만기보험·신탁금의 지급 신청

- 외국인근로자가 계속하여 1년 이상을 근무하고 출국(일시적 출국 제외) 또는 사망하거나 체류자격이 변경된 경우 등에는 적립된 금액을 일시금으로 청구할 수 있습니다.
- 출국만기보험·신탁 일시금은 사용자가 매월 납입한 보험료의 적립금입니다. 다만, 사용자는 외국인근로자의 근로관계가 종료되거나 체류자격이 변경된 경우 출국만기보험등의 일시금의 금액이 퇴직금의 금액보다 적은 경우에는 그 차액을 외국인근로자에게 지급해야 합니다.
- 출국만기보험 등의 지급시기는 피보험자 등이 출국한 때부터 14일(체류자격의 변경, 사망 등에 따라 신청하거나 출국일 이후에 신청하는 경우에는 신청일부터 14일) 이내로 합니다.
- 출국만기보험 등의 보험금 청구는 지급사유가 발생한 날부터 3년이내에 행사해야 합니다. 3년 이내에 청구하지 않으면 소멸시효가 완성되며, 소멸시효가 완성된 보험금 등은 한국산업인력공단으로 이전됩니다.

나. 임금체불 보증보험금의 지급 신청

- ①「임금채권보장법」이 적용되지 않거나 ② 상시 300명 미만의 근로자를 사용하는 사업 또는 사업장[방문취업(H-2) 체류자격을 가진 외국인근로자를 고용한 건설업의 경우는 제외]에서 임금체불 사실이 발생한 경우 외국인근로자는 먼저 고용노동부 지방고용노동청 근로감독과 또는 고용센터에 임금체불 사실을 신고해야 합니다. 임금체불사실이 확인될 경우 한국산업인력공단에 보험금 신청을 할 수 있습니다.
- 사용자의 임금체불금액이 보증금액 한도(200만원)를 초과하더라도 그 보증금액 한도 내에서 체불임금을 받을 수 있으며, 나머지 임금체불금액에 대해서는 사용자에게 직접 청구하거나 고용노동부 근로감독과로 문의하면 됩니다.

2)「출입국관리법」의 준수사항

(1) 외국인등록 등

가. 외국인등록

외국인근로자는 입국한 날부터 90일 이내에 그 체류지를 관할하는 출입국·외국인청의 장(이하 "청장"이라 함), 출입국·외국인사무소의 장(이하 "사무소장"이라 함), 출입국·외국인청 출장소의 장 또는 출입국·외국인사무소 출장소의 장(이하 "출장소장"이라 함)에게 외국인등록을 해야 합니다.

나. 외국인등록사항의 변경

외국인 등록 후 다음 중 어느 하나에 해당하는 사항이 변경된 경우에는 15일 이내에 그 체류지를 관할하는 청장·사무소장 또는 출장소장에게 신고해야 합니다.

① 성명, 성별, 생년월일 및 국적
② 여권의 번호, 발급일자 및 유효기간
③ 방문취업(H-2)의 자격에 해당하는 자로서 개인, 기관, 단체 또는 업체에 최초로 고용된 경우에는 그 취업개시 사실
④ 방문취업(H-2)의 자격에 해당하는 자로서 개인, 기관, 단체 또는 업체에 이미 고용되어 있는 경우에는 그 개인, 기관, 단체 또는 업체의 변경(명칭변경을 포함)

다. 생체정보의 제공 등

외국인등록을 하여야 하는 사람이거나 국내거소신고를 하려는 사람으로 17세 이상인 사람은 외국인등록 또는 국내거소신고를 하는 때에 출입국관리공무원이 지정하는 정보화기기를 통하여 양쪽 모든 손가락의 지문 및 얼굴에 관한 정보를 제공하여야 합니다. 다만, 17세가 되기 전에 외국인등록 또는 국내거소신고를 한 사람은 17세가 된 날부터 90일 이내에 지문 및 얼굴에 관한 정보를 제공하여야 합니다.

(2) 체류기간 연장허가

비전문취업(E-9) 또는 방문취업(H-2) 체류자격 외국인근로자는 3년의 범위에서 체류기간을 부여받습니다. 외국인근로자가 부여받은 체류기간을 초과하여 계속 체류하려는 경우에는, 그 체류기간이 끝나기 전에 청장·사무소장 또는 출장소장에게 체류기간 연장허가를 신청해야 합니다.

(3) 근무처 변경·추가허가 및 신고
  가. 근무처 변경·추가허가
     대한민국에 체류하는 외국인근로자가 그 체류자격의 범위에서 그의 근무처를 변경하거나 추가하려는 경우에는 「출입국관리법 시행령」 제26조에 따라 미리 법무부장관의 허가를 합니다. 근무처 변경·추가허가를 받으려는 사람은 근무처 변경·추가 허가 신청서에 체류자격별 해당서류를 첨부해서 그 체류지를 관할하는 청장·사무소장 또는 출장소장에게 제출해야 합니다.

  나. 근무처 변경·추가 신고
     전문적인 지식·기술 또는 기능을 가진 사람으로 다음의 자격요건에 해당하는 사람은 근무처를 변경하거나 추가한 날부터 15일 이내에 「출입국관리법 시행령」 제26조의2에 따라 법무부장관에게 신고하면 됩니다.
     ① 교수(E-1), 회화지도(E-2), 연구(E-3), 기술지도(E-4), 전문직업(E-5), 예술흥행(E-6), 특정활동(E-7) 자격으로 외국인등록을 하고 체류 중이어야 함
     ② 변경·추가되는 근무처에서 활동하는데 필요한 자격요건을 구비하고 있어야 함(예: E-2 자격 원어민 영어보조교사가 사설외국어학원에서 활동하려면 대학졸업 및 학사학위 이상의 요건을 갖추어야 함)

(4) 체류지 변경신고

외국인 등록을 한 외국인근로자가 그 체류지를 변경하는 경우 새로운 체류지로 전입한 날부터 15일 이내에 새로운 체류지를 관할하는 시·군·구 또는 읍·면·동의 장이나 청장·사무소장 또는 출장소장에게 전입신고를 해야 합니다.

(5) 여권과 외국인등록증의 휴대

대한민국에 체류하는 외국인근로자는 항상 여권과 외국인등록증을 지니고 있어야 하며, 출입국관리공무원 또는 권한 있는 공무원이 여권 등의 제시를 요구할 경우에는 요구에 응해야 합니다. 이를 위반하면 100만원 이하의 벌금에 처해집니다.

4. 외국인근로자 취업 지원 및 제한

1) 고충상담 및 처리 지원

(1) 임금 및 근로기준 관련 사항

다음 예시와 같은 경우가 발생하면 취업 중인 사업장을 관할하는 지방고용노동청 [고용노동부에서 각 지방고용노동청 사이트 연결] 근로감독과와 상의합니다.

① 임금 및 퇴직금을 받지 못했을 경우
② 사용자 또는 관리자로부터 폭행을 당했을 경우
③ 장시간 근로를 당하거나 본인의 의사와 무관한 강제 근로를 당했을 경우

(2) 산업안전 관련 사항

사업장 내에서 안전과 보건 등이 지켜지지 않을 경우 취업 중인 사업장을 관할하는 지방고용노동청 산업안전과와 상의합니다.

(3) 고용 관련 사항

다음 예시와 같은 경우가 발생하면 취업 중인 사업장을 관할하는 고용센터와 상의합니다.

① 사업장 변경 및 취업알선에 관한 상담이 필요한 경우

② 취업확인서 발급 등 체류 중에 필요한 각종 증명서류 등의
   발급이 필요한 경우
③ 그 밖에 취업기간 중의 고충 상담이 필요한 경우

(4) 언어 지원 등에 관한 사항

다음 예시와 같은 경우가 발생하면 고용노동부 고객만족센터
(tel:1350) 또는 외국인력정책과와 상의합니다.

① 외국인근로자의 해당 언어를 통한 상담 및 안내 지원이 필
   요한 경우
② 각종 민원상담 및 고충처리 기관 안내가 필요한 경우

(5) 체류 관련 사항

다음 예시와 같은 경우가 발생하면 출입국·외국인정책본부와
상의합니다.

① 외국인등록증 발급, 체류기간 연장, 근무처 변경허가 등 체
   류 관련 사항에 관한 상담이 필요한 경우
② 출입국 또는 체류과정에서 부당한 대우를 받았거나 받을 우
   려가 있는 경우

(6) 산업재해보상 관련 사항

산업재해(업무상 부상이나 질병, 장해 또는 사망)로 인해 산
업재해보상 신청 및 요양 신청 등을 해야 하는 경우가 발생
하면 근로복지공단(tel: 1588-0075)과 상의합니다.

(7) 각종 범죄 관련 사항

취업기간 동안 각종 범죄 피해를 당하거나 부당한 대우를 받
은 경우에는 경찰서(Tel: 112)를 이용합니다.

2) 취업 기간 및 사업장 제한

(1) 취업 기간의 제한 및 특례

가. 원칙

외국인근로자는 입국한 날부터 3년의 범위에서 취업활동을 할 수 있습니다. 비전문취업(E-9) 체류자격을 가진 외국인 근로자의 경우 3년의 취업기간이 만료해서 출국한 경우에는 6개월이 지나야 다시 대한민국에 취업할 수 있습니다.

나. 기간 제한의 특례

취업활동기간 3년이 만료되어 출국하기 전에 사용자가 고용 노동부장관에게 재고용허가를 요청한 외국인근로자는, 3년의 기간제한에도 불구하고 1회에 한해서 2년 미만의 범위에서 취업활동기간을 연장받아, 연장된 취업활동기간의 범위에서 근로계약을 체결할 수 있습니다.

(2) 사업 또는 사업장 변경의 제한 및 허용

가. 원칙

비전문취업(E-9) 체류자격을 가진 외국인근로자는 최초로 근 로를 시작한 사업장에서 계속 근무해야 하며, 정당한 사유 없 이 최초 근로를 시작한 사업장을 이탈해서 다른 사업장에서 근로해서는 안됩니다.

나. 사업 또는 사업장 변경의 허용

- 사업장 변경 사유

외국인근로자가 다음 중 어느 하나에 해당하는 경우가 발생 해서 그 사업 또는 사업장에서 정상적인 근로관계를 지속하 기 곤란한 경우에는 근로계약 종료 후 1개월 이내에 고용센 터에 다른 사업 또는 사업장으로의 변경을 신청해야 합니다.

① 사용자가 정당한 사유로 근로계약기간 중 근로계약을 해지 하려거나 근로계약이 만료된 후 갱신을 거절하려는 경우

② 사업 또는 사업장의 휴업, 폐업 등으로 근로를 계속할
   수 없게 되었다고 인정되는 경우
③ 사용자의 근로조건 위반 또는 부당한 처우 등으로 근로
   를 계속할 수 없게 되었다고 인정되는 경우
④ 상해 등으로 외국인근로자가 해당 사업 또는 사업장에서
   계속 근무하기는 부적합하나 다른 사업 또는 사업장에서
   의 근무는 가능하다고 인정되는 경우
- 사업장 변경 신청
  외국인근로자가 위의 사유에 해당되어 사업 또는 사업장을 변
  경하려는 경우에는 근로계약 종료 후 1개월 이내에 사업장변경
  신청서(「외국인근로자의 고용 등에 관한 법률 시행규칙」 별
  지 제13호서식 또는 「외국인근로자의 고용 등에 관한 법률 시
  행규칙」 별지 제13호의2서식)에 다음 서류를 첨부해서 사업장
  의 소재지를 관할하는 고용센터 소장에게 제출해야 합니다.
  ① 여권사본(외국인등록사실증명을 확인할 수 없는 경우만 해당)
  ② 사업장 변경사유에 해당함을 증명하는 서류(고용센터 소
     장이 요구하는 경우만 해당)
- 사업 또는 사업장 변경 제한
  외국인근로자의 사업 또는 사업장 변경은 입국한 날부터 3
  년의 기간 중에는 원칙적으로 3회를 초과할 수 없습니다.
  취업활동기간 3년이 만료되어 출국하기 전, 사용자의 재고
  용허가 요청에 의해 취업활동기간이 연장된 외국인근로자의
  경우, 연장된 기간 중 사업 또는 사업장 변경은 2회를 초과
  할 수 없습니다.

다. 사업장 변경 방해 시 제재
   외국인근로자의 사업 또는 사업장 변경을 방해한 자에게는 1
   년 이하의 징역 또는 1천만원 이하의 벌금에 처해집니다.

Q. 비전문취업(E-9) 또는 방문취업(H-2) 체류자격을 가진 외국인 근로자가 취업할 수 있는 기간은 얼마인가요? 취업할 수 있는 기간 중에 사업장을 변경하는 것이 가능한가요?

A. 비전문취업(E-9) 또는 방문취업(H-2) 체류자격자는 입국한 날부터 3년의 범위 내에서 취업활동을 할 수 있습니다. 또한 취업활동기간 3년이 만료되어 출국하기 전에 사용자가 노동부장관에게 재고용 허가를 요청한 외국인근로자는 1회에 한정하여 2년 미만의 범위에서 취업활동기간을 연장받을 수 있습니다.

장애인 고용

제4장 장애인 고용

제1절 장애인 고용 개요

1. 장애인 기준

"장애인"이란 신체 또는 정신상의 장애로 장기간에 걸쳐 직업생활에 상당한 제약을 받는 사람으로서 다음의 기준에 해당하는 사람을 말합니다.

2. 장애인 고용 콘텐츠 소개

1) 장애인 고용 콘텐츠 제공 정보(분야)

『장애인 고용』 콘텐츠에서는 장애인을 고용하는 사업주에 대한 지원 중 다음의 법령정보를 제공합니다.

분야	세부내용
장애인 고용 개요	장애인이란
장애인 고용 지원	- 고용시설자금 융자 - 시설장비 무상지원 - 보조공학기기 지원 - 장애인 표준사업장 지원 - 장애인고용장려금 지원 - 고용관리비용 지원 - 재택근무 지원 - 장애인 표준사업장 생산품의 우선구매 등
사업주 의무	- 장애인 고용의무 - 장애인고용부담금 - 연계고용부담금감면제도 - 장애인 차별금지의무 - 장애인 직업생활 상담원 선임의무

2) 그 밖의 장애인 관련 법령정보 제공

그 밖에 이 사이트에서 제공 중인 장애인 관련 법령정보는 다음과 같습니다.

(1) 장애인 생활안정

   - 수당 및 연금지원
   - 자립자금 및 주거지원
   - 세금 및 공공요금 감면
   - 교통 및 통신요금 감면

(2) 장애인 편의·건강지원

   - 이동 편의 지원
   - 장애인 시설
   - 장애인건강지원

(3) 장애인 취업·창업

   - 장애인의무고용제도
   - 사업주 지원
   - 장애인 지원

(4) 장애인 교육

   - 장애인 일반교육
   - 장애학생 보호와 편의지원
   - 특수교육

제2절 장애인 고용 지원

1. 고용 전 지원

1) 고용시설자금 융자

(1) 융자 개요

고용시설자금 융자는 다음과 같이 실시합니다.

구분	내용	
대상자	장애인을 고용하여 사업을 하거나 하려는 사업주 ※ 우대 조건 ① 장애인고용 우수사업주 ② 장애인 고용률이 높은 사업주 ③ 중증 및 여성장애인을 다수 고용하고 있는 사업주	
지원범위	작업시설, 편의시설, 부대시설의 설치·구입·수리비용, 출퇴근용 승합자동차 구입비용 및 생산라인 조정 비용	
융자한도	사업주당 15억 이내, 장애인근로자 1명당 1억원까지	
융자조건	사업주	- 융자금 1억원 당 장애인 1명을 8년 이상 고용해야 함(사업주는 고용해야 할 장애인 수의 1/2을 최종투자확인 시까지 고용해야 하고, 최종융자금을 받은 날부터 1년 이내에 나머지 인원을 고용해야 함) - 융자금에 따른 고용의무 장애인근로자 중 중증장애인을 25% 이상(해당 비율에 따라 산정한 중증장애인수가 1명 미만인 경우 최소 1명 이상) 고용할 것
	대출금리	연 1%
	융자기간	거치기간 3년, 균등분할상환기간 5년 등 총 8년

(2) 융자 신청 및 처리

- 고용시설자금 융자를 받으려는 경우 다음의 서류를 한국장애인 고용공단에 제출해야 합니다.
  ① 장애인고용사업주융자·지원신청서
  ② 투자계획서 1부
  ③ 장애인고용 증빙서류 1부
  ④ 관련 법률에 따른 사업신고필증사본(해당자로 한정)
  ⑤ 신규시설의 설치·수리에 필요한 서류(해당자로 한정)
  ⑥ 기존시설·장비구입에 필요한 서류(해당자로 한정)
  ⑦ 장애인고용현황
- 처리 절차
  ① 고용시설자금융자 신청(사업주)
  ② 심사 및 결정(한국장애인고용공단)
  ③ 결정통보(한국장애인고용공단)
  ④ ⓐ융자기간과 대출약정체결 : 통보 후 60일 이내(사업주)
     ⓑ투자확인서 발급(한국장애인고용공단)
  ⑤ ⓐ투자완료(사업주)
     ⓑ융자금 지급(융자기관)

(3) 융자 결정 취소

- 고용시설자금 융자 대상자로 결정된 사업주가 다음의 어느 하나에 해당되는 경우 융자 결정이 취소됩니다.
  ① 고용시설자금 융자를 거짓이나 부정한 방법으로 결정·지급 받은 경우
  ② 정당한 사유 없이 기한 내에 융자대출약정을 체결하지 않거나 투자완료 기한 내에 투자를 이행하지 않은 경우
  ③ 휴업·폐업 등으로 사업수행이 극히 어렵다고 판단되는 경우
  ④ 「사업주 및 장애인 등에 대한 융자·지원규정」 제59조의 사유로 연속하여 2회 이상 시정명령을 받고도 시정기간 내에 시정하지 않는 경우
  ⑤ 고용시설자금 융자 결정대상자가 취소를 요청한 경우

⑥ 동일한 사유로 국가 또는 지방자치단체(위탁받은 기관 포함)에서 융자를 중복하여 지원받은 경우
- 고용시설자금 융자를 받은 사람이 ①,④ 및 ⑥에 해당하여 융자 결정이 취소된 경우 그 사실이 있는 날부터 3년간 고용시설자금 융자를 받을 수 없습니다.

(4) 융자금 반납
- 고용시설자금 융자를 지급받아 투자를 완료한 사업주가 해당 융자금을 지급받은 날부터 1년 이내에 고용해야 할 인원수만큼 고용하지 않은 경우 미고용인원에 해당하는 해당 융자금을 반납해야 합니다.
- 고용시설자금 융자를 지급받은 사업주가 사후관리기간 중 고용해야 할 인원수만큼 고용하지 않은 경우 장애인고용 이행계획서를 제출해야 하며, 이를 이행하지 않은 경우에는 미고용인원에 해당하는 해당 융자금을 반납해야 합니다.

Q. 저는 장애인을 고용하려는 사업주입니다. 저 같은 경우 장애인 고용 시 필요한 시설이나 장비를 마련하기 위한 비용을 융자받을 수 있다고 들었습니다. 고용시설자금 융자에 대해 알려주세요.

A. 장애인을 고용하여 사업을 하거나 하려는 사업주는 장애인고용에 필요한 시설·장비의 설치·구입·수리비용을 융자받을 수 있습니다.

2) 시설장비 무상지원

(1) 지원 개요

시설장비 무상지원은 다음과 같이 실시합니다.

가. 대상자

장애인을 고용하여 사업을 하거나 하려는 사업주

※ 우대 조건

① 장애인고용 우수사업주

② 장애인 고용률이 높은 사업주

③ 중증 및 여성장애인을 다수 고용하고 있는 사업주

나. 지원내용

지원대상시설	지원비율
① 장애인용으로 제작된 작업대, 작업장비·공구, 작업보조기기의 설치·구입·수리	3억원 내에서 소요비용 전액
② 장애인의 작업편리를 위한 작업대, 작업장비·설비, 공구의 전환·개조	
③ 시각장애인의 직업생활에 필요한 무지점자기, 음성지원카드, 녹음기, 컴퓨터 등 특수장비의 설치·구입·수리	
④ 통근용 승합자동차의 리프트 등 장애인용 특수설비의 설치·구입·수리	
⑤ 장애인고용 우수사업주 또는 20명 이상의 장애인을 고용한 사업주의 통근용 승합자동차의 구입비용	4천만원 한도
⑥ 편의시설의 설계·설치·구입·수리	- 소요비용이 1천만원 이하인 경우: 소요비용 전액 - 소요비용이 1천만원을 초과하는 경우: 1천만원 + 1천만원 초과분의 2/3

다. 지원한도

　　사업주당 3억원 이내

라. 지원조건

- ①부터 ④까지, ⑥에 따라 무상지원금을 받은 사업주: 무상지
원금 1천만원(중증장애인의 경우 1천5백만원)까지 장애인 1명
을 지원금을 받은 날부터 2년간 해당사업장에 고용해야 함
- ⑤에 따라 무상지원금을 받은 사업주: 지원금을 받은 날부터
2년간 20명 이상의 장애인을 해당 사업장에 고용해야 함
- ⑥의 경우 편의시설 설치대상건물이 무상지원결정 대상자의
소유이거나 건물주가 편의시설의 설치·수리에 동의해야 함

(2) 지원 결정 취소

- 시설장비 무상지원 대상자로 결정된 사업주가 다음의 어느 하
나에 해당되는 경우 지원 결정이 취소됩니다.
　① 시설장비 무상지원을 거짓이나 부정한 방법으로 결정·지급받은 경우
　② 정당한 사유 없이 투자완료 기한 내에 투자를 이행하지 않은 경우
　③ 휴업·폐업 등으로 사업수행이 극히 어렵다고 판단되는 경우
　④ 「사업주 및 장애인 등에 대한 융자·지원규정」 제59조의 사
　　　유로 연속하여 2회 이상 시정명령을 받고도 시정기간 내
　　　에 시정하지 않는 경우
　⑤ 시설장비 무상지원 결정대상자가 취소를 요청한 경우
　⑥ 시설장비 무상지원 대상자가 지원금 신청 시 이행보증보험
　　　증권을 제출하지 않은 경우
　⑦ 동일한 사유로 국가 또는 지방자치단체(위탁받은 기관 포
　　　함)에서 융자를 중복하여 지원받은 경우
- 시설장비 무상지원을 받은 사람이 ①,④ 및 ⑦에 해당하여 지
원 결정이 취소된 경우 그 사실이 있는 날부터 3년간 시설장
비 무상지원을 받을 수 없습니다.

(3) 지원금 반환
- 시설장비 무상지원 결정이 취소된 사업주는 해당 무상지원금을 반환해야 합니다.
- 시설장비 무상지원 결정이 취소된 사업주가 해당 무상지원금을 반환하지 않을 경우 제출된 이행보증보험증권이 실행되어 이미 지급된 무상지원금이 회수됩니다.

Q. 장애인을 고용한 사업주인데 장애인근로자를 위한 작업대 및 작업장비를 구입할 비용이 부족합니다. 어떻게 해야 할까요?

A. 장애인을 고용하여 사업을 하거나 하려는 사업주는 장애인 고용에 필요한 작업장비·공구, 편의시설, 통근용 승합자동차 구입 비용을 무상으로 지원받을 수 있습니다.

3) 보조공학기기 지원
(1) 지원대상
장애인을 고용하거나 고용하려는 사업주는 장애인의 직업생활에 필요한 작업 보조공학기기 등을 지원 받을 수 있습니다. 장애인인 사업주(지원 신청 당시 근로자를 고용하고 있지 않거나 5명 미만의 근로자를 고용하고 있는 경우)가 장애인을 고용하거나 고용하려는 경우에는 해당 사업주 자신의 직업생활에 필요한 작업 보조 공학기기 또는 장비 등을 지원 받을 수 있습니다.

(2) 지원내용
보조공학기기 지원대상자는 다음의 구분에 따라 고용유지조건 또는 무상으로 지원을 받을 수 있습니다.

구분	고용유지조건 지원	무상지원
지원범위	자동차 개조 및 차량용 보조공학기기, 품목별 취득가액 또는 잔존가액이 1백만원 이상인 보조공학기기	·소프트웨어와 품목별 취득가액 또는 잔존가액이 1백만원 미만인 보조공학기기 ·시중에서 구할 수 있는 기성품으로 지원이 불가하여 개조 또는 주문 제작된 기기
지원한도	장애인 1명당 1천만원(중증장애인의 경우 1천5백만원)	장애인 1명당 3백만원(중증장애인의 경우 5백만원)

(3) 지원 신청 및 처리
 - 보조공학기기를 지원받으려는 사업주는 다음의 서류를 한국장애인고용공단에 제출하여 신청해야 합니다.
   ① 보조공학기기 지원신청서
   ② 사업자등록증(고유번호증) 사본 1부
   ③ 지원기기 이용자가 장애인 기준에 해당함을 증명할 수 있는 서류 1부(취업알선전산망에 등록된 경우 생략 가능)
   ④ 지원기기 이용 장애인이 근로자임을 확인할 수 있는 서류 1부
   ⑤ 개인정보 수집·활용·제공 동의서 1부
 - 처리 절차
   ① 신청서 및 첨부서류 제출(사업주)
   ② 신청서 등 접수(한국장애인고용공단)
   ③ 신청서 등 검토(한국장애인고용공단)
   ④ 지원 타당성 등 검토(한국장애인고용공단)
   ⑤ 지원결정 및 통지(한국장애인고용공단)
   ⑥ 서약서 및 이행보증보험 증권 제출(사업주)
   ⑦보조공학기기 지원(한국장애인고용공단)
 - 한시지원 보조공학기기를 지원받으려는 취업지원 프로그램 제공기관의 장은 다음의 서류를 한국장애인고용공단에 제출하여 신청해야 합니다.

① 보조공학기기 한시지원신청서

② 개인정보 수집·이용 및 제공 사전 동의서

③ 지원기기 이용자가 장애인 기준에 해당함을 증명할 수 있
는 서류 1부(취업알선전산망에 등록된 경우 생략 가능)

④ 지원기기 이용 장애인이 취업지원 프로그램에 참가하고 있
다는 것을 확인할 수 있는 서류 1부(한국장애인고용공단에
서 실시하는 프로그램을 참가하고 있는 경우 생략 가능)

(4) 지원 결정 취소

보조공학기기를 지원받은 사업주가 다음의 어느 하나에 해당
할 경우 지원 결정이 취소되며, 해당 사업주는 지원된 보조공
학기기를 반환해야 합니다.

- 「사업주 및 장애인 등에 대한 융자·지원규정」 제61조제1항 각
호에 해당하는 경우

- 「사업주 및 장애인 등에 대한 융자·지원규정」 제62조제1항 각
호에 해당하는 경우

(5) 지원 기기 유지·보수 및 수리

- 보조공학기기를 지원받은 사람은 보조공학기기 하자보수 기간
중에는 무상으로 유지·보수를 받을 수 있습니다.

- 보조공학기기를 지원받은 사람이 사후관리 대상 보조공학기기
에 대한 수리를 신청할 때에는 보조공학기기 수리신청서를 제
출해야 합니다.

- 보조공학기기를 지원받은 사람이 고의나 중대한 과실로 수리
가 필요한 경우에는 그 비용을 납부해야 합니다.

Q. 우리 회사에 근무 중인 장애인근로자를 위한 점자프린터와 특수 키보드 등을 무상으로 지원받을 수 있나요?

A. 장애인을 고용하거나 고용한 사업주 및 보조공학기기 지원을 신청할 당시 근로자를 고용하지 않거나 4명 이하의 근로자를 고용하고 있는 장애인인 사업주(장애인근로자를 고용하고 있거나 고용하려는 경우만 해당)는 각종 보조공학기기를 무상으로 지원받을 수 있습니다.

4) 장애인 표준사업장 지원

(1) 장애인 표준사업장 지원

가. 장애인 표준사업장이란

"장애인 표준사업장"이란 장애인 고용 인원·고용비율 및 시설·임금에 관해 다음의 기준에 해당하는 사업장(장애인 직업재활시설은 제외)을 말합니다.

① 장애인근로자 수가 10명 이상일 것

② 「장애인·노인·임산부 등의 편의증진보장에 관한 법률」에 따른 편의시설을 갖출 것

③ 장애인근로자에게 최저임금액 이상의 임금을 지급할 것

④ 장애인 및 중증장애인을 다음에 따라 산정한 인원 이상을 고용할 것

상시 근로자수	장애인 고용인원	장애인 중 중증장애인 고용인원
100명 미만	상시 근로자수의 30%	상시근로자 수의 15%
100명 이상 300명 미만		상시 근로자수의 10% + 5명
300명 이상		상시 근로자수의 5% + 20명

나. 인증

- 인증 신청

장애인 표준사업장을 운영하려는 경우 고용노동부장관의 인증을 받아야 합니다. 장애인 표준사업장 인증을 신청하는 경우 다음의 서류를 한국장애인고용공단에 제출해야 합니다.

① 장애인 표준사업장 인증 신청서

② 근로자가 장애인 또는 중증장애인임을 증명할 수 있는 서류 사본 1부

③ 장애인근로자의 임금대장 사본(인증 신청을 한 날이 속하는 달의 전달에 지급한 임금대장 사본) 1부

- 인증서 발급

  한국장애인고용공단은 장애인 표준사업장의 인증 신청은 받은 경우 기준에 해당된다고 인정하는 경우 신청인에게 장애인 표준사업장 인증서를 발급해야 합니다.

- 인증 취소

  장애인 표준사업장이 다음의 어느 하나에 해당하는 경우 인증이 취소될 수 있습니다.

구분	내용
필요적 인증 취소	거짓이나 그 밖의 부정한 방법으로 인증을 받은 경우
선택적 인증 취소	- 장애인 표준사업장의 기준을 갖추지 못하게 된 경우 - 불가피한 경영상의 사유 등으로 고용노동부장관에게 인증의 취소를 요청한 경우

(2) 무상지원금 신청

가. 무상지원금 신청 대상

- 장애인 표준사업장을 설립·운영하거나 설립하려는 사업주는 그 설립·운영에 필요한 비용을 지원받을 수 있습니다. 다음에 해당하는 사업주는 융자 또는 지원을 받을 때, 우대받을 수 있습니다.

  ① 중증장애인과 여성장애인을 고용하거나 고용하려는 사업주

  ② 지방자치단체로부터 지원을 받거나 비영리 법인 또는 다른 민간 기업으로부터 출자를 받는 등 지역 사회의 적극적 참여를 통해 장애인 표준사업장을 설립·운영하거나 설립하려는 사업주

- 다만, 다음의 어느 하나에 해당하는 사업주는 무상지원금을 신청할 수 없습니다.

  ① 「장애인복지법」 제58조제1항제3호에 따른 장애인 직업재활시설을 설립·운영하고 있는 사업주

  ② 무상지원금 지원대상자 선정이 취소된 날부터 3년이 경

과하지 않은 사업주(다만, 이행담보 제출 또는 투자를 완료하지 않은 사유로 취소된 사업주는 제외함)

③ 자회사형 장애인 표준사업장 설립 이전에 직접 고용하고 있던 장애인의 고용관계를 자회사형 장애인 표준사업장 소속으로 전환하거나 직접 소유하고 있던 설비의 소유권을 유상으로 자회사형 장애인 표준사업장에 이전한 사업주

④ 무상지원금을 지급 받고 있거나 고용의무기간이 종료된 사업주(다만, 사업주가 종전에 부여받은 장애인 의무고용인원에 더해서 장애인 고용인원을 추가할 목적으로 지원금 최대 지원 한도 내에서 추가 지원을 신청하는 경우에는 그렇지 않음)

⑤ 국가나 지방자치단체(위탁받은 기관 포함)로부터 무상지원금 용도에 해당하는 시설 등의 설치·구입 등에 필요한 비용을 융자 또는 무상지원 받은 사업주(비용의 일부를 지원받은 후 부족분에 대해 무상지원금을 신청하는 사업주는 제외함)

⑥ 무상지원금을 받고 있거나 받은 사실이 있는 사업주와 특수관계인의 범위에 해당하는 사람

나. 무상지원금의 용도 및 한도

- 무상지원금의 용도 및 지원금액(총 지원금액은 10억원을 초과할 수 없음)은 다음과 같습니다(「장애인 표준사업장에 대한 지원규정」 제3조 및 제4조제1항·제2항).

용도	한도
장애인 고용시설의 설치·구입·수리·개선에 소요되는 비용 ※ 다만, 임차보증금과 토지구입비용은 제외	비용의 4분의 3 한도에서 사업주와 공단이 각각 산출한 금액 중 적은 금액의 총합 ※ 부가가치세액을 제외한 금액으로 하되, 백만원 미만은 버림
장애인 근로자의 출·퇴근 편의를 위하여 승합자동차를 구입하는 경우 그 구입비용	
장애인 근로자의 고용 및 인사 등	임금의 4분의3 한도에서 산출

관리를 위하여 전문가(장애인 고용 관련 분야에 특히 경험이 풍부한 자를 말한다)를 새로 고용하는 경우 해당 전문가에 대한 고용한 날부터 1년간 임금의 일부	한 12개월 분의 금액 ※ 다만, 금액 산출 시 월 300 만원을 초과해서는 안됨
창업 초기에 소요되는 상품개발비, 홍보 및 마케팅비, 기자재구입비 등 창업자금(다만, 사회적경제 기업을 설립·운영하거나 설립하려는 사업주로서 창업 후 3년이내인 자만 해당)	창업자금은 최대 5천만 원까지 지원 ※ 부가가치세액을 제외한 금액으로 하되, 백만원 미만은 버림
장애인 표준사업장 운영 및 영업을 위해 필요한 각종 면허 및 산업재산권 취득비용	—

- 다만, 지방자치단체, 교육청 또는 공공기관이 중소기업과 공동으로 자회사형 장애인 표준사업장을 설립·운영하거나 설립하려는 경우 무상지원금 지원 금액은 최대 20억원 한도로 합니다.

※ "자회사형 장애인 표준사업장"이란 다음의 어느 하나에 해당하는 사업장을 말합니다.
- 장애인 고용의무가 있는 사업주가 장애인 표준사업장의 발행 주식 총수 또는 출자총액의 50%를 초과하여 소유하고 있는 사업장
- 장애인 고용의무가 있는 둘 이상의 사업주가 장애인 표준사업장의 주식을 소유 또는 출자하고 있는 사업장

※ "장애인고용시설"이란 장애인을 고용하거나 장애인이 직업생활을 하는데 필요한 시설로서 다음의 어느 하나에 해당하는 시설과 장비를 말합니다.
- 작업장·작업설비·작업장비 등의 작업시설

- 「장애인·노인·임산부 등의 편의증진 보장에 관한 법률 시행령」 제4조에 따라 대상시설별로 설치해야 하는 편의시설(권장시설을 포함)
- 기숙사·식당·휴게실·의무실·물리치료실·재활치료실 등의 부대시설

다. 지원 신청 및 처리
- 장애인 표준사업장 지원금을 받으려는 사업주는 다음의 서류를 한국장애인고용공단에 제출해야 합니다.
  ① 장애인 표준사업장 지원금 신청서
  ② 투자계획서
  ③ 청렴서약서
  ④ 장애인용 편의시설 설치 동의서(임차사업장의 경우만 해당)
- 처리 절차
  ① 신청서 접수(사업주→지역본부 및 지사)
  ② 현장 확인조사(지역본부 및 지사)
  ③ 외부 전문기관평가(신용평가기관)
  ④ 결정 심사(심사위원회)
  ⑤ 선정 통보(지역본부 및 지사→사업주)
  ⑥ 약정체결·이행담보(지역본부 및 지사, 지원대상자)
  ⑦ 1차 지원금 지급(지원결정액 90%)
  ⑧ 투자 완료 및 신규 고용계획의 1/2 고용(지원대상자)
  ⑨ 투자 확인(지역본부 및 지사)
  ⑩ 2차 지원금 지급(지원결정액 10%)
  ⑪ 1년이내 나머지 1/2 고용 등 인증요건 충족(지원대상자)
  ⑫ 인증
  ⑬ 사후관리(지역본부 및 지사)

2. 고용 후 지원

1) 장애인고용장려금 지원

(1) 장애인고용장려금이란?

"장애인고용장려금"이란 장애인근로자의 직업생활 안정을 도모하고 고용촉진을 유도하고자 의무고용률을 초과하여 장애인을 고용하는 사업주에게 지급하는 지원금을 말합니다.

(2) 지원 내용

장애인고용장려금 지원은 다음과 같이 실시합니다.

구분	내용
지원대상자	월별 상시근로자의 의무고용률(3.1%)을 초과하여 장애인을 고용한 사업주(최저임금 이상자 또는 최저임금 적용제외 인가를 받은 장애인만 해당)
지원기준	■ 기준 인원 = 매월 상시근로자의 총수 × 의무고용률 (3.1%) ※ 매월 상시근로자의 총수: 근로자를 고용하는 사업주(인증을 받은 장애인 표준사업장 또는 장애인 직업재활시설에 도급을 주어 그 생산품을 납품받는 사업주 포함)로서 매월 고용하고 있는 장애인 상시근로자의 수 ※ 건설업에서 매월 상시근로자의 총수: 86억 8100만원 이상인 사업주로서 해당 연도의 공사실적액을 상시근로자의 수로 환산한 인원 ■ 기준 인원 산입 ① 입사일 순서로 하되, 입사일이 동일한 경우 경증·남성, 임금이 낮은 순서로 산입함 ② 입사 이후 장애인이 되었을 경우 장애인 등록일을 입사일로 보고, 동일 사업장에 12개월 내 재고용되었을 경우 기존 입사일자를 기준으로 산입함

지원기간	월별 상시근로자에서 의무고용률(3.1%)을 초과하는 경우 계속 지급[6급 장애인(국가유공자 6·7급 포함)은 입사일로부터 만 4년까지만 지원]
지급단가	- 경증남성 : 30만원 - 경증여성 : 45만원 - 중증남성 : 60만원 - 중증여성 : 80만원 ※ 지급 단가가 사업주가 해당 장애인에 대해 지급한 월임금액(최저임금산정에 산입되는 임금)의 60%를 초과하는 경우에는 지원 단가는 월임금액의 60%로 함(1천원 미만의 금액은 버림)
고용장려금 계산	■ 고용장려금 = (월별 고용장려금 지급인원 × 지급 단가) 의 합계액 ■ 월별 고용장려금 지급인원 = [장애인근로자수 고용장려금 제외인원 고용장려금 지급기준인원] ※ 고용장려금 지급기준인원 ① 민간사업체의 경우 [월별 상시근로자수 × 3.1%(소수점이하 올림)] ② 공공기관의 경우 [월별 상시근로자수 × 3.4%(소수점이하 올림)]
지원제한	「고용보험법」,「산업재해보상보험법」,「사회적기업 육성법」에 따라 지원금 및 장려금을 지급받는 장애인근로자에 대해 그 지급 기간에는 고용장려금을 지급하지 않음

(3) 지원 신청 및 처리
- 고용장려금을 지원받으려는 사업주는 다음의 서류를 한국장애인고용공단에 제출해야 합니다.
  ① 장애인 고용장려금 지급신청서
  ② 장애인근로자 명부 사본 1부
  ③ 장애인 또는 중증장애인임을 증명할 수 있는 서류 사본 1부(해당 근로자에 대한 최초의 신청 후에는 생략 가능)
  ④ 장애인근로자의 월별 임금대장 사본 1부

⑤ 원천징수이행상황신고서 또는 전체 근로자의 월별 임금대
장 사본 1부
- 처리 절차
① 관할 한국장애인고용공단 지사 신청(사업주)
② 접수(한국장애인고용공단 지사)
③ 서류심사 및 현장심사(한국장애인고용공단 지사)
④ 한국장애인고용공단 본부로 지급요청(한국장애인고용공단 지사)
⑤ 사업주에게 지급(한국장애인 고용공단 본부)

(4) 부당이득금에 대한 제재
고용장려금의 부당이득금은 다음에 따라 징수됩니다.

구분		내용
거짓이나 그 밖의 부정한 방법으로 지급받은 경우	징수 금액	■ 지급받은 날부터 이전 3년 동안 거짓이나 그 밖의 부정한 방법으로 고용장려금을 지급받았던 사실이 없는 경우: 지급받은 금액의 2배 ■ 지급받은 날부터 이전 3년 동안 거짓이나 그 밖의 부정한 방법으로 지급받은 횟수가 1회인 경우: 지급받은 금액의 3배 ■ 지급받은 날부터 이전 3년 동안 거짓이나 그 밖의 부정한 방법으로 지급받은 횟수가 2회 이상인 경우: 지급받은 금액의 5배
	반환 기한	징수 통지를 받은 날부터 30일 이내
	지급 제한	1년(고용장려금을 받은 날부터 3년이 지난 경우는 제외)
	형사 처벌	5년 이하의 징역 또는 1천만원 이하의 벌금
	추가징수 면제 가능	지급신청을 한 날부터 3개월 이내에 자진하여 그 부정행위를 신고한 경우
그 밖에 잘못 지급된 경우	징수 금액	반환 기한
	반환 기한	징수 통지를 받은 날부터 30일 이내

2)고용관리비용 지원

(1) 고용관리비용이란?

"고용관리비용"이란 장애인근로자의 적정한 고용관리를 유지하는데 필요한 작업지도원을 사업장에 위촉·배치하는데 소요되는 비용을 말합니다.

(2) 지원 개요

고용관리비용 지원은 다음과 같이 실시합니다.

구분	내용
지원대상자	■ 중증장애인을 고용하여 자격을 갖춘 작업지도원을 위촉·선임·배치하여 작업지도를 실시한 사업주 ※ 지원 제외 대상자: ① 국가 또는 지방자치단체가 설치한 장애인 관련 시설 ② 사회복지법인 ③ 그 밖의 비영리법인이 설치한 장애인복지시설
작업지도원 자격기준	■ 장애인직업생활상담원 등 전문요원 양성과정을 이수한 자 및 사회복지사 자격증서 소지자 ■ 재활, 교육, 심리, 의료, 기술, 사회사업분야 및 중증장애인근로자의 작업과 관련된 분야의 전문학사 학위 이상 소지자 ■ 고등학교 졸업이상의 학력이 있는 자로서 장애인복지시설, 그 밖에 장애인과 관련된 기관·단체에서 장애인 관련 업무에 2년 이상 종사한 자 ■ 작업지도대상 장애인근로자가 수행할 업무에 1년 이상 종사한 자
지원조건	사업주가 중증장애인근로자를 사업장당 상시 1명 이상 수급자격인정신청일 이전 90일 이내 새로 고용하고 해당 사업장에 배치된 작업지도원으로 하여금 장애인 1명당 월 12시간 이상 작업지도를 실시해야 함(작업지도원 1명당 관리대상 장애인은 최대 5명)
지급액	대상 장애인 1명당 월 14만원(최저임금 미만은 비용의 1/2)

지원기간	수급자격을 인정받은 날이 속하는 달의 다음달부터 6개월 단위로 예산의 범위에서 한국장애인고용공단의 평가 결과에 따라 최대 3년까지

(3) 지원 신청 및 처리

- 고용관리비용 수급자격인정을 받으려는 사업주는 사업장별로 다음의 서류를 한국장애인고용공단에 제출해야 합니다.
  ① 고용관리비용 수급자격인정신청서
  ② 장애인근로자 명부
  ③ 「사업주 및 장애인 등에 대한 융자·지원규정」 별표1의 자격기준을 충족하는 작업지도원에 대한 증빙서류
- 고용관리비용 수급자격인정을 받고 사업장별로 고용관리비용을 지급받으려는 사업주는 다음의 서류를 한국장애인고용공단에 제출해야 합니다.
  ① 고용관리비용지급신청서
  ② 업무수행에 대한 사업주확인서
- 처리 절차
  ① 고용관리비용 수급자격인정 신청(사업주)
  ② 수급자격인정 현장실사(한국장애인고용공단)
  ③ 수급자격인정결정 및 인정서 발급(한국장애인고용공단)
  ④ 고용관리비용 지원결정 및 지급(한국장애인고용공단)
  ⑤ 현장실사(한국장애인고용공단)
  ⑥ 고용관리비용 지급신청(사업주)

(4) 지원 결정 취소

- 고용관리비용 지원 대상자로 결정된 사업주가 다음의 어느 하나에 해당되는 경우 지원 결정이 취소됩니다.
  ① 고용관리비용을 거짓이나 부정한 방법으로 결정·지급받은 경우
  ② 휴업·폐업 등으로 사업수행이 극히 어렵다고 판단되는 경우
  ③ 「사업주 및 장애인 등에 대한 융자·지원규정」 제59조의 사

유로 연속하여 2회 이상 시정명령을 받고도 시정기간 내에 시정하지 않는 경우
- 고용관리비용 지원받은 사업주가 위의 사유에 해당하여 지원결정이 취소된 경우 그 사실이 있는 날부터 3년 간 고용관리비용 지원을 받을 수 없습니다.

Q. 재택근무를 할 수 있는 장애인근로자를 고용하고 싶은데 재택근무를 위한 작업장비 설치·수리비 때문에 망설여지네요.

A. 이동이 자유롭지 못한 중증장애인을 재택근무의 형태로 신규고용(채용 후 3개월까지)하는 사업주는 재택근로자 고용에 따른 작업장비의 구입·설치비용을 지원받을 수 있습니다.

◇ 지원 개요

구분	내용
재택근로자 요건	■ 업무내용이 큰 폭으로 근로자의 재량에 맡길 필요성이 높은 직무 ■ 도급 또는 위임의 형태가 아닌 것 ■ 사업주의 근로자에 대한 지휘감독이 명확할 것
지원범위	■ 재택근로자에게 지원하는 작업장비의 설치·구입비 ※ 작업장비: 정보통신기기 및 사무용가구 ■ 재택근로자에게 지원하는 작업장비의 수리비 ■ 지원 제외 대상 ① 전화설치보증금 등 각종 설치보증금 ② 전기세, 전화요금, 인터넷사용료 등 공공요금 등
지원한도	한 사업주당 3천만원(장애인근로자 1명당 3백만원)이내

◇ 지원 신청

☞ 재택근무 지원을 받으려는 경우 다음의 서류를 한국장애인고용공단에 제출해야 합니다.

· 장애인고용사업주융자·지원신청서
· 투자계획서1부
· 관련 법률에 따른 사업신고필증사본(해당자로 한정)
· 신규시설의 설치·수리에 필요한 서류(해당자로 한정)
· 기존시설·장비구입에 필요한 서류(해당자로 한정)
· 무상지원에 필요한 서류(해당자로 한정)
· 장애인고용현황

3) 재택근무 지원

(1) 재택근무 지원이란?

"재택근무 지원"이란 이동이 자유롭지 못한 중증장애인을 재택
근무의 형태로 고용하는 사업주에게 재택근로자 고용에 따른
작업장비의 구입·설치비용을 지원하는 제도를 말합니다.

(2) 지원 개요

- 재택근무 지원은 다음과 같이 실시합니다.

구분	내용
지원 대상자	재택근무형태로 중증장애인을 신규고용(채용 후 3개월까지)하는 사업장
재택근로자 요건	■ 업무내용이 큰 폭으로 근로자의 재량에 맡길 필요성이 높은 직무 ■ 도급 또는 위임의 형태가 아닌 것 ■ 사업주의 근로자에 대한 지휘감독이 명확할 것
지원범위	■ 재택근로자에게 지원하는 작업장비의 설치·구입비 　※ 작업장비: 정보통신기기 및 사무용가구 ■ 재택근로자에게 지원하는 작업장비의 수리비 ■ 지원 제외 대상 　① 전화설치보증금 등 각종 설치보증금 　② 전기세, 전화요금, 인터넷사용료 등 공공요금 등
지원한도	한 사업주당 3천만원(장애인근로자 1명당 3백만원)이내

(3) 지원 신청 및 처리

- 재택근무 지원을 받으려는 경우 다음의 서류를 한국장애인고
용공단에 제출해야 합니다.
  ① 장애인고용사업주융자·지원신청서
  ② 투자계획서 1부

③ 관련 법률에 따른 사업신고필증사본(해당자로 한정)
④ 신규시설의 설치·수리에 필요한 서류(해당자로 한정)
⑤ 기존시설·장비구입에 필요한 서류(해당자로 한정)
⑥ 무상지원에 필요한 서류(해당자로 한정)
⑦ 장애인고용현황
- 처리 절차
① 재택근무 신청(사업주)
② 투자의 타당성 검토(현장실사)
③ 대상자 결정 및 통보
④ 투자 확인
⑤ 재택근무 지원금 지급

(4) 지원 결정 취소
- 재택근무 지원 대상자로 결정된 사업주가 다음의 어느 하나에 해당되는 경우 지원 결정이 취소됩니다.
① 재택근무 지원을 거짓이나 부정한 방법으로 결정·지급받은 경우
② 정당한 사유 없이 투자완료 기한 내에 투자를 이행하지 않은 경우
③ 휴업·폐업 등으로 사업수행이 극히 어렵다고 판단되는 경우
④ 「사업주 및 장애인 등에 대한 융자·지원규정」 제59조의 사유로 연속하여 2회 이상 시정명령을 받고도 시정기간 내에 시정하지 않는 경우
⑤ 재택근무 지원 결정대상자가 취소를 요청한 경우
⑥ 재택근무 지원 대상자가 지원금 신청 시 이행보증보험증권을 제출하지 않은 경우
⑦ 동일한 사유로 국가 또는 지방자치단체(위탁받은 기관 포함)에서 무상지원을 중복하여 지원받은 경우
- 재택근무 지원을 받은 사람이 ①,④ 및 ⑦에 해당하여 지원 결정이 취소된 경우 그 사실이 있는 날부터 3년 간 재택근무 지원을 받을 수 없습니다.

(5) 지원금 반환

－ 재택근무 지원 결정이 취소된 사업주는 해당 지원금을 반환해
야 합니다.
－ 재택근무 지원 결정이 취소된 사업주가 해당 무상지원금을 반
환하지 않을 경우 제출된 이행보증보험증권이 실행되어 이미
지급된 무상지원금이 회수됩니다.

4) 장애인 표준사업장 생산품의 우선구매

－ 다음의 공공기관의 장은 물품·용역에 관한 계약을 체결하는 경우
장애인 표준사업장에서 생산한 물품과 제공하는 용역(이하 "장애
인 표준사업장 생산품"이라 함)을 우선구매해야 합니다.
① 국가기관
② 지방자치단체
③ 중소기업중앙회
④ 농업협동조합중앙회
⑤ 수산업협동조합중앙회
⑥ 산림조합중앙회
⑦ 한국은행
⑧ 대한상공회의소
⑨ 공기업, 준정부기관 및 기타 공공기관
－ 위의 공공기관의 장은 장애인 표준사업장 생산품의 구매계획과 전
년도 구매실적을 매년 2월 말일까지 고용노동부장관에게 제출해야
합니다. 이 경우 구매계획에는 공공기관별 총구매액(물품과 용역에
대한 총구매액을 말함. 공사비용은 제외)의 0.6% 이상에 해당하는
장애인 표준사업장 생산품의 구매목표를 제시해야 합니다.

5) 더 편한 일터 만들기

(1) 장애물 없는 생활환경 인증

"장애물 없는 생활환경"이란 장애와 비장애를 구분하지 않고 누구나 안전하고 편리하게 살아갈 수 있는 생활환경을 말하며, "장애물 없는 생활환경 인증제도"란 편의시설·아동편의시설의 설치·관리 여부를 공신력 있는 기관이 평가하여 인증하는 제도입니다.

구분	내용			
인증신청자	소유자, 관리자 또는 시공자			
인증대상	■ 개별시설 중 건축물 ■ 그 밖에 인증운영위원회가 필요하다고 인정한 경우			
인증등급	■ 최우수등급: 인증기준 만점의 90% 이상 ■ 우수등급: 인증기준 만점의 80% 이상 90% 미만 ■ 일반등급: 인증기준 만점의 70% 이상 80% 미만			
인증유효기간	■ 예비인증: 본인증을 받기 전까지 ■ 본인증: 인증을 받은 날부터 5년			
인증수수료	구분		개별시설인증(건축물) 단위/ 만원	비고
	본인증	심사비	75	25만원/일
		현장심사비	75(1)	
		심의비	125	
		간접비	8	위의 비용 3%
		교통비	120	
		계	403	
	예비인증	심사비	75	25만원/일
		심의비	125	
		간접비	6	위의 비용 3%
		교통비	80	현장실사가 필요한 경우 수수료에 포함
		계	286	

(2) 지원 신청 및 처리

 - 장애물 없는 생활환경 인증을 받으려는 경우 다음의 서류를
   한국장애인고용공단에 제출해야 합니다.

구분	제출서류
예비인증	■ 신청자의 신청공문 및 장애물 없는 생활환경 예비인증 신청서 ■ 건축물 자체평가서 ■ 자체평가서에 포함된 내용이 사실임을 증명할 수 있는 자료(기본계획도면 4부, 자체평가서 항목별 평가 제출서류에 해당하는 도면 4부) ■ 첨부서류 및 도서가 저장된 장치(자체평가서, 기본계획도면, 자체평가서 항목별 평가 제출서류)
본인증	■ 신청자의 신청공문 및 장애물 없는 생활환경 본인증 신청서 ■ 건축물 자체평가서 ■ 자체평가서에 포함된 내용이 사실임을 증명할 수 있는 자료(준공도면 4부, 자체평가서 항목별 평가 제출서류에 해당하는 도면 4부) ■ 첨부서류 및 도서가 저장된 장치(CD 등)

 - 처리 절차
   ① 예비인증

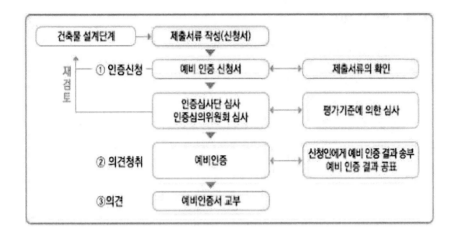

② 본인증

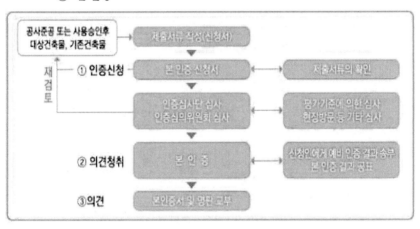

제3절 사업주 의무

1. 장애인 고용의무 등

1) 장애인 고용의무

(1) 대상자

다음의 사업주는 일정한 비율의 장애인을 고용해야 합니다.

구분	내용
국가 및 지방자치단체	■ 예외직종: 공안직군 공무원, 검사, 경찰·소방·경호 공무원 및 군인 ■ 장애인 응시 상한 연령의 연장: 중증장애인의 경우 3세, 그 밖의 장애인의 경우 2세
공공기관	■ 공공기관 ■ 지방공사·지방공단 ■ 출자기관·출연기관
사업주	■ 상시 50명 이상의 근로자를 고용하는 사업주 ■ 건설업에서 근로자 수를 확인하기 곤란한 사업주로서 공사실적액이 86억 8100만원 이상인 사업주

※ 건설업의 공사 실적액의 산정방법은 다음과 같습니다.
  ■ 건설업의 공사 실적액 = 총공사 실적액 – 적법하게 하도급된 부분의 공사실적액
  ■ 근로자수를 확인하기 곤란한 건설업의 근로자 총수 = 건설업의 공사 실적액 × 50명 ÷ 「건설업에서 근로자 수 확인이 곤란한 장애인 고용의무 사업주의 공사실적액」에 따른 금액
  ■ 상시 고용하는 근로자의 수 = 해당 연도의 매월 16일 이상 고용한 근로자 수의 합계(임금지급의 기초가 되는 날이 16일 이상인 경우를 말함) ÷ 해당 연도의 조업 개월수(조업한 날이 16일 미만인 달은 조업 개월수에서 뺌)

(2) 의무고용률

  - 장애인 의무고용률은 다음과 같습니다.

기준연도	2017년	2018년	2019년
국가 및 지방자치단체	3.2%	3.2%	3.4%
공공기관	3.2%	3.2%	3.4%
사업주	2.9%	2.9%	3.1%

  - 장애인 고용인원을 산정하는 경우 1개월 동안의 소정근로시간
이 60시간 이상인 중증장애인의 고용은 그 인원의 2배에 해당
하는 장애인의 고용으로 봅니다.

(3) 고용계획 수립 등

장애인 고용의무가 있는 사업주는 고용노동부장관이 요구하
는 경우 전년도 장애인 고용계획에 대한 실시상황과 해당 연
도 고용계획의 경우 1월 31일까지, 해당 연도 고용계획에 대
한 상반기 실시상황의 경우 7월 31일까지 다음의 서류를 한
국장애인고용공단에게 제출해야 합니다.

① 장애인 고용계획 및 실시상황 보고서(해당 연도 고용계획의 경우)

② 상반기 장애인 고용계획 실시상황 보고서(해당 연도 고용계
획에 대한 상반기 실시상황의 경우)

③ 장애인근로자 명부 사본 1부

④ 장애인 또는 중증장애인임을 증명할 수 있는 서류 사본 1부
(해당 근로자에 대한 최초의 보고 후 제출 생략 가능)

Q. 저는 상시근로자가 100명인 사업장의 사업주입니다. 우리 사업장의 경우 장애인 고용의무를 준수해야 한다고 하는데 최소 몇 명의 장애인근로자를 고용해야 하나요?

A. 2018년 기준 상시 100명의 근로자를 고용한 민간기업 사업주는 최소 2명 이상(의무고용률: 2.9%에서 소수점 이하는 버림)의 장애인근로자를 고용해야 합니다.

◇ 장애인 고용의무

구분	내용	의무고용률 (2019년)
국가 및 지방자치단체	■ 예외직종: 공안직군 공무원, 검사, 경찰·소방·경호 공무원 및 군인 ■ 장애인 응시 상한 연령의 연장: 중증장애인의 경우 3세, 그 밖의 장애인의 경우 2세	3.4%
공공기관	■ 공공기관 ■ 지방공사·지방공단 ■ 출자기관·출연기관	3.4%
사업주	■ 상시 50명 이상의 근로자를 고용하는 사업주 ■ 건설업에서 근로자 수를 확인하기 곤란한 사업주로서 공사실적액이 86억 8100만원 이상인 사업주	3.1%

2) 장애인고용부담금

(1) 장애인고용부담금이란?

"장애인고용부담금"이란 장애인을 고용해야 할 의무가 있는 사업주가 의무고용률에 못 미치는 장애인을 고용한 경우 납부해야 하는 공과금을 말합니다.

(2) 대상자

의무고용률에 못 미치는 장애인을 고용하는 사업주(상시 50명 이상 100명 미만의 근로자를 고용하는 사업주는 제외)는 매년 한국장애인고용공단에 부담금을 납부해야 합니다.

(3) 장애인고용부담금 계산

장애인고용부담금은 다음과 같이 계산합니다.

구분	내용
장애인고용부담금	■ 월 장애인고용부담금 = 해당 월 고용의무 미달인원(해당 월 의무고용률에 따른 장애인 총수 - 매월 상시 고용하고 있는 장애인 수) × 장애인 고용률에 따른 부담기초액 및 가산금액 ■ 장애인고용부담금 납부총액 = 매월 장애인고용부담금의 연간 합계액
부담기초액 (2021년 기준)	■ 부담기초액: 1,094,000원(장애인 의무고용인원 대비 고용하고 있는 장애인근로자 비율이 3/4이상인 경우에 해당) ■ 장애인 의무고용인원 대비 고용하고 있는 장애인근로자 비율 - 1/2 이상 3/4 미만:1,159,640원 - 1/4 이상 1/2 미만:1,312,800원 - 1/4 미만:1,531,600원 - 장애인을 고용하지 않은 경우 　:1,822,480원 ※ 비율에 따른 인원에 소수점이 있는 경우 소수점 이하의 인원은 버림

※ "부담기초액"이란 장애인을 고용하는 경우 매월 드는 다음 비용의 평균액을 기초로 하여 고용정책심의회의 심의를 거쳐 월 단위로 환산한 최저임금액의 60% 이상의 범위에서 고용노동부장관이 고시하는 금액을 말합니다.
- 장애인을 고용하는 경우 필요한 시설·장비의 설치, 수리에 드는 비용
- 장애인의 적정한 고용관리를 위한 조치에 필요한 비용
- 그 밖에 장애인을 고용하기 위해 특별히 드는 비용 등

(4) 신고 및 납부
 - 사업주는 다음에 따라 장애인고용부담금을 신고서와 그에 해당하는 부담금을 함께 납부해야 합니다.

구분	내용
제출서류	■ 장애인 고용부담금 신고서 ■ 장애인근로자 명부 사본 1부 ■ 장애인 또는 중증장애인임을 증명할 수 있는 서류 사본 1부(해당 근로자에 대한 최초의 신고 후에는 이 서류의 제출을 생략할 수 있음) ■ 장애인근로자의 월별 임금대장 사본 1부 ■ 원천징수이행상황신고서 또는 전체 근로자의 월별 임금대장 사본 1부
신고서 기재사항	■ 사업주의 성명 및 사업장의 명칭·소재지 ■ 해당 연도의 매월(해당 연도 도중에 사업을 개시한 경우에는 사업 개시일이 속하는 달의 다음 달 이후의 매월, 해당 연도 도중에 사업을 폐업한 경우에는 폐업일이 속하는 달의 전월까지의 매월)별로 16일 이상 고용한 근로자 수 및 16일 이상 고용한 장애인근로자 수 ■ 납부해야 하는 장애인고용부담금의 액수 및 월별 명세(납부할 장애인고용부담금이 없는 경우 없다는 뜻을 적음) ■ 그 밖에 「장애인고용촉진 및 직업재활법 시행규칙」에서 정하는 사항

신고기한	■ 다음 연도 1월 31일까지 ■ 연도 중에 사업을 그만두거나 끝낸 경우: 그 사업을 그만두거나 끝낸 날부터 60일까지
신고 및 납부기관	한국장애인고용공단
납부방법	■ 현금 ■ 신용카드 및 직불카드 등
분할납부	■ 해당 연도의 장애인고용부담금이 100만원 이상인 경우만 장애인고용부담금 분할납부 신청서를 제출하여 신청 가능 ■ 연간 4기로 균등 분할하여 내되, 제1기분은 1월 31일까지, 제2기분은 4월 30일까지, 제3기분은 7월 31일까지, 제4기분은 10월 31일까지 납부해야 함 ■ 분할 납부를 할 수 있는 장애인고용부담금을 납부 기한에 모두 납부하는 경우: 해당 장애인고용부담금의 3% 공제

(5) 미납 시 징수

다음의 규정에 따라 사업주가 납부해야 할 장애인고용부담금을 징수할 수 있습니다.

구분	내용
징수사유	1. 장애인고용부담금 신고 및 납부기한 내 신고하지 않은 경우 2. 사업주가 신고한 장애인고용부담금이 실제로 납부하여야 할 금액에 미치지 못하는 경우 3. 사업주가 납부한 장애인고용부담금이 신고한 장애인고용부담금에 미치지 못하는 경우 4. 사업주가 신고한 장애인고용부담금을 납부하지 않은 경우
가산금	징수 사유의 1. 및 2.의 경우 납부해야 할 장애인고용부담금의 10%의 가산금을 징수
연체금	■ 체납된 금액의 0.75%의 연체금을 징수 ■ 납부 기한이 지난 후 1개월이 될 때마다 체납된 금액의

		0.75%의 연체금을 추가로 징수(최장 36개월간까지의 연체금을 징수할 수 있음)
징수하지 않는 사유	가산금	■ 가산금이 3천원 미만인 경우 ■ 천재지변이나 그 밖에 부득이한 사정이 있다고 고용노동부장관이 인정하는 경우
	연체금	■ 연체금이 3천원 미만인 경우 ■ 납부 의무자의 주소·거소·영업소 또는 사무소를 알 수 없어 공시송달로 독촉한 경우 ■ 징수의 유예가 있는 경우 ■ 천재지변이나 그 밖에 부득이한 사정이 있다고 고용노동부장관이 인정하는 경우
징수기관		한국장애인고용공단
납부방법		■ 현금 ■ 신용카드 및 직불카드 등

(6) 과오납 시 충당 및 환급
 - 한국장애인고용공단은 사업주가 부담금이나 징수금 중 잘못 납부한 금액을 환급하려는 경우 다음의 순위(같은 순위의 장애인고용부담금이나 그 밖의 징수금이 둘 이상 있을 경우 납부 기한이 빠른 것을 우선순위로 함)에 따라 납부하여야 하는 부담금이나 징수금에 우선 충당하고, 그 잔액을 해당 사업주에게 환급하거나 지급할 수 있습니다.
   ① 체납처분비
   ② 연체금
   ③ 가산금
   ④ 부담금
 - 사업주는 장애인고용부담금이나 그 밖의 징수금을 낼 때 환급액이 발생하면 부담금 등 과오납금 충당 신청서를 한국장애인고용공단에 제출하여 장애인고용부담금이나 그 밖의 징수금에 충당시켜 줄 것을 신청할 수 있습니다.

3) 연계고용부담금감면제도

(1) 연계고용부담금감면제도란?

"연계고용부담금감면제도"란 연계고용에 따라 장애인고용부담금을 감면하는 제도를 말합니다.

※ "연계고용"이란 「장애인고용촉진 및 직업재활법」제33조제1항에 해당하는 장애인고용부담금 납부의무가 있는 사업주가 직업재활시설 또는 장애인자립작업장("연계고용대상 사업장"이라 함)에 도급을 주어 그 생산품을 납품받는 경우 연계고용대상 사업장에서 그 생산활동에 종사한 장애인근로자를 장애인고용부담금 납부의무가 있는 사업주가 고용한 것으로 간주하는 것을 말합니다.

(2) 연계고용부담금감면제도의 개요

다음에 따라 연계고용에 따른 장애인고용부담금을 감면받을 수 있습니다.

구분	내용
대상사업장	■ 직업재활시설 ■ 장애인표준사업장
감면요건	연계고용대상 사업장과 다음의 요건을 충족하는 연계고용 도급계약을 체결하고 이행해야 함(해당 사업장이 다른 사업장과 하도급 계약을 하여 연계고용 도급계약을 이행한 경우는 제외) ■ 도급내용(규격, 물성, 강도, 수량, 공정 등을 분명하게 적어야 함) 및 일의 완성시기에 대한 사항을 포함할 것 ■ 계약이행에 따른 보수금액과 재료비·노무비 등이 포함된 보수산출 내역에 대한 사항을 포함할 것 ■ 계약기간이 1년 이상일 것

감면기준	[월 단위 부담금 감면액 = 연계고용 도급계약에 따른 수급액 비율 × 장애인근로자 수 × 해당 연도 부담기초액] ■ 연계고용에 따른 장애인고용부담금 감면 총액은 납부해야 할 해당 연도 부담금 납부 총액의 60% 이내로 하되, 연계고용 도급계약에 따라 지급한 해당 연도 도급액의 50%를 초과할 수 없음 ■ 연계고용 도급계약에 의한 도급약정이 없거나 이행이 완성되지 않은 달은 해당 월 부담금 감면액을 산정하지 않음 ■ 연계고용 계약기간 중 폐업, 천재지변 등 불가피한 사유로 계약이 중간에 해지되는 겨웅 그 사유가 발생한 날이 속한 월까지 연계고용 실적으로 인정
연계고용 알선	장애인고용부담금 납부의무가 있는 사업주 및 연계고용 대상 사업장은 한국장애인고용공단에 연계고용의 알선을 의뢰할 수 있음

※ "연계고용 도급계약"이란 장애인고용부담금 납부의무가 있는 사업주와 연계고용대상 사업장간에 일의 완성(노무제공을 통한 생산품의 제조·수리·시공 및 용역제공을 말함)과 이에 대한 보수지급을 내용으로 하는 계약을 말합니다.

※ "수급액 비율"이란 해당 연도 연계고용 도급계약에 따라 발생한 연계고용대상 사업장의 수급액을 해당 연도 도급계약기간 동안 연계고용대상 사업장의 매출액으로 나누어 소수점 넷째 자리까지 산정합니다. 이 경우 수급액 및 매출액의 산정은 생산품의 납품 또는 용역의 제공에 따라 해당 금액의 지급 청구권이 발생한 달을 기준으로 합니다.

(3) 연계고용부담금감면 신청 및 처리

 - 장애인고용부담금 납부의무가 있는 사업주가 연계고용을 통해 장애인고용부담금을 감면받으려는 경우 다음에 따라 신청할

수 있습니다.

구분	내용
제출서류	■ 부담금 감면신청서 ■ 연계고용 도급계약서 및 관련 서류 사본 1부 ■ 연계고용 도급계약에 따른 보수지급 영수증 사본 1부 ■ 매출액을 확인할 수 있는 서류(결산서, 손익계산서, 부가가치세 과세표준증명, 매출처별 세금계산서 합계표 등) 사본 1부 ■ 장애인근로자 여부를 입증할 수 있는 서류(월별 임금대장, 장애인등록증 등) 사본 1부 ■ 법인의 등기사항증명서(법인의 경우만 해당) 및 사업자 등록증(행정정보의 공동이용을 이용한 확인에 동의한 경우는 제외)
신청기한	장애인고용부담금 납부 연도 1월 10일까지 ※ 다만, 1월 10일까지 제출이 불가한 경우 부담금 납부 연도 중에 감면신청서를 제출할 수 있으며, 이 경우 기 납부한 금액 중 감면금액에 해당하는 금액을 반환받을 수 있음
신청기관	관할 한국장애인고용공단지사

- 부담금 감면신청서를 접수한 한국장애인고용공단지사의 장은 신청내용의 적격성 등을 확인한 후 접수한 날부터 15일 이내에 연계고용에 따른 부담금 감면 여부 및 감면액을 결정·통지해야 합니다.

Q. 저는 1,000명의 상시근로자를 고용하고 있는 민간업체 사업주로 서 3,000만원의 장애인고용부담금을 납부해야 합니다. 연간 매 출액이 2억원이고 15명의 장애인근로자를 고용하고 있는 장애 인자립작업장과 연간 연계고용 수급액이 2,000만원인 연계고용 도급계약을 체결하여 매월 이행하려고 합니다. 제가 감면받을 수 있는 연간 부담금은 얼마인가요?

A. 장애인고용부담금 납부의무가 있는 사업주가 직업재활시설 또는 장애인자립작업장에 도급을 주어 그 생산품을 납품받는 경우 장 애인고용부담금을 감면받을 수 있습니다.

해당 사업주가 2020년 1년 동안 연계고용 도급계약을 체결하고 매월 이 행한다면 19,404,000원의 장애인고용부담금을 감면받을 수 있습니다.

◇ 연계고용부담금감면 계산

구분	내용
감면요건	연계고용대상 사업장과 다음의 요건을 충족하는 연 계고용 도급계약을 체결하고 이행해야 함(해당 사 업장이 다른 사업장과 하도급 계약을 하여 연계고 용 도급계약을 이행한 경우는 제외) ■ 도급내용(규격, 물성, 강도, 수량, 공정 등을 분 명하게 적어야 함) 및 일의 완성시기에 대한 사 항을 포함할 것 ■ 계약이행에 따른 보수금액과 재료비·노무비 등이 포함된 보수산출 내역에 대한 사항을 포함할 것 ■ 계약기간이 1년 이상일 것
감면효과	19,404,000원(연간 부담금 감면액) = 0.1(연계고용 도급계약에 따른 수급액 비율) × 15(장애인근로자 수) × 1,078,000원(2020년도 부담기초액) × 12

2. 장애인 차별금지 등

1) 장애인 차별금지

(1) 사업주의 차별금지

사업주는 장애인에 대해 다음과 같이 차별해서는 안 되며, 장애인이 해당 직무를 수행함에 있어서 장애인 아닌 사람과 동등한 근로조건에서 일할 수 있도록 다음의 편의를 제공해야 합니다.

구분	내용
채용 등의 차별금지	사업주의 모집·채용, 임금 및 복리후생, 교육·배치·승진·전보, 정년·퇴직·해고 등에 있어 차별금지
직무배제 금지	정당한 사유 없이 장애를 이유로 장애인의 의사에 반해 다른 직무에 배치 금지
의학적 검사 금지	채용 이전에 장애인 여부를 조사하기 위한 의학적 검사 금지 (채용 이후에 직무의 본질상 요구되거나 직무배치 등을 위해 필요한 경우 제외)
장애여성 차별금지	■ 장애여성 근로자를 불리한 대우 금지 ■ 성폭력 예방교육 시 장애여성에 대한 성인식 및 성폭력 예방에 관한 내용을 포함
정당한 편의제공	편의제공의 예시 ■ 시설·장비의 설치 또는 개조 ■ 재활, 기능평가, 치료 등을 위한 근무시간의 변경 또는 조정 ■ 훈련 제공 또는 훈련에 있어 편의 제공 ■ 지도 매뉴얼 또는 참고자료의 변경 ■ 시험 또는 평가과정의 개선 ■ 화면낭독·확대 프로그램, 무지점자단말기, 확대독서기, 인쇄물음성변환출력기 등 장애인보조기구의 설치·운영과 낭독자, 한국수어 통역자 등의 보조인 배치

2) 차별 시 제재

(1) 국가인권위원회를 통한 제재

금지된 차별행위를 한 사업주는 다음과 같이 국가인권위원회를 통해 제재를 받을 수 있습니다.

① 차별행위로 인한 피해 발생

- 금지된 차별행위의 예시 : 채용 등의 차별, 직무배제, 의학적 검사, 장애여성 차별, 정당한 편의 미제공 등

② 진정 또는 직권조사

- 진정 : 차별행위로 인해 피해를 입은 장애인, 그 사실을 알게 된 사람 및 단체가 국가인권위원회에 그 내용을 진정함
- 직권조사 :차별행위가 있다고 믿을 만한 상당한 근거가 있고, 그 내용이 중대하다고 인정할 경우 국가인권위원회가 직권으로 조사함

③ 권고(국가인권위원회)

- 차별행위가 있다고 판단한 경우 피진정인, 그 소속기관·단체 또는 감독기관의 장에게 권고함
  권고사항 : 조사대상 인권침해나 차별행위의 중지, 원상회복/손해배상/그 밖에 필요한 구제조치, 동일하거나 유사한 인권침해 또는 차별행위의 재발을 방지하기 위해 필요한 조치, 법령/제도/정책/관행의 시정 또는 개선

④ 시정명령(법무부 장관)

- 피해정도가 심각하고 공익에 미치는 영향이 중대하다고 인정되는 경우 피해자 신청 또는 직권으로 시정명령을 함.
- 확정된 시정명령을 정당한 사유 없이 이행하지 않은 경우 3천만원 이하의 과태료

(2) 법원을 통한 제재

① 구제조치

- 법원은 금지된 차별행위에 관한 소송 제기 전 또는 소송 제

기 중에 피해자의 신청으로 피해자에 대한 차별이 소명되는 경우 본안 판결 전까지 차별행위의 중지 등 그 밖의 적절한 임시조치를 명할 수 있습니다.

- 법원은 피해자의 청구에 따라 차별적 행위의 중지, 임금 등 근로조건의 개선, 그 시정을 위한 적극적 조치 등의 판결을 할 수 있습니다.
- 법원은 차별행위의 중지 및 차별시정을 위한 적극적 조치가 필요하다고 판단하는 경우에 그 이행 기간을 밝히고, 이를 이행하지 않는 때에는 늦어진 기간에 따라 일정한 배상을 하도록 명할 수 있습니다.

② 벌칙

금지된 차별행위를 행하고 그 행위가 악의적인 것으로 인정되는 경우 차별한 자는 3년 이하의 징역 또는 3천만원 이하의 벌금에 처해질 수 있습니다.

③ 손해배상

- 차별행위를 한 사업주가 고의 또는 과실이 없음을 증명하지 못한 경우 피해를 입은 장애인에 대하여 손해배상책임을 집니다.
- 차별행위로 인해 손해가 발생한 것은 인정되나 차별행위의 피해자가 재산상 손해를 입증할 수 없을 경우 차별행위를 한 자가 그로 인해 얻은 재산상 이익을 피해자가 입은 재산상 손해로 추정합니다.

3. 장애인 직업생활 상담원 선임

1) 장애인 직업생활 상담원 선임의무

(1) 장애인 직업생활 상담원이란?

"장애인 직업생활 상담원"이란 장애인의 직업지도, 직업적응훈련, 직업능력개발훈련, 취업 후 적응지도 등 장애인의 고용촉진 및 직업재활을 위한 업무를 담당하는 전문요원을 말합니다.

(2) 선임의무

상시 20명 이상의 장애인근로자를 고용하는 사업주는 그 사유가 발생한 날부터 90일 이내에 장애인 직업생활 상담원을 선임해야 합니다.

2) 위반 시 제재

(1) 과태료 부과

장애인 직업생활 상담원을 선임의무를 이행하지 않은 경우 다음에 따라 과태료가 부과됩니다.

구분	과태료 금액(만원)		
	1차	2차	3차
장애인근로자를 40명 이상 고용하면서 6개월 이상 직업생활 상담원을 선임하지 않은 경우	30	40	50
장애인근로자를 30명 이상 39명 이하 고용하면서 6개월 이상 직업생활 상담원을 선임하지 않은 경우	30	30	30
장애인근로자를 20명 이상 29명 이하 고용하면서 6개월 이상 직업생활 상담원을 선임하지 않은 경우	20	20	20

부록   관련법령

- 고용상 연령차별금지 및 고령자고용촉진에 관한 법률
- 남녀고용평등과 일·가정 양립 지원에 관한 법률
- 외국인근로자의 고용 등에 관한 법률
- 장애인고용촉진 및 직업재활법

고용상 연령차별금지 및 고령자고용촉진에 관한 법률

(약칭: 고령자고용법)

[시행 2020.5.26]

[법률 제17326호, 2020.5.26, 타법개정]

제1장 총칙

<개정 2008.3.21.>

제1조(목적) 이 법은 합리적인 이유 없이 연령을 이유로 하는 고용차별을 금지하고, 고령자(高齡者)가 그 능력에 맞는 직업을 가질 수 있도록 지원하고 촉진함으로써, 고령자의 고용안정과 국민경제의 발전에 이바지하는 것을 목적으로 한다.

[전문개정 2008.3.21.]

제2조(정의) 이 법에서 사용하는 용어의 뜻은 다음과 같다. <개정 2020.5.26.>

1. "고령자"란 인구와 취업자의 구성 등을 고려하여 대통령령으로 정하는 연령 이상인 사람을 말한다.

2. "준고령자"란 대통령령으로 정하는 연령 이상인 사람으로서 고령자가 아닌 사람을 말한다.

3. "사업주"란 근로자를 사용하여 사업을 하는 자를 말한다.

4. "근로자"란 「근로기준법」 제2조제1항제1호에 따른 근로자를 말한다.

5. "기준고용률"이란 사업장에서 상시 사용하는 근로자를 기준으로

하여 사업주가 고령자의 고용촉진을 위하여 고용하여야 할 고령자의 비율로서 고령자의 현황과 고용 실태 등을 고려하여 사업의 종류별로 대통령령으로 정하는 비율을 말한다.

[전문개정 2008.3.21.]

제3조(정부의 책무) 정부는 고용에서 연령을 이유로 차별하는 관행을 없애기 위하여 연령차별금지정책을 수립·시행하며, 고령자의 고용에 관하여 사업주와 국민 일반의 이해를 높이고, 고령자의 고용촉진과 직업안정을 꾀하기 위하여 고령자 고용촉진 대책의 수립·시행, 직업능력개발훈련 등 필요한 시책을 종합적이고 효과적으로 추진하여야 한다. <개정 2020.5.26.>

[전문개정 2008.3.21.]

제4조(사업주의 책무) 사업주는 연령을 이유로 하는 고용차별을 없애고, 고령자의 직업능력계발·향상과 작업시설·업무 등의 개선을 통하여 고령자에게 그 능력에 맞는 고용 기회를 제공함과 아울러 정년연장 등의 방법으로 고령자의 고용이 확대되도록 노력하여야 한다. <개정 2020.5.26.>

[전문개정 2008.3.21.]

제4조의2 삭제 <2008.3.21.>

제4조의3(고령자 고용촉진 기본계획의 수립) ① 고용노동부장관은 고령자의 고용촉진에 관한 기본계획(이하 "기본계획"이라 한다)을 관계 중앙기관의 장과 협의하여 5년마다 수립하여야 한다. <개정 2010.6.4.>

② 기본계획에는 다음 각 호의 사항이 포함되어야 한다. <개정 2016.1.27.>

1. 직전 기본계획에 대한 평가

2. 고령자의 현황과 전망

3. 고령자의 직업능력개발

4. 고령자의 취업알선, 재취업 및 전직(轉職) 지원 등 취업 가능성의 개선방안

5. 그 밖에 고령자의 고용촉진에 관한 주요시책

③ 고용노동부장관은 기본계획을 수립할 때에는 「고용정책 기본법」 제10조에 따른 고용정책심의회(이하 "고용정책심의회"라 한다)의 심의를 거쳐야 한다. <개정 2009.10.9., 2010.6.4.>

④ 고용노동부장관이 기본계획을 수립한 때에는 지체 없이 국회소관 상임위원회에 보고하여야 한다. <신설 2016.1.27.>

⑤ 고용노동부장관은 필요하다고 인정하면 관계 행정기관 또는 공공기관의 장에게 기본계획의 수립에 필요한 자료의 제출을 요청할 수 있다. <개정 2010.6.4., 2016.1.27.>

[전문개정 2008.3.21.]

제4조의4(모집·채용 등에서의 연령차별 금지) ① 사업주는 다음 각 호의 분야에서 합리적인 이유 없이 연령을 이유로 근로자 또는 근로자가 되려는 사람을 차별하여서는 아니 된다. <개정 2020.5.26.>

1. 모집·채용

2. 임금, 임금 외의 금품 지급 및 복리후생

3. 교육·훈련

4. 배치·전보·승진

5. 퇴직·해고

② 제1항을 적용할 때 합리적인 이유 없이 연령 외의 기준을 적용

하여 특정 연령집단에 특히 불리한 결과를 초래하는 경우에는 연령차별로 본다.

[본조신설 2008.3.21.]

제4조의5(차별금지의 예외) 다음 각 호의 어느 하나에 해당하는 경우에는 제4조의4에 따른 연령차별로 보지 아니한다.

1. 직무의 성격에 비추어 특정 연령기준이 불가피하게 요구되는 경우

2. 근속기간의 차이를 고려하여 임금이나 임금 외의 금품과 복리후생에서 합리적인 차등을 두는 경우

3. 이 법이나 다른 법률에 따라 근로계약, 취업규칙, 단체협약 등에서 정년을 설정하는 경우

4. 이 법이나 다른 법률에 따라 특정 연령집단의 고용유지·촉진을 위한 지원조치를 하는 경우

[본조신설 2008.3.21.]

제4조의6(진정과 권고의 통보) ① 제4조의4의 연령차별 금지의 위반으로 연령차별을 당한 사람(이하 "피해자"라 한다)은 「국가인권위원회법」 제30조에 따라 국가인권위원회에 그 내용을 진정할 수 있다.

② 국가인권위원회는 제1항에 따른 진정을 조사한 결과 연령차별이 있다고 판단하여 피진정인, 그 소속 기관·단체 또는 감독기관의 장에게 구제조치 등을 권고할 경우 그 권고내용을 고용노동부장관에게도 통보하여야 한다. <개정 2010.6.4.>

[본조신설 2008.3.21.]

제4조의7(시정명령) ① 고용노동부장관은 제4조의6제2항에 따라 국가인권위원회로부터 구제조치 등의 권고를 받은 사업주가 정당한 사유 없이 권고를 이행하지 아니하고 다음 각 호의 어느 하나에 해

당하여 그 피해의 정도가 심각하다고 인정되면 피해자의 신청에 의하거나 직권으로 시정명령을 할 수 있다. <개정 2010.6.4.>

1. 피해자가 다수인인 연령차별행위에 대한 권고 불이행

2. 반복적 연령차별행위에 대한 권고 불이행

3. 피해자에게 불이익을 주기 위한 고의적 권고 불이행

4. 그 밖에 피해의 내용과 규모 등을 고려하여 시정명령이 필요하다고 고용노동부령으로 정하는 경우

② 제1항의 시정명령에는 다음 각 호의 사항을 포함하여야 한다. <개정 2010.6.4.>

1. 연령차별행위의 중지

2. 피해의 원상회복

3. 연령차별행위의 재발방지를 위한 조치

4. 그 밖에 연령차별시정을 위하여 필요하다고 고용노동부령으로 정한 조치

③ 피해자의 신청에 따라 제1항에 따른 시정명령을 할 경우 그 신청을 받은 날부터 3개월 이내에 하여야 한다.

④ 고용노동부장관은 제1항에 따라 시정명령을 할 때에는 다음 각 호의 사항을 명시한 서면을 해당 사업주와 피해자에게 각각 내주어야 한다. <개정 2010. 6. 4.>

1. 시정명령의 이유

2. 시정명령의 내용

3. 시정기한

4. 시정명령에 대한 불복 절차

⑤ 제1항에 따른 시정명령의 절차나 그 밖에 필요한 사항은 대통령령으로 정한다.

[본조신설 2008.3.21.]

제4조의8(시정명령 이행상황의 제출요구 등) ① 고용노동부장관은 연령차별행위를 한 사업주에게 제4조의7에 따른 시정명령의 이행상황을 제출할 것을 요구할 수 있다. <개정 2010.6.4.>

② 피해자는 연령차별행위를 한 사업주가 시정명령을 이행하지 아니하면 고용노동부장관에게 신고할 수 있다. <개정 2010.6.4.>

[본조신설 2008.3.21.]

제4조의9(해고나 그 밖의 불리한 처우의 금지) 사업주는 근로자가 이 법이 금지하는 연령차별행위에 대한 진정, 자료제출, 답변·증언, 소송, 신고 등을 하였다는 이유로 근로자에게 해고, 전보, 징계, 그 밖의 불리한 처우를 하여서는 아니 된다.

[본조신설 2008.3.21.]

제2장 정부의 고령자 취업지원

<개정 2008.3.21.>

제5조(구인·구직 정보수집) 고용노동부장관 및 특별시장·광역시장·도지사·특별자치도지사(이하 "고용노동부장관등"이라 한다)는 고령자의 고용을 촉진하기 위하여 고령자와 관련된 구인(求人)·구직(求職) 정보를 수집하고 구인·구직의 개척에 노력하여야 하며 관련 정보를 구직자·사업주 및 관련 단체 등에 제공하여야 한다.

<개정 2010.2.4., 2010.6.4.>

[전문개정 2008.3.21.]

제6조(고령자에 대한 직업능력 개발훈련) ① 고용노동부장관등은 고령자의 고용을 촉진하고 직업능력의 개발·향상을 위하여 고령자를 대상으로 대통령령으로 정하는 바에 따라 직업능력 개발훈련을 실시하여야 한다. <개정 2010.2.4., 2010.6.4.>

② 고용노동부장관등은 고령자가 작업환경에 쉽게 적응할 수 있도록 하기 위하여 필요하다고 인정하면 취업 전에 안전·보건에 관한 내용을 포함하여 고용노동부령으로 정하는 적응훈련을 실시하도록 조치하여야 한다. <개정 2010.2.4., 2010.6.4.>

③ 고령자의 직업능력 개발훈련과 해당 훈련생의 보호에 관한 사항은 「근로자직업능력 개발법」을 준용하되 고령자의 신체적·정신적 조건 등을 고려하여 특별한 배려를 하여야 한다.

[전문개정 2008.3.21.]

제7조(사업주에 대한 고용지도) ① 고용노동부장관은 필요하다고 인정하면 고령자를 고용하고 있거나 고용하려는 사업주에게 채용, 배치, 작업시설, 작업환경 등 고령자의 고용 관리에 관한 기술적 사항에 대하여 상담, 자문, 그 밖에 필요한 지원을 하여야 한다. <개정 2010.6.4.>

② 고용노동부장관은 고령자를 고용하고 있거나, 고용하려는 사업주에 대하여 고령자의 신체적·정신적 조건, 직업능력 등에 관한 정보와 그 밖의 자료를 제공하여야 한다. <개정 2010.6.4.>

[전문개정 2008.3.21.]

제8조(사업주의 고령자 교육·훈련 및 작업환경 개선에 대한 지원) ①

고용노동부장관은 사업주가 고령자의 고용촉진을 위하여 필요한 교육이나 직업훈련 등을 실시할 경우 그 비용의 전부 또는 일부를 지원할 수 있다. <개정 2010.6.4.>

② 고용노동부장관은 사업주가 고령자의 취업에 적합하도록 시설을 개선할 경우 그 비용의 전부 또는 일부를 지원할 수 있다. <개정 2010.6.4.>

③ 제1항과 제2항에 따른 지원금은 예산(「고용보험법」에 따른 고용보험기금을 포함한다. 이하 같다)에서 지급하되, 그 지급기준 등에 관한 사항은 고용노동부장관이 정한다. <개정 2010.6.4.>

[전문개정 2008.3.21.]

제9조(고령자의 취업알선 기능 강화) ① 정부는 고령자가 그 능력에 맞는 직업에 취업할 수 있도록 고령자에 대한 직업상담, 직업적성검사 등 적절한 직업지도와 취업알선 등을 하여야 한다.

② 정부는 고령자에 대한 직업지도와 취업알선 등을 위하여 관련 행정기구와 시설을 정비하도록 노력하여야 한다.

③ 고용노동부장관등은 고령자의 직업지도와 취업알선 등을 담당하게 하기 위하여 소속 공무원 중에서 직업지도관을 지명한다. <개정 2010.2.4., 2010.6.4.>

④ 직업지도관의 자격 등 필요한 사항은 고용노동부장관이 정한다. <개정 2010.6.4.>

[전문개정 2008.3.21.]

제10조(고령자 고용정보센터의 운영) ① 고용노동부장관등은 고령자의 직업지도와 취업알선 등의 업무를 효율적으로 수행하기 위하여 필요한 지역에 고령자 고용정보센터를 운영할 수 있다. <개정

2010.2.4., 2010.6.4.>

② 고령자 고용정보센터는 다음 각 호의 업무를 수행한다.

1. 고령자에 대한 구인·구직 등록, 직업지도 및 취업알선

2. 고령자에 대한 직장 적응훈련 및 교육

3. 정년연장과 고령자 고용에 관한 인사·노무관리와 작업환경 개
   선 등에 관한 기술적 상담·교육 및 지도

4. 고령자 고용촉진을 위한 홍보

5. 그 밖에 고령자 고용촉진을 위하여 필요한 업무

[전문개정 2008.3.21.]

제11조(고령자인재은행의 지정) ① 고용노동부장관은 다음 각 호의
단체 또는 기관 중 고령자의 직업지도와 취업알선 또는 직업능력
개발훈련 등에 필요한 전문 인력과 시설을 갖춘 단체 또는 기관을
고령자인재은행으로 지정할 수 있다. <개정 2010.2.4., 2010.6.4.>

1. 「직업안정법」 제18조에 따라 무료직업소개사업을 하는 비영리
   법인이나 공익단체

2. 「근로자직업능력 개발법」 제16조에 따라 직업능력개발훈련을
   위탁받을 수 있는 대상이 되는 기관

② 제1항제1호 및 제2호에 모두 해당하는 고령자인재은행의 사업
범위는 다음 각 호의 사업 모두로 하고, 제1항제1호에만 해당하는
고령자인재은행의 사업범위는 제1호, 제2호 및 제4호의 사업만으
로 하며, 제1항제2호에만 해당하는 고령자인재은행의 사업범위는
제3호 및 제4호의 사업만으로 한다. <개정 2010.2.4., 2010.6.4.>

1. 고령자에 대한 구인·구직 등록, 직업지도 및 취업알선

2. 취업희망 고령자에 대한 직업상담 및 정년퇴직자의 재취업 상담

3. 고령자의 직업능력개발훈련

4. 그 밖에 고령자 고용촉진을 위하여 필요하다고 인정하여 고용노
동부장관이 정하는 사업

③ 고용노동부장관은 고령자인재은행에 대하여 직업안정 업무를
하는 행정기관이 수집한 구인·구직 정보, 지역 내의 노동력 수급
상황, 그 밖에 필요한 자료를 제공할 수 있다. <개정 2010.6.4.>

④ 고용노동부장관은 고령자인재은행에 대하여 예산의 범위에서
소요 경비의 전부 또는 일부를 지원할 수 있다. <개정 2010.6.4.>

⑤ 제1항에 따른 고령자인재은행의 지정기준과 지정절차 등에 필
요한 사항은 대통령령으로 정한다.

[전문개정 2008.3.21.]

제11조의2(중견전문인력 고용지원센터의 지정) ① 고용노동부장관은
퇴직한 고령자로서 경력 등을 고려하여 고용노동부령으로 정하는
사람(이하 "중견전문인력"이라 한다)의 직업지도와 취업알선 등을
전문적으로 지원하는 중견전문인력 고용지원센터(이하 "중견전문인
력 고용지원센터"라 한다)를 지정할 수 있다. <개정 2010.6.4.,
2020.5.26.>

② 중견전문인력 고용지원센터는 「직업안정법」 제18조에 따라 무
료직업소개사업을 하는 비영리법인 또는 공익단체로서 필요한 전
문인력과 시설을 갖춘 단체 중에서 지정한다.

③ 중견전문인력 고용지원센터는 다음 각 호의 사업을 한다.

1. 중견전문인력의 구인·구직 등록, 직업상담 및 취업알선

2. 중견전문인력의 중소기업에 대한 경영자문 및 자원봉사활동 등

의 지원

3. 그 밖에 중견전문인력의 취업에 필요한 사업으로서 대통령령으로 정하는 사업

④ 중견전문인력 고용지원센터에 관하여는 고령자인재은행에 관한 제11조제3항부터 제5항까지의 규정을 준용한다. 이 경우 "고령자인재은행"은 "중견전문인력 고용지원센터"로 본다.

[전문개정 2008.3.21.]

제11조의3(고령자인재은행 및 중견전문인력 고용지원센터의 지정취소 등) ① 고용노동부장관은 고령자인재은행 또는 중견전문인력 고용지원센터로 지정을 받은 자가 다음 각 호의 어느 하나에 해당하는 경우에는 고용노동부령으로 정하는 바에 따라 그 지정을 취소할 수 있다. <개정 2010.2.4., 2010.6.4.>

1. 무료직업소개사업을 폐지하는 경우

2. 「직업안정법」 제36조에 따라 사업의 정지처분을 받은 경우

3. 「근로자직업능력 개발법」 제27조 또는 제31조에 따라 직업능력개발훈련시설의 승인취소처분·지정취소처분 또는 직업능력개발훈련의 정지처분을 받은 경우

4. 「근로자직업능력 개발법」 제28조제3항에 따라 지정직업훈련시설이 폐업한 경우

5. 「근로자직업능력 개발법」 제32조에 따라 직업능력개발훈련법인의 설립허가 취소처분을 받은 경우

6. 사업실적 부진 등 고용노동부장관이 정하는 사유에 해당하는 경우

② 고령자인재은행 또는 중견전문인력 고용지원센터로 지정을 받은 자가 그 업무를 폐지하거나 휴업하려는 경우에는 고용노동부령

으로 정하는 바에 따라 고용노동부장관에게 신고하여야 한다. <개정 2010.6.4.>

[전문개정 2008.3.21.]

제11조의4(고령자 고용촉진을 위한 사업) ① 고용노동부장관은 고령자의 고용촉진을 위하여 다음 각 호의 사업을 할 수 있다. <개정 2010.6.4.>

1. 고령자에게 적합한 사회적 일자리의 창출

2. 고령자의 자영업 창업 지원

3. 고령자를 대상으로 하는 취업박람회의 지원

4. 고령자 고용촉진과 고용안정에 관한 정책의 수립과 제도개선에 필요한 조사와 연구

5. 고령자인재은행, 중견전문인력 고용지원센터 등 관련 기관의 종사자에 대한 교육이나 필요한 인력의 양성

6. 고령자 고용 강조기간의 설정과 추진

7. 고령자 고용 우수기업의 선정과 지원

8. 그 밖에 고령자 고용촉진을 위하여 필요한 사업

② 제1항 각 호에 따른 사업의 실시에 필요한 사항은 대통령령으로 정한다.

[전문개정 2008.3.21.]

제3장 고령자의 고용촉진 및 고용안정

<개정 2008.3.21.>

제12조(사업주의 고령자 고용 노력의무) 대통령령으로 정하는 수 이

상의 근로자를 사용하는 사업주는 기준고용률 이상의 고령자를 고용하도록 노력하여야 한다.

[전문개정 2008.3.21.]

제13조(사업주의 고령자 고용현황의 제출 등) ① 제12조에 따른 사업주는 고용노동부령으로 정하는 바에 따라 매년 고령자 고용현황을 고용노동부장관에게 제출하여야 한다. <개정 2010.6.4.>

② 고용노동부장관은 제12조에 따른 사업주로서 상시 고용하는 고령자의 비율이 기준고용률에 미달하는 사업주에 대하여 고령자의 고용촉진 및 안정을 위하여 필요한 조치의 시행을 권고할 수 있다. <개정 2010.2.4., 2010.6.4.>

③ 고용노동부장관은 제2항의 권고에 따른 조치를 시행하는 사업주에게 상담, 자문, 그 밖에 필요한 협조와 지원을 할 수 있다. <개정 2010.2.4., 2010.6.4.>

④ 삭제 <2010.2.4.>

[전문개정 2008.3.21.]

[제목개정 2010.2.4.]

제14조(고령자 고용촉진을 위한 세제지원 등) ① 사업주가 제12조에 따른 기준고용률을 초과하여 고령자를 추가로 고용하는 경우에는 「조세특례제한법」으로 정하는 바에 따라 조세를 감면한다.

② 고용노동부장관은 예산의 범위에서 다음 각 호의 구분에 따른 고용지원금을 지급할 수 있다. <개정 2010.6.4.>

1. 고령자를 새로 고용하거나 다수의 고령자를 고용한 사업주 또는 고령자의 고용안정을 위하여 필요한 조치를 취한 사업주에게 일정 기간 지급하는 고용 지원금

2. 사업주가 근로자 대표의 동의를 받아 일정 연령 이상까지 고용을 보장하는 조건으로 일정 연령, 근속시점 또는 임금액을 기준으로 임금을 감액하는 제도를 시행하는 경우에 그 제도의 적용을 받는 근로자에게 일정 기간 지급하는 고용 지원금. 이 경우 "근로자대표"란 근로자의 과반수로 조직된 노동조합이 있는 경우에는 그 노동조합의 대표자를 말하며, 해당 노동조합이 없는 경우에는 근로자의 과반수를 대표하는 자를 말한다.

3. 고령자와 준고령자의 고용안정 및 취업의 촉진 등을 목적으로 임금체계 개편, 직무 재설계(고령자나 준고령자에게 적합한 직무를 개발하고 설계하는 것을 말한다) 등에 관하여 전문기관의 진단을 받는 사업주에게 지원하는 고용 지원금

③ 제2항에 따른 고용 지원금의 지급기준 등에 관한 사항은 대통령령으로 정한다.

[전문개정 2008.3.21.]

제15조(우선고용직종의 선정 등) ① 고용노동부장관은 고용정책심의회의 심의를 거쳐 고령자와 준고령자를 고용하기에 적합한 직종(이하 "우선고용직종"이라 한다)을 선정하고, 선정된 우선고용직종을 고시하여야 한다. <개정 2010.6.4.>

② 고용노동부장관은 우선고용직종의 개발 등 고령자와 준고령자의 고용촉진에 필요한 사항에 대하여 조사·연구하고 관련 자료를 정리·배포하여야 한다. <개정 2010.6.4.>

[전문개정 2008.3.21.]

제16조(우선고용직종의 고용) ① 국가 및 지방자치단체, 「공공기관의 운영에 관한 법률」 제4조에 따라 공공기관으로 지정받은 기관의 장은 그 기관의 우선고용직종에 대통령령으로 정하는 바에 따라서

고령자와 준고령자를 우선적으로 고용하여야 한다. <개정 2010.2.4.>

② 제1항에서 규정한 자 외의 사업주는 우선고용직종에 고령자와 준고령자를 우선적으로 고용하도록 노력하여야 한다.

[전문개정 2008.3.21.]

제17조(고용 확대의 요청 등) ① 고용노동부장관은 제16조에 따라 고령자와 준고령자를 우선적으로 채용한 실적이 부진한 자에게 그 사유를 제출하게 할 수 있으며, 그 사유가 정당하지 아니한 자(사유를 제출하지 아니한 자를 포함한다)에게 고령자와 준고령자의 고용을 확대하여 줄 것을 요청할 수 있다. <개정 2010.6.4.>

② 고용노동부장관은 제13조제2항에 따른 권고를 따르지 아니하는 사업주에게 그 사유를 제출하게 할 수 있으며, 그 사유가 정당하지 아니한 사업주(사유를 제출하지 아니한 사업주를 포함한다)에게 고령자의 고용을 확대하여 줄 것을 요청할 수 있다. <개정 2010.2.4., 2010.6.4.>

[전문개정 2008.3.21.]

제18조(내용 공표 및 취업알선 중단) 고용노동부장관은 정당한 사유 없이 제17조에 따른 고용 확대 요청에 따르지 아니한 자에게 그 내용을 공표하거나 직업안정 업무를 하는 행정기관에서 제공하는 직업지도와 취업알선 등 고용 관련 서비스를 중단할 수 있다. <개정 2010.6.4.>

[전문개정 2008.3.21.]

제4장 정년

<개정 2008.3.21.>

제19조(정년) ① 사업주는 근로자의 정년을 60세 이상으로 정하여야 한다.

② 사업주가 제1항에도 불구하고 근로자의 정년을 60세 미만으로 정한 경우에는 정년을 60세로 정한 것으로 본다.

[전문개정 2013.5.22.]

제19조의2(정년연장에 따른 임금체계 개편 등) ① 제19조제1항에 따라 정년을 연장하는 사업 또는 사업장의 사업주와 근로자의 과반수로 조직된 노동조합(근로자의 과반수로 조직된 노동조합이 없는 경우에는 근로자의 과반수를 대표하는 자를 말한다)은 그 사업 또는 사업장의 여건에 따라 임금체계 개편 등 필요한 조치를 하여야 한다.

② 고용노동부장관은 제1항에 따라 필요한 조치를 한 사업 또는 사업장의 사업주나 근로자에게 대통령령으로 정하는 바에 따라 고용지원금 등 필요한 지원을 할 수 있다.

③ 고용노동부장관은 정년을 60세 이상으로 연장하는 사업 또는 사업장의 사업주 또는 근로자에게 대통령령으로 정하는 바에 따라 임금체계 개편 등을 위한 컨설팅 등 필요한 지원을 할 수 있다.

[본조신설 2013.5.22.]

제20조(정년제도 운영현황의 제출 등) ① 대통령령으로 정하는 수 이상의 근로자를 사용하는 사업주는 고용노동부령으로 정하는 바에 따라 매년 정년 제도의 운영 현황을 고용노동부장관에게 제출하여야 한다. <개정 2010.6.4.>

② 고용노동부장관은 제1항에 따른 사업주로서 정년을 현저히 낮게 정한

사업주에게 정년의 연장을 권고할 수 있다. <개정 2010.2.4., 2010.6.4.>

③ 삭제 <2010.2.4.>

④ 제2항에 따른 권고를 정당한 사유 없이 따르지 아니한 경우 그 내용을 공표할 수 있다. <개정 2010.2.4.>

[전문개정 2008.3.21.]

[제목개정 2010.2.4.]

제21조(정년퇴직자의 재고용) ① 사업주는 정년에 도달한 사람이 그 사업장에 다시 취업하기를 희망할 때 그 직무수행 능력에 맞는 직종에 재고용하도록 노력하여야 한다. <개정 2020.5.26.>

② 사업주는 고령자인 정년퇴직자를 재고용할 때 당사자 간의 합의에 의하여 「근로기준법」 제34조에 따른 퇴직금과 같은 법 제60조에 따른 연차유급(年次有給) 휴가일수 계산을 위한 계속근로기간을 산정할 때 종전의 근로기간을 제외할 수 있으며 임금의 결정을 종전과 달리할 수 있다.

[전문개정 2008.3.21.]

제21조의2(정년퇴직자의 재고용 지원) 고용노동부장관은 제21조에 따라 정년퇴직자를 재고용하거나 그 밖에 정년퇴직자의 고용안정에 필요한 조치를 하는 사업주에게 장려금 지급 등 필요한 지원을 할 수 있다. <개정 2010.6.4.>

[전문개정 2008.3.21.]

제21조의3(퇴직예정자 등에 대한 재취업지원서비스 지원) ① 사업주는 정년퇴직 등의 사유로 이직예정인 근로자에게 경력·적성 등의 진단 및 향후 진로설계, 취업알선, 재취업 또는 창업에 관한 교육 등 재취업에 필요한 서비스(이하 "재취업지원서비스"라 한다)를 제공하도록 노력하여야 한다.

② 제1항에도 불구하고 대통령령으로 정하는 수 이상의 근로자를 사용하는 사업주는 정년 등 대통령령으로 정하는 비자발적인 사유로 이직 예정인 준고령자 및 고령자에게 재취업지원서비스를 제공하여야 한다.

③ 사업주는 재취업지원서비스를 대통령령으로 정하는 바에 따라 다음 각 호의 어느 하나에 해당하는 단체 또는 기관에 위탁하여 실시할 수 있다.

1. 「직업안정법」 제18조에 따라 무료직업소개사업을 하는 비영리 법인이나 공익단체

2. 「직업안정법」 제19조에 따라 유료직업소개사업을 하는 법인

3. 「근로자직업능력 개발법」 제16조제1항에 따라 직업능력개발훈련을 위탁받을 수 있는 대상이 되는 기관

④ 고용노동부장관은 사업주가 소속 근로자에게 재취업지원서비스를 제공하는 경우에 예산의 범위에서 필요한 지원을 할 수 있다.

⑤ 제1항 및 제2항에 따른 재취업지원서비스의 대상, 내용 및 방법 등에 필요한 사항은 대통령령으로 정한다.

[전문개정 2019.4.30.]

제22조(정년 연장에 대한 지원) 고용노동부장관은 정년 연장에 따른 사업체의 인사와 임금 등에 대하여 상담, 자문, 그 밖에 필요한 협조와 지원을 하여야 한다. <개정 2010.6.4.>

[전문개정 2008.3.21.]

제5장 보칙

<개정 2008.3.21.>

제23조(보고와 검사) ① 고용노동부장관은 고령자의 고용촉진을 위하여 필요하다고 인정하는 경우에는 사업주, 고령자인재은행 또는 중견전문인력 고용지원센터에 대하여 이 법 시행에 필요한 사항을 보고하게 할 수 있다. <개정 2010.6.4.>

② 고용노동부장관은 필요하다고 인정하는 경우에는 관계 공무원에게 사업장, 고령자인재은행, 중견전문인력 고용지원센터, 그 밖의 시설에 출입하여 그 업무상황, 장부, 그 밖의 물건을 검사하게 할 수 있다. <개정 2010.6.4.>

③ 고용노동부장관은 제2항에 따라 검사를 하려면 사업주 등에게 검사일시와 검사내용 등 검사에 필요한 사항을 미리 알려주어야 한다. 다만, 긴급히 검사하여야 하거나 미리 알려 줄 경우 그 목적을 달성할 수 없다고 인정되는 경우에는 그러하지 아니하다. <개정 2010.6.4.>

④ 제2항에 따라 검사를 하는 관계 공무원은 그 권한을 표시하는 증표를 지니고 이를 관계인에게 내보여야 한다.

⑤ 고용노동부장관은 제2항에 따라 검사를 한 경우에는 그 사업주 등에게 그 결과를 서면으로 알려야 한다. <개정 2010.6.4.>

[전문개정 2008.3.21.]

제23조의2(권한의 위임) 이 법에 따른 고용노동부장관의 권한은 대통령령으로 정하는 바에 따라 그 일부를 지방고용노동관서의 장 또는 지방자치단체의 장에게 위임할 수 있다. <개정 2010.6.4.>

[전문개정 2008.3.21.]

제23조의3(벌칙) ① 제4조의9를 위반하여 근로자에게 해고, 전보, 징계, 그 밖의 불리한 처우를 한 사업주는 2년 이하의 징역 또는 1천만원 이하의 벌금에 처한다.

② 제4조의4제1항제1호를 위반하여 모집·채용에서 합리적인 이유 없이 연령을 이유로 차별한 사업주는 500만원 이하의 벌금에 처한다.

[본조신설 2008.3.21.]

제23조의4(양벌규정) ① 법인의 대표자, 대리인, 사용인, 그 밖의 종업원이 그 법인의 업무에 관하여 제23조의3의 위반행위를 하면 그 행위자를 벌할 뿐만 아니라 그 법인에도 해당 조문의 벌금형을 과(科)한다. 다만, 법인이 그 위반행위를 방지하기 위하여 해당 업무에 관하여 상당한 주의와 감독을 게을리하지 아니한 때에는 그러하지 아니하다.

② 개인의 대리인, 사용인, 그 밖의 종업원이 그 개인의 업무에 관하여 제23조의3의 위반행위를 하면 그 행위자를 벌할 뿐만 아니라 그 개인에게도 해당 조문의 벌금형을 과한다. 다만, 개인이 그 위반행위를 방지하기 위하여 해당 업무에 관하여 상당한 주의와 감독을 게을리하지 아니한 때에는 그러하지 아니하다.

[본조신설 2008.3.21.]

제24조(과태료) ① 제4조의7에 따른 시정명령을 정당한 사유 없이 이행하지 아니하는 자에게는 3천만원 이하의 과태료를 부과한다.

② 다음 각 호의 어느 하나에 해당하는 자에게는 500만원 이하의 과태료를 부과한다. <개정 2010.2.4., 2010.6.4.>

1. 제4조의8제1항에 따른 고용노동부장관의 이행상황 제출요구를 정당한 사유 없이 따르지 아니한 자

2. 제13조제1항에 따른 고령자 고용현황을 제출하지 아니한 자

3. 제20조제1항에 따른 정년제도 운영현황을 제출하지 아니한 자

4. 제23조제1항에 따른 보고를 하지 아니하거나 거짓으로 보고한 자

5. 제23조제2항에 따른 출입 또는 검사를 거부·방해하거나 기피한 자

③ 제1항과 제2항에 따른 과태료는 대통령령으로 정하는 바에 따라 고용노동부장관이 부과·징수한다. <개정 2010.6.4.>

④ 삭제 <2010.2.4.>

⑤ 삭제 <2010.2.4.>

⑥ 삭제 <2010.2.4.>

[전문개정 2008.3.21.]

부칙

<제17326호, 2020.5.26.>

(법률용어 정비를 위한 환경노동위원회 소관 65개 법률 일부개정을 위한 법률)

이 법은 공포한 날부터 시행한다. <단서 생략>

남녀고용평등과 일·가정 양립
지원에 관한 법률
(약칭: 남녀고용평등법)

[시행 2020.12.8]

[법률 제17602호, 2020.12.8, 일부개정]

제1장 총칙

<개정 2007.12.21.>

제1조(목적) 이 법은 「대한민국헌법」의 평등이념에 따라 고용에서 남녀의 평등한 기회와 대우를 보장하고 모성 보호와 여성 고용을 촉진하여 남녀고용평등을 실현함과 아울러 근로자의 일과 가정의 양립을 지원함으로써 모든 국민의 삶의 질 향상에 이바지하는 것을 목적으로 한다.

[전문개정 2007.12.21.]

제2조(정의) 이 법에서 사용하는 용어의 뜻은 다음과 같다. <개정 2017.11.28., 2020.5.26.>

1. "차별"이란 사업주가 근로자에게 성별, 혼인, 가족 안에서의 지위, 임신 또는 출산 등의 사유로 합리적인 이유 없이 채용 또는 근로의 조건을 다르게 하거나 그 밖의 불리한 조치를 하는 경우[사업주가 채용조건이나 근로조건은 동일하게 적용하더라도 그 조건을 충족할 수 있는 남성 또는 여성이 다른 한 성(性)에 비하여 현저히 적고 그에 따라 특정 성에게 불리한 결과를 초래하며 그 조건이 정당한 것임을 증명할 수 없는 경우를 포함한다]를 말한다. 다만, 다음 각 목의 어느 하나에 해당하는 경우는 제외한다.

가. 직무의 성격에 비추어 특정 성이 불가피하게 요구되는 경우

나. 여성 근로자의 임신·출산·수유 등 모성보호를 위한 조치를 하는 경우

다. 그 밖에 이 법 또는 다른 법률에 따라 적극적 고용개선조치를 하는 경우

2. "직장 내 성희롱"이란 사업주·상급자 또는 근로자가 직장 내의 지위를 이용하거나 업무와 관련하여 다른 근로자에게 성적 언동 등으로 성적 굴욕감 또는 혐오감을 느끼게 하거나 성적 언동 또는 그 밖의 요구 등에 따르지 아니하였다는 이유로 근로조건 및 고용에서 불이익을 주는 것을 말한다.

3. "적극적 고용개선조치"란 현존하는 남녀 간의 고용차별을 없애거나 고용평등을 촉진하기 위하여 잠정적으로 특정 성을 우대하는 조치를 말한다.

4. "근로자"란 사업주에게 고용된 사람과 취업할 의사를 가진 사람을 말한다.

[전문개정 2007.12.21.]

제3조(적용 범위) ① 이 법은 근로자를 사용하는 모든 사업 또는 사업장(이하 "사업"이라 한다)에 적용한다. 다만, 대통령령으로 정하는 사업에 대하여는 이 법의 전부 또는 일부를 적용하지 아니할 수 있다.

② 남녀고용평등의 실현과 일·가정의 양립에 관하여 다른 법률에 특별한 규정이 있는 경우 외에는 이 법에 따른다.

[전문개정 2007.12.21.]

제4조(국가와 지방자치단체의 책무) ① 국가와 지방자치단체는 이 법의 목적을 실현하기 위하여 국민의 관심과 이해를 증진시키고 여성의 직

업능력 개발 및 고용 촉진을 지원하여야 하며, 남녀고용평등의 실현에 방해가 되는 모든 요인을 없애기 위하여 필요한 노력을 하여야 한다.

② 국가와 지방자치단체는 일·가정의 양립을 위한 근로자와 사업주의 노력을 지원하여야 하며 일·가정의 양립 지원에 필요한 재원을 조성하고 여건을 마련하기 위하여 노력하여야 한다.

[전문개정 2007.12.21.]

제5조(근로자 및 사업주의 책무) ① 근로자는 상호 이해를 바탕으로 남녀가 동등하게 존중받는 직장문화를 조성하기 위하여 노력하여야 한다.

② 사업주는 해당 사업장의 남녀고용평등의 실현에 방해가 되는 관행과 제도를 개선하여 남녀근로자가 동등한 여건에서 자신의 능력을 발휘할 수 있는 근로환경을 조성하기 위하여 노력하여야 한다.

③ 사업주는 일·가정의 양립을 방해하는 사업장 내의 관행과 제도를 개선하고 일·가정의 양립을 지원할 수 있는 근무환경을 조성하기 위하여 노력하여야 한다.

[전문개정 2007.12.21.]

제6조(정책의 수립 등) ① 고용노동부장관은 남녀고용평등과 일·가정의 양립을 실현하기 위하여 다음 각 호의 정책을 수립·시행하여야 한다. <개정 2010.6.4.>

1. 남녀고용평등 의식 확산을 위한 홍보

2. 남녀고용평등 우수기업(제17조의4에 따른 적극적 고용개선조치 우수기업을 포함한다)의 선정 및 행정적·재정적 지원

3. 남녀고용평등 강조 기간의 설정·추진

4. 남녀차별 개선과 여성취업 확대를 위한 조사·연구

5. 모성보호와 일·가정 양립을 위한 제도개선 및 행정적·재정적 지원

6. 그 밖에 남녀고용평등의 실현과 일·가정의 양립을 지원하기 위하여 필요한 사항

② 고용노동부장관은 제1항에 따른 정책의 수립·시행을 위하여 관계자의 의견을 반영하도록 노력하여야 하며 필요하다고 인정되는 경우 관계 행정기관 및 지방자치단체, 그 밖의 공공단체의 장에게 협조를 요청할 수 있다. <개정 2010.6.4.>

[전문개정 2007.12.21.]

제6조의2(기본계획 수립) ① 고용노동부장관은 남녀고용평등 실현과 일·가정의 양립에 관한 기본계획(이하 "기본계획"이라 한다)을 5년마다 수립하여야 한다. <개정 2010.6.4., 2016.1.28.>

② 기본계획에는 다음 각 호의 사항이 포함되어야 한다. <개정 2010.6.4., 2016.1.28.>

1. 여성취업의 촉진에 관한 사항

2. 남녀의 평등한 기회보장 및 대우에 관한 사항

3. 동일 가치 노동에 대한 동일 임금 지급의 정착에 관한 사항

4. 여성의 직업능력 개발에 관한 사항

5. 여성 근로자의 모성 보호에 관한 사항

6. 일·가정의 양립 지원에 관한 사항

7. 여성 근로자를 위한 복지시설의 설치 및 운영에 관한 사항

8. 직전 기본계획에 대한 평가

9. 그 밖에 남녀고용평등의 실현과 일·가정의 양립 지원을 위하여 고용노동부장관이 필요하다고 인정하는 사항

③ 고용노동부장관은 필요하다고 인정하면 관계 행정기관 또는 공공기관

의 장에게 기본계획 수립에 필요한 자료의 제출을 요청할 수 있다. <신설 2016.1.28.>

④ 고용노동부장관이 기본계획을 수립한 때에는 지체 없이 소관 상임위원회에 보고하여야 한다. <신설 2016.1.28.>

[본조신설 2007.12.21.]

제6조의3(실태조사 실시) ① 고용노동부장관은 사업 또는 사업장의 남녀차별개선, 모성보호, 일·가정의 양립 실태를 파악하기 위하여 정기적으로 조사를 실시하여야 한다. <개정 2010.6.4.>

② 제1항에 따른 실태조사의 대상, 시기, 내용 등 필요한 사항은 고용노동부령으로 정한다. <개정 2010.6.4.>

[본조신설 2007.12.21.]

제2장 고용에서 남녀의 평등한 기회보장 및 대우등

<개정 2020.5.26.>

제1절 남녀의 평등한 기회보장 및 대우 <개정 2007.12.21.>

제7조(모집과 채용) ① 사업주는 근로자를 모집하거나 채용할 때 남녀를 차별하여서는 아니 된다.

② 사업주는 여성 근로자를 모집·채용할 때 그 직무의 수행에 필요하지 아니한 용모·키·체중 등의 신체적 조건, 미혼 조건, 그 밖에 고용노동부령으로 정하는 조건을 제시하거나 요구하여서는 아니 된다. <개정 2010.6.4.>

[전문개정 2007.12.21.]

제8조(임금) ① 사업주는 동일한 사업 내의 동일 가치 노동에 대하여는 동일한 임금을 지급하여야 한다.

② 동일 가치 노동의 기준은 직무 수행에서 요구되는 기술, 노력, 책임 및 작업 조건 등으로 하고, 사업주가 그 기준을 정할 때에는 제25조에 따른 노사협의회의 근로자를 대표하는 위원의 의견을 들어야 한다.

③ 사업주가 임금차별을 목적으로 설립한 별개의 사업은 동일한 사업으로 본다.

[전문개정 2007.12.21.]

제9조(임금 외의 금품 등) 사업주는 임금 외에 근로자의 생활을 보조하기 위한 금품의 지급 또는 자금의 융자 등 복리후생에서 남녀를 차별하여서는 아니 된다.

[전문개정 2007.12.21.]

제10조(교육 · 배치 및 승진) 사업주는 근로자의 교육 · 배치 및 승진에서 남녀를 차별하여서는 아니 된다.

[전문개정 2007.12.21.]

제11조(정년 · 퇴직 및 해고) ① 사업주는 근로자의 정년 · 퇴직 및 해고에서 남녀를 차별하여서는 아니 된다.

② 사업주는 여성 근로자의 혼인, 임신 또는 출산을 퇴직 사유로 예정하는 근로계약을 체결하여서는 아니 된다.

[전문개정 2007.12.21.]

제2절 직장 내 성희롱의 금지 및 예방 <개정 2007.12.21.>

제12조(직장 내 성희롱의 금지) 사업주, 상급자 또는 근로자는 직장 내 성희롱을 하여서는 아니 된다.

[전문개정 2007.12.21.]

제13조(직장 내 성희롱 예방 교육 등) ① 사업주는 직장 내 성희롱을 예방하고 근로자가 안전한 근로환경에서 일할 수 있는 여건을 조성하기 위하여 직장 내 성희롱의 예방을 위한 교육(이하 "성희롱 예방 교육"이라 한다)을 매년 실시하여야 한다. <개정 2017.11.28.>

② 사업주 및 근로자는 제1항에 따른 성희롱 예방 교육을 받아야 한다. <신설 2014.1.14.>

③ 사업주는 성희롱 예방 교육의 내용을 근로자가 자유롭게 열람할 수 있는 장소에 항상 게시하거나 갖추어 두어 근로자에게 널리 알려야 한다. <신설 2017.11.28.>

④ 사업주는 고용노동부령으로 정하는 기준에 따라 직장 내 성희롱 예방 및 금지를 위한 조치를 하여야 한다. <신설 2017.11.28.>

⑤ 제1항 및 제2항에 따른 성희롱 예방 교육의 내용·방법 및 횟수 등에 관하여 필요한 사항은 대통령령으로 정한다. <개정 2014.1.14., 2017.11.28.>

[전문개정 2007.12.21.]

[제목개정 2017.11.28.]

제13조의2(성희롱 예방 교육의 위탁) ① 사업주는 성희롱 예방 교육을 고용노동부장관이 지정하는 기관(이하 "성희롱 예방 교육기관"이라 한다)에 위탁하여 실시할 수 있다. <개정 2010.6.4.>

② 사업주가 성희롱 예방 교육기관에 위탁하여 성희롱 예방 교육을 하려는 경우에는 제13조제5항에 따라 대통령령으로 정하는 내용을 성희롱 예방 교육기관에 미리 알려 그 사항이 포함되도록 하여야 한다. <신설 2017.11.28.>

③ 성희롱 예방 교육기관은 고용노동부령으로 정하는 기관 중에서 지정하되, 고용노동부령으로 정하는 강사를 1명 이상 두어야 한다. <개정 2010.6.4., 2017.11.28.>

④ 성희롱 예방 교육기관은 고용노동부령으로 정하는 바에 따라 교육을 실시하고 교육이수증이나 이수자 명단 등 교육 실시 관련 자료를 보관하며 사업주나 교육 대상자에게 그 자료를 내주어야 한다. <개정 2010.6.4., 2017.11.28., 2020.5.26.>

⑤ 고용노동부장관은 성희롱 예방 교육기관이 다음 각 호의 어느 하나에 해당하면 그 지정을 취소할 수 있다. <개정 2010.6.4., 2017.11.28.>

1. 거짓이나 그 밖의 부정한 방법으로 지정을 받은 경우

2. 정당한 사유 없이 제3항에 따른 강사를 3개월 이상 계속하여 두지 아니한 경우

3. 2년 동안 직장 내 성희롱 예방 교육 실적이 없는 경우

⑥ 고용노동부장관은 제5항에 따라 성희롱 예방 교육기관의 지정을 취소하려면 청문을 하여야 한다. <신설 2014.5.20., 2017.11.28.>

[전문개정 2007.12.21.]

제14조(직장 내 성희롱 발생 시 조치) ① 누구든지 직장 내 성희롱 발생 사실을 알게 된 경우 그 사실을 해당 사업주에게 신고할 수 있다.

② 사업주는 제1항에 따른 신고를 받거나 직장 내 성희롱 발생 사실을 알게 된 경우에는 지체 없이 그 사실 확인을 위한 조사를 하여야 한다. 이 경우 사업주는 직장 내 성희롱과 관련하여 피해를 입은 근로자 또는 피해를 입었다고 주장하는 근로자(이하 "피해근로자등"이라 한다)가 조사 과정에서 성적 수치심 등을 느끼지 아니하도록 하여야 한다.

③ 사업주는 제2항에 따른 조사 기간 동안 피해근로자등을 보호하기 위하여 필요한 경우 해당 피해근로자등에 대하여 근무장소의 변경, 유급휴가 명령 등 적절한 조치를 하여야 한다. 이 경우 사업주는 피해근로자등의 의사에 반하는 조치를 하여서는 아니 된다.

④ 사업주는 제2항에 따른 조사 결과 직장 내 성희롱 발생 사실이 확인된 때에는 피해근로자가 요청하면 근무장소의 변경, 배치전환, 유급휴가 명령 등 적절한 조치를 하여야 한다.

⑤ 사업주는 제2항에 따른 조사 결과 직장 내 성희롱 발생 사실이 확인된 때에는 지체 없이 직장 내 성희롱 행위를 한 사람에 대하여 징계, 근무장소의 변경 등 필요한 조치를 하여야 한다. 이 경우 사업주는 징계 등의 조치를 하기 전에 그 조치에 대하여 직장 내 성희롱 피해를 입은 근로자의 의견을 들어야 한다.

⑥ 사업주는 성희롱 발생 사실을 신고한 근로자 및 피해근로자등에게 다음 각 호의 어느 하나에 해당하는 불리한 처우를 하여서는 아니 된다.

1. 파면, 해임, 해고, 그 밖에 신분상실에 해당하는 불이익 조치

2. 징계, 정직, 감봉, 강등, 승진 제한 등 부당한 인사조치

3. 직무 미부여, 직무 재배치, 그 밖에 본인의 의사에 반하는 인사조치

4. 성과평가 또는 동료평가 등에서 차별이나 그에 따른 임금 또는 상여금 등의 차별 지급

5. 직업능력 개발 및 향상을 위한 교육훈련 기회의 제한

6. 집단 따돌림, 폭행 또는 폭언 등 정신적·신체적 손상을 가져오는 행위를 하거나 그 행위의 발생을 방치하는 행위

7. 그 밖에 신고를 한 근로자 및 피해근로자등의 의사에 반하는 불리한 처우

⑦ 제2항에 따라 직장 내 성희롱 발생 사실을 조사한 사람, 조사 내용을 보고 받은 사람 또는 그 밖에 조사 과정에 참여한 사람은 해당 조사 과정에서 알게 된 비밀을 피해근로자등의 의사에 반하여 다른 사람에게 누설하여서는 아니 된다. 다만, 조사와 관련된 내용을 사업주에게 보고하거나

관계 기관의 요청에 따라 필요한 정보를 제공하는 경우는 제외한다.

[전문개정 2017.11.28.]

제14조의2(고객 등에 의한 성희롱 방지) ① 사업주는 고객 등 업무와 밀접한 관련이 있는 사람이 업무수행 과정에서 성적인 언동 등을 통하여 근로자에게 성적 굴욕감 또는 혐오감 등을 느끼게 하여 해당 근로자가 그로 인한 고충 해소를 요청할 경우 근무 장소 변경, 배치전환, 유급휴가의 명령 등 적절한 조치를 하여야 한다. <개정 2017. 11. 28., 2020. 5. 26.>

② 사업주는 근로자가 제1항에 따른 피해를 주장하거나 고객 등으로부터의 성적 요구 등에 따르지 아니하였다는 것을 이유로 해고나 그 밖의 불이익한 조치를 하여서는 아니 된다. <개정 2020.5.26.>

[본조신설 2007.12.21.]

제3절 여성의 직업능력 개발 및 고용 촉진 <개정 2007.12.21.>

제15조(직업 지도) 「직업안정법」 제2조의2제1호에 따른 직업안정기관은 여성이 적성, 능력, 경력 및 기능의 정도에 따라 직업을 선택하고, 직업에 적응하는 것을 쉽게 하기 위하여 고용정보와 직업에 관한 조사·연구 자료를 제공하는 등 직업 지도에 필요한 조치를 하여야 한다. <개정 2009.10.9.>

[전문개정 2007.12.21.]

제16조(직업능력 개발) 국가, 지방자치단체 및 사업주는 여성의 직업능력 개발 및 향상을 위하여 모든 직업능력 개발 훈련에서 남녀에게 평등한 기회를 보장하여야 한다.

[전문개정 2007.12.21.]

제17조(여성 고용 촉진) ① 고용노동부장관은 여성의 고용 촉진을 위한 시설을 설치·운영하는 비영리법인과 단체에 대하여 필요한 비용의 전부 또

는 일부를 지원할 수 있다. <개정 2010.6.4.>

② 고용노동부장관은 여성의 고용 촉진을 위한 사업을 실시하는 사업주 또는 여성휴게실과 수유시설을 설치하는 등 사업장 내의 고용환경을 개선 하고자 하는 사업주에게 필요한 비용의 전부 또는 일부를 지원할 수 있다. <개정 2010.6.4.>

[전문개정 2007.12.21.]

제17조의2(경력단절여성의 능력개발과 고용촉진지원) ① 고용노동부장관 은 임신·출산·육아 등의 이유로 직장을 그만두었으나 재취업할 의사가 있는 경력단절여성(이하 "경력단절여성"이라 한다)을 위하여 취업유망 직 종을 선정하고, 특화된 훈련과 고용촉진프로그램을 개발하여야 한다. <개 정 2010.6.4.>

② 고용노동부장관은 「직업안정법」 제2조의2제1호에 따른 직업안정기관을 통하여 경력단절여성에게 직업정보, 직업훈련정보 등을 제공하고 전문화된 직업지도, 직업상담 등의 서비스를 제공하여야 한다. <개정 2009.10.9., 2010.6.4.>

[본조신설 2007.12.21.]

[종전 제17조의2는 제17조의3으로 이동 <2007.12.21.>]

제4절 적극적 고용개선조치 <개정 2007.12.21.>

제17조의3(적극적 고용개선조치 시행계획의 수립·제출 등) ① 고용노동 부장관은 다음 각 호의 어느 하나에 해당하는 사업주로서 고용하고 있는 직종별 여성 근로자의 비율이 산업별·규모별로 고용노동부령으로 정하는 고용 기준에 미달하는 사업주에 대하여는 차별적 고용관행 및 제도 개선 을 위한 적극적 고용개선조치 시행계획(이하 "시행계획"이라 한다)을 수립

하여 제출할 것을 요구할 수 있다. 이 경우 해당 사업주는 시행계획을 제출하여야 한다. <개정 2010.6.4.>

1. 대통령령으로 정하는 공공기관·단체의 장

2. 대통령령으로 정하는 규모 이상의 근로자를 고용하는 사업의 사업주

② 제1항 각 호의 어느 하나에 해당하는 사업주는 직종별·직급별 남녀 근로자 현황과 남녀 근로자 임금 현황을 고용노동부장관에게 제출하여야 한다. <개정 2010.6.4., 2019.1.15.>

③ 제1항 각 호의 어느 하나에 해당하지 아니하는 사업주로서 적극적 고용개선조치를 하려는 사업주는 직종별·직급별 남녀 근로자 현황, 남녀 근로자 임금 현황과 시행계획을 작성하여 고용노동부장관에게 제출할 수 있다. <개정 2010.6.4., 2019.1.15.>

④ 고용노동부장관은 제1항과 제3항에 따라 제출된 시행계획을 심사하여 그 내용이 명확하지 아니하거나 차별적 고용관행을 개선하려는 노력이 부족하여 시행계획으로서 적절하지 아니하다고 인정되면 해당 사업주에게 시행계획의 보완을 요구할 수 있다. <개정 2010.6.4.>

⑤ 제1항과 제2항에 따른 시행계획과 남녀 근로자 현황, 남녀 근로자 임금 현황의 기재 사항, 제출 시기, 제출 절차 등에 관하여 필요한 사항은 고용노동부령으로 정한다. <개정 2010.6.4., 2019.1.15.>

[전문개정 2007.12.21.]

[제17조의2에서 이동, 종전 제17조의3은 제17조의4로 이동 <2007.12.21.>]

제17조의4(이행실적의 평가 및 지원 등) ① 제17조의3제1항 및 제3항에 따라 시행계획을 제출한 자는 그 이행실적을 고용노동부장관에게 제출하여야 한다. <개정 2010.6.4.>

② 고용노동부장관은 제1항에 따라 제출된 이행실적을 평가하고, 그 결과를 사업주에게 통보하여야 한다. <개정 2010.6.4.>

③ 고용노동부장관은 제2항에 따른 평가 결과 이행실적이 우수한 기업(이하 "적극적 고용개선조치 우수기업"이라 한다)에 표창을 할 수 있다. <개정 2010.6.4.>

④ 국가와 지방자치단체는 적극적 고용개선조치 우수기업에 행정적·재정적 지원을 할 수 있다.

⑤ 고용노동부장관은 제2항에 따른 평가 결과 이행실적이 부진한 사업주에게 시행계획의 이행을 촉구할 수 있다. <개정 2010.6.4.>

⑥ 고용노동부장관은 제2항에 따른 평가 업무를 대통령령으로 정하는 기관이나 단체에 위탁할 수 있다. <개정 2010.6.4.>

⑦ 제1항에 따른 이행실적의 기재 사항, 제출 시기 및 제출 절차와 제2항에 따른 평가 결과의 통보 절차 등에 관하여 필요한 사항은 고용노동부령으로 정한다. <개정 2010.6.4.>

[전문개정 2007.12.21.]

[제17조의3에서 이동, 종전 제17조의4는 제17조의5로 이동 <2007.12.21.>]

제17조의5(적극적 고용개선조치 미이행 사업주 명단 공표) ① 고용노동부장관은 명단 공개 기준일 이전에 3회 연속하여 제17조의3제1항의 기준에 미달한 사업주로서 제17조의4제5항의 이행촉구를 받고 이에 따르지 아니한 경우 그 명단을 공표할 수 있다. 다만, 사업주의 사망·기업의 소멸 등 대통령령으로 정하는 사유가 있는 경우에는 그러하지 아니하다.

② 제1항에 따른 공표의 구체적인 기준·내용 및 방법 등 공표에 필요한 사항은 대통령령으로 정한다.

[본조신설 2014.1.14.]

[종전 제17조의5는 제17조의6으로 이동 <2014.1.14.>]

제17조의6(시행계획 등의 게시) 제17조의3제1항에 따라 시행계획을 제출한

사업주는 시행계획 및 제17조의4제1항에 따른 이행실적을 근로자가 열람할 수 있도록 게시하는 등 필요한 조치를 하여야 한다.

[전문개정 2007.12.21.]

[제17조의5에서 이동, 종전 제17조의6은 제17조의7로 이동 <2014.1.14.>]

제17조의7(적극적 고용개선조치에 관한 협조) 고용노동부장관은 적극적 고용개선조치의 효율적 시행을 위하여 필요하다고 인정하면 관계 행정기관의 장에게 차별의 시정 또는 예방을 위하여 필요한 조치를 하여 줄 것을 요청할 수 있다. 이 경우 관계 행정기관의 장은 특별한 사유가 없으면 요청에 따라야 한다. <개정 2010.6.4.>

[전문개정 2007.12.21.]

[제17조의6에서 이동, 종전 제17조의7은 제17조의8로 이동 <2014.1.14.>]

제17조의8(적극적 고용개선조치에 관한 중요 사항 심의) 적극적 고용개선조치에 관한 다음 각 호의 사항은 「고용정책 기본법」 제10조에 따른 고용정책심의회의 심의를 거쳐야 한다. <개정 2014.1.14.>

1. 제17조의3제1항에 따른 여성 근로자 고용기준에 관한 사항

2. 제17조의3제4항에 따른 시행계획의 심사에 관한 사항

3. 제17조의4제2항에 따른 적극적 고용개선조치 이행실적의 평가에 관한 사항

4. 제17조의4제3항 및 제4항에 따른 적극적 고용개선조치 우수기업의 표창 및 지원에 관한 사항

5. 제17조의5제1항에 따른 공표 여부에 관한 사항

6. 그 밖에 적극적 고용개선조치에 관하여 고용정책심의회의 위원장이 회의에 부치는 사항

[전문개정 2009.10.9.]

[제17조의7에서 이동, 종전 제17조의8은 제17조의9로 이동 <2014.1.14.>]

제17조의9(적극적 고용개선조치의 조사·연구 등) ① 고용노동부장관은 적극적 고용개선조치에 관한 업무를 효율적으로 수행하기 위하여 조사·연구·교육·홍보 등의 사업을 할 수 있다. <개정 2010.6.4.>

② 고용노동부장관은 필요하다고 인정하면 제1항에 따른 업무의 일부를 대통령령으로 정하는 자에게 위탁할 수 있다. <개정 2010.6.4.>

[전문개정 2007.12.21.]

[제17조의8에서 이동 <2014.1.14.>]

제3장 모성 보호

<개정 2007.12.21.>

제18조(출산전후휴가 등에 대한 지원) ① 국가는 제18조의2에 따른 배우자 출산휴가, 「근로기준법」 제74조에 따른 출산전후휴가 또는 유산·사산 휴가를 사용한 근로자 중 일정한 요건에 해당하는 사람에게 그 휴가기간에 대하여 통상임금에 상당하는 금액(이하 "출산전후휴가급여등"이라 한다)을 지급할 수 있다. <개정 2012.2.1., 2019.8.27., 2020.5.26.>

② 제1항에 따라 지급된 출산전후휴가급여등은 그 금액의 한도에서 제18조의2제1항 또는 「근로기준법」 제74조제4항에 따라 사업주가 지급한 것으로 본다. <개정 2012.2.1., 2019.8.27.>

③ 출산전후휴가급여등을 지급하기 위하여 필요한 비용은 국가재정이나 「사회보장기본법」에 따른 사회보험에서 분담할 수 있다. <개정 2012.2.1.>

④ 근로자가 출산전후휴가급여등을 받으려는 경우 사업주는 관계 서류의 작성·확인 등 모든 절차에 적극 협력하여야 한다. <개정 2012.2.1., 2019.8.27.>

⑤ 출산전후휴가급여등의 지급요건, 지급기간 및 절차 등에 관하여 필요한 사항은 따로 법률로 정한다. <개정 2012.2.1.>

[전문개정 2007.12.21.]

[제목개정 2012.2.1., 2019.8.27.]

제18조의2(배우자 출산휴가) ① 사업주는 근로자가 배우자의 출산을 이유로 휴가(이하 "배우자 출산휴가"라 한다)를 청구하는 경우에 10일의 휴가를 주어야 한다. 이 경우 사용한 휴가기간은 유급으로 한다. <개정 2012.2.1., 2019.8.27.>

② 제1항 후단에도 불구하고 출산전후휴가급여등이 지급된 경우에는 그 금액의 한도에서 지급의 책임을 면한다. <신설 2019.8.27.>

③ 배우자 출산휴가는 근로자의 배우자가 출산한 날부터 90일이 지나면 청구할 수 없다. <개정 2019.8.27.>

④ 배우자 출산휴가는 1회에 한정하여 나누어 사용할 수 있다. <신설 2019.8.27.>

⑤ 사업주는 배우자 출산휴가를 이유로 근로자를 해고하거나 그 밖의 불리한 처우를 하여서는 아니 된다. <신설 2019.8.27.>

[본조신설 2007.12.21.]

제18조의3(난임치료휴가) ① 사업주는 근로자가 인공수정 또는 체외수정 등 난임치료를 받기 위하여 휴가(이하 "난임치료휴가"라 한다)를 청구하는 경우에 연간 3일 이내의 휴가를 주어야 하며, 이 경우 최초 1일은 유급으로 한다. 다만, 근로자가 청구한 시기에 휴가를 주는 것이 정상적인 사업 운영에 중대한 지장을 초래하는 경우에는 근로자와 협의하여 그 시기를 변경할 수 있다.

② 사업주는 난임치료휴가를 이유로 해고, 징계 등 불리한 처우를 하여서는 아니 된다.

③ 난임치료휴가의 신청방법 및 절차 등은 대통령령으로 정한다.

[본조신설 2017.11.28.]

제19조(육아휴직) ① 사업주는 근로자가 만 8세 이하 또는 초등학교 2학년 이하의 자녀(입양한 자녀를 포함한다. 이하 같다)를 양육하기 위하여 휴직 (이하 "육아휴직"이라 한다)을 신청하는 경우에 이를 허용하여야 한다. 다만, 대통령령으로 정하는 경우에는 그러하지 아니하다. <개정 2010.2.4., 2014.1.14., 2019.8.27.>

② 육아휴직의 기간은 1년 이내로 한다.

③ 사업주는 육아휴직을 이유로 해고나 그 밖의 불리한 처우를 하여서는 아니 되며, 육아휴직 기간에는 그 근로자를 해고하지 못한다. 다만, 사업을 계속할 수 없는 경우에는 그러하지 아니하다.

④ 사업주는 육아휴직을 마친 후에는 휴직 전과 같은 업무 또는 같은 수준의 임금을 지급하는 직무에 복귀시켜야 한다. 또한 제2항의 육아휴직 기간은 근속기간에 포함한다.

⑤ 기간제근로자 또는 파견근로자의 육아휴직 기간은 「기간제 및 단시간 근로자 보호 등에 관한 법률」 제4조에 따른 사용기간 또는 「파견근로자 보호 등에 관한 법률」 제6조에 따른 근로자파견기간에서 제외한다. <신설 2012.2.1., 2019.4.30., 2020.5.26.>

⑥ 육아휴직의 신청방법 및 절차 등에 관하여 필요한 사항은 대통령령으로 정한다. <개정 2012.2.1.>

[전문개정 2007.12.21.]

제19조의2(육아기 근로시간 단축) ① 사업주는 근로자가 만 8세 이하 또는 초등학교 2학년 이하의 자녀를 양육하기 위하여 근로시간의 단축(이하 "육아기 근로시간 단축"이라 한다)을 신청하는 경우에 이를 허용하여야 한다. 다만, 대체인력 채용이 불가능한 경우, 정상적인 사업 운영에 중대한

지장을 초래하는 경우 등 대통령령으로 정하는 경우에는 그러하지 아니하다. <개정 2012.2.1., 2019.8.27.>

② 제1항 단서에 따라 사업주가 육아기 근로시간 단축을 허용하지 아니하는 경우에는 해당 근로자에게 그 사유를 서면으로 통보하고 육아휴직을 사용하게 하거나 출근 및 퇴근 시간 조정 등 다른 조치를 통하여 지원할 수 있는지를 해당 근로자와 협의하여야 한다. <개정 2012.2.1., 2019.8.27.>

③ 사업주가 제1항에 따라 해당 근로자에게 육아기 근로시간 단축을 허용하는 경우 단축 후 근로시간은 주당 15시간 이상이어야 하고 35시간을 넘어서는 아니 된다. <개정 2019.8.27.>

④ 육아기 근로시간 단축의 기간은 1년 이내로 한다. 다만, 제19조제1항에 따라 육아휴직을 신청할 수 있는 근로자가 제19조제2항에 따른 육아휴직 기간 중 사용하지 아니한 기간이 있으면 그 기간을 가산한 기간 이내로 한다. <개정 2019.8.27.>

⑤ 사업주는 육아기 근로시간 단축을 이유로 해당 근로자에게 해고나 그밖의 불리한 처우를 하여서는 아니 된다.

⑥ 사업주는 근로자의 육아기 근로시간 단축기간이 끝난 후에 그 근로자를 육아기 근로시간 단축 전과 같은 업무 또는 같은 수준의 임금을 지급하는 직무에 복귀시켜야 한다.

⑦ 육아기 근로시간 단축의 신청방법 및 절차 등에 관하여 필요한 사항은 대통령령으로 정한다.

[본조신설 2007.12.21.]

제19조의3(육아기 근로시간 단축 중 근로조건 등) ① 사업주는 제19조의2에 따라 육아기 근로시간 단축을 하고 있는 근로자에 대하여 근로시간에 비례하여 적용하는 경우 외에는 육아기 근로시간 단축을 이유로 그 근로조건을 불리하게 하여서는 아니 된다.

② 제19조의2에 따라 육아기 근로시간 단축을 한 근로자의 근로조건(육아기 근로시간 단축 후 근로시간을 포함한다)은 사업주와 그 근로자 간에 서면으로 정한다.

③ 사업주는 제19조의2에 따라 육아기 근로시간 단축을 하고 있는 근로자에게 단축된 근로시간 외에 연장근로를 요구할 수 없다. 다만, 그 근로자가 명시적으로 청구하는 경우에는 사업주는 주 12시간 이내에서 연장근로를 시킬 수 있다.

④ 육아기 근로시간 단축을 한 근로자에 대하여 「근로기준법」 제2조제6호에 따른 평균임금을 산정하는 경우에는 그 근로자의 육아기 근로시간 단축 기간을 평균임금 산정기간에서 제외한다.

[본조신설 2007.12.21.]

제19조의4(육아휴직과 육아기 근로시간 단축의 사용형태) ① 근로자는 육아휴직을 2회에 한정하여 나누어 사용할 수 있다. <개정 2020.12.8.>

② 근로자는 육아기 근로시간 단축을 나누어 사용할 수 있다. 이 경우 나누어 사용하는 1회의 기간은 3개월(근로계약기간의 만료로 3개월 이상 근로시간 단축을 사용할 수 없는 기간제근로자에 대해서는 남은 근로계약기간을 말한다) 이상이 되어야 한다.

[전문개정 2019.8.27.]

제19조의5(육아지원을 위한 그 밖의 조치) ① 사업주는 만 8세 이하 또는 초등학교 2학년 이하의 자녀를 양육하는 근로자의 육아를 지원하기 위하여 다음 각 호의 어느 하나에 해당하는 조치를 하도록 노력하여야 한다. <개정 2015.1.20., 2019.8.27.>

1. 업무를 시작하고 마치는 시간 조정

2. 연장근로의 제한

3. 근로시간의 단축, 탄력적 운영 등 근로시간 조정

4. 그 밖에 소속 근로자의 육아를 지원하기 위하여 필요한 조치

② 고용노동부장관은 사업주가 제1항에 따른 조치를 할 경우 고용 효과 등을 고려하여 필요한 지원을 할 수 있다. <개정 2010.6.4.>

[본조신설 2007.12.21.]

제19조의6(직장복귀를 위한 사업주의 지원) 사업주는 이 법에 따라 육아 휴직 중인 근로자에 대한 직업능력 개발 및 향상을 위하여 노력하여야 하고 출산전후휴가, 육아휴직 또는 육아기 근로시간 단축을 마치고 복귀하는 근로자가 쉽게 직장생활에 적응할 수 있도록 지원하여야 한다. <개정 2012.2.1.>

[본조신설 2007.12.21.]

제20조(일·가정의 양립을 위한 지원) ① 국가는 사업주가 근로자에게 육아휴직이나 육아기 근로시간 단축을 허용한 경우 그 근로자의 생계비용과 사업주의 고용유지비용의 일부를 지원할 수 있다.

② 국가는 소속 근로자의 일·가정의 양립을 지원하기 위한 조치를 도입하는 사업주에게 세제 및 재정을 통한 지원을 할 수 있다.

[전문개정 2007.12.21.]

제21조(직장어린이집 설치 및 지원 등) ① 사업주는 근로자의 취업을 지원하기 위하여 수유·탁아 등 육아에 필요한 어린이집(이하 "직장어린이집"이라 한다)을 설치하여야 한다. <개정 2011.6.7.>

② 직장어린이집을 설치하여야 할 사업주의 범위 등 직장어린이집의 설치 및 운영에 관한 사항은 「영유아보육법」에 따른다. <개정 2011.6.7.>

③ 고용노동부장관은 근로자의 고용을 촉진하기 위하여 직장어린이집의 설치·운영에 필요한 지원 및 지도를 하여야 한다. <개정 2010.6.4., 2011.6.7.>

④ 사업주는 직장어린이집을 운영하는 경우 근로자의 고용형태에 따라 차별해서는 아니 된다. <신설 2019.8.27.>

[전문개정 2007.12.21.]

[제목개정 2011.6.7.]

제21조의2(그 밖의 보육 관련 지원) 고용노동부장관은 제21조에 따라 직장어린이집을 설치하여야 하는 사업주 외의 사업주가 직장어린이집을 설치하려는 경우에는 직장어린이집의 설치·운영에 필요한 정보 제공, 상담 및 비용의 일부 지원 등 필요한 지원을 할 수 있다. <개정 2010.6.4., 2011.6.7.>

[본조신설 2007.12.21.]

제22조(공공복지시설의 설치) ① 국가 또는 지방자치단체는 여성 근로자를 위한 교육·육아·주택 등 공공복지시설을 설치할 수 있다.

② 제1항에 따른 공공복지시설의 기준과 운영에 필요한 사항은 고용노동부장관이 정한다. <개정 2010.6.4.>

[전문개정 2007.12.21.]

제22조의2(근로자의 가족 돌봄 등을 위한 지원) ① 사업주는 근로자가 조부모, 부모, 배우자, 배우자의 부모, 자녀 또는 손자녀(이하 "가족"이라 한다)의 질병, 사고, 노령으로 인하여 그 가족을 돌보기 위한 휴직(이하 "가족돌봄휴직"이라 한다)을 신청하는 경우 이를 허용하여야 한다. 다만, 대체인력 채용이 불가능한 경우, 정상적인 사업 운영에 중대한 지장을 초래하는 경우, 본인 외에도 조부모의 직계비속 또는 손자녀의 직계존속이 있는 경우 등 대통령령으로 정하는 경우에는 그러하지 아니하다. <개정 2012.2.1., 2019.8.27.>

② 사업주는 근로자가 가족(조부모 또는 손자녀의 경우 근로자 본인 외에도 직계비속 또는 직계존속이 있는 등 대통령령으로 정하는 경우는 제외한다)의 질병, 사고, 노령 또는 자녀의 양육으로 인하여 긴급하게 그 가족

을 돌보기 위한 휴가(이하 "가족돌봄휴가"라 한다)를 신청하는 경우 이를 허용하여야 한다. 다만, 근로자가 청구한 시기에 가족돌봄휴가를 주는 것이 정상적인 사업 운영에 중대한 지장을 초래하는 경우에는 근로자와 협의하여 그 시기를 변경할 수 있다. <신설 2019.8.27.>

③ 제1항 단서에 따라 사업주가 가족돌봄휴직을 허용하지 아니하는 경우에는 해당 근로자에게 그 사유를 서면으로 통보하고, 다음 각 호의 어느 하나에 해당하는 조치를 하도록 노력하여야 한다. <신설 2012.2.1., 2019. 8.27.>

1. 업무를 시작하고 마치는 시간 조정

2. 연장근로의 제한

3. 근로시간의 단축, 탄력적 운영 등 근로시간의 조정

4. 그 밖에 사업장 사정에 맞는 지원조치

④ 가족돌봄휴직 및 가족돌봄휴가의 사용기간과 분할횟수 등은 다음 각 호에 따른다. <신설 2019.8.27., 2020.9.8.>

1. 가족돌봄휴직 기간은 연간 최장 90일로 하며, 이를 나누어 사용할 수 있을 것. 이 경우 나누어 사용하는 1회의 기간은 30일 이상이 되어야 한다.

2. 가족돌봄휴가 기간은 연간 최장 10일[제3호에 따라 가족돌봄휴가 기간이 연장되는 경우 20일(「한부모가족지원법」 제4조제1호의 모 또는 부에 해당하는 근로자의 경우 25일) 이내]로 하며, 일단위로 사용할 수 있을 것. 다만, 가족돌봄휴가 기간은 가족돌봄휴직 기간에 포함된다.

3. 고용노동부장관은 감염병의 확산 등을 원인으로 「재난 및 안전관리 기본법」 제38조에 따른 심각단계의 위기경보가 발령되거나, 이에 준하는 대규모 재난이 발생한 경우로서 근로자에게 가족을 돌보기 위한 특별한 조치가 필요하다고 인정되는 경우 「고용정책 기본법」 제10조에 따

른 고용정책심의회의 심의를 거쳐 가족돌봄휴가 기간을 연간 10일(「한부모가족지원법」 제4조제1호에 따른 모 또는 부에 해당하는 근로자의 경우 15일)의 범위에서 연장할 수 있을 것. 이 경우 고용노동부장관은 지체 없이 기간 및 사유 등을 고시하여야 한다.

⑤ 제4항제3호에 따라 연장된 가족돌봄휴가는 다음 각 호의 어느 하나에 해당하는 경우에만 사용할 수 있다. <신설 2020.9.8.>

1. 감염병 확산을 사유로 「재난 및 안전관리 기본법」 제38조에 따른 심각 단계의 위기경보가 발령된 경우로서 가족이 위기경보가 발령된 원인이 되는 감염병의 「감염병의 예방 및 관리에 관한 법률」 제2조제13호부터 제15호까지의 감염병환자, 감염병의사환자, 병원체보유자인 경우 또는 같은 법 제2조제15호의2의 감염병의심자 중 유증상자 등으로 분류되어 돌봄이 필요한 경우

2. 자녀가 소속된 「초·중등교육법」 제2조의 학교, 「유아교육법」 제2조제 2호의 유치원 또는 「영유아보육법」 제2조제3호의 어린이집(이하 이 조에서 "학교등"이라 한다)에 대한 「초·중등교육법」 제64조에 따른 휴업명령 또는 휴교처분, 「유아교육법」 제31조에 따른 휴업 또는 휴원명령이나 「영유아보육법」 제43조의2에 따른 휴원명령으로 자녀의 돌봄이 필요한 경우

3. 자녀가 제1호에 따른 감염병으로 인하여 「감염병의 예방 및 관리에 관한 법률」 제42조제2항제1호에 따른 자가(自家) 격리 대상이 되거나 학교등에서 등교 또는 등원 중지 조치를 받아 돌봄이 필요한 경우

4. 그 밖에 근로자의 가족돌봄에 관하여 고용노동부장관이 정하는 사유에 해당하는 경우

⑥ 사업주는 가족돌봄휴직 또는 가족돌봄휴가를 이유로 해당 근로자를 해고하거나 근로조건을 악화시키는 등 불리한 처우를 하여서는 아니 된다. <신설 2012.2.1., 2019.8.27., 2020.9.8.>

⑦ 가족돌봄휴직 및 가족돌봄휴가 기간은 근속기간에 포함한다. 다만, 「근로기준법」 제2조제1항제6호에 따른 평균임금 산정기간에서는 제외한다. <신설 2012.2.1., 2019.8.27., 2020.9.8.>

⑧ 사업주는 소속 근로자가 건전하게 직장과 가정을 유지하는 데에 도움이 될 수 있도록 필요한 심리상담 서비스를 제공하도록 노력하여야 한다. <개정 2012.2.1., 2019.8.27., 2020.9.8.>

⑨ 고용노동부장관은 사업주가 제1항 또는 제2항에 따른 조치를 하는 경우에는 고용 효과 등을 고려하여 필요한 지원을 할 수 있다. <개정 2010. 6.4., 2012.2.1., 2019.8.27., 2020.9.8.>

⑩ 가족돌봄휴직 및 가족돌봄휴가의 신청방법 및 절차 등에 관하여 필요한 사항은 대통령령으로 정한다. <신설 2012.2.1., 2019.8.27., 2020.9.8.>

[본조신설 2007.12.21.]

제22조의3(가족돌봄 등을 위한 근로시간 단축) ① 사업주는 근로자가 다음 각 호의 어느 하나에 해당하는 사유로 근로시간의 단축을 신청하는 경우에 이를 허용하여야 한다. 다만, 대체인력 채용이 불가능한 경우, 정상적인 사업 운영에 중대한 지장을 초래하는 경우 등 대통령령으로 정하는 경우에는 그러하지 아니하다.

1. 근로자가 가족의 질병, 사고, 노령으로 인하여 그 가족을 돌보기 위한 경우

2. 근로자 자신의 질병이나 사고로 인한 부상 등의 사유로 자신의 건강을 돌보기 위한 경우

3. 55세 이상의 근로자가 은퇴를 준비하기 위한 경우

4. 근로자의 학업을 위한 경우

② 제1항 단서에 따라 사업주가 근로시간 단축을 허용하지 아니하는 경우

에는 해당 근로자에게 그 사유를 서면으로 통보하고 휴직을 사용하게 하거나 그 밖의 조치를 통하여 지원할 수 있는지를 해당 근로자와 협의하여야 한다.

③ 사업주가 제1항에 따라 해당 근로자에게 근로시간 단축을 허용하는 경우 단축 후 근로시간은 주당 15시간 이상이어야 하고 30시간을 넘어서는 아니 된다.

④ 근로시간 단축의 기간은 1년 이내로 한다. 다만, 제1항제1호부터 제3호까지의 어느 하나에 해당하는 근로자는 합리적 이유가 있는 경우에 추가로 2년의 범위 안에서 근로시간 단축의 기간을 연장할 수 있다.

⑤ 사업주는 근로시간 단축을 이유로 해당 근로자에게 해고나 그 밖의 불리한 처우를 하여서는 아니 된다.

⑥ 사업주는 근로자의 근로시간 단축기간이 끝난 후에 그 근로자를 근로시간 단축 전과 같은 업무 또는 같은 수준의 임금을 지급하는 직무에 복귀시켜야 한다.

⑦ 근로시간 단축의 신청방법 및 절차 등에 필요한 사항은 대통령령으로 정한다.

[본조신설 2019.8.27.]

[종전 제22조의3은 제22조의5로 이동 <2019.8.27.>]

제22조의4(가족돌봄 등을 위한 근로시간 단축 중 근로조건 등) ① 사업주는 제22조의3에 따라 근로시간 단축을 하고 있는 근로자에게 근로시간에 비례하여 적용하는 경우 외에는 가족돌봄 등을 위한 근로시간 단축을 이유로 그 근로조건을 불리하게 하여서는 아니 된다.

② 제22조의3에 따라 근로시간 단축을 한 근로자의 근로조건(근로시간 단축 후 근로시간을 포함한다)은 사업주와 그 근로자 간에 서면으로 정한다.

③ 사업주는 제22조의3에 따라 근로시간 단축을 하고 있는 근로자에게 단

축된 근로시간 외에 연장근로를 요구할 수 없다. 다만, 그 근로자가 명시적으로 청구하는 경우에는 사업주는 주 12시간 이내에서 연장근로를 시킬 수 있다.

④ 근로시간 단축을 한 근로자에 대하여 「근로기준법」 제2조제6호에 따른 평균임금을 산정하는 경우에는 그 근로자의 근로시간 단축 기간을 평균임금 산정기간에서 제외한다.

[본조신설 2019.8.27.]

제22조의5(일·가정 양립 지원 기반 조성) ① 고용노동부장관은 일·가정 양립프로그램의 도입·확산, 모성보호 조치의 원활한 운영 등을 지원하기 위하여 조사·연구 및 홍보 등의 사업을 하고, 전문적인 상담 서비스와 관련 정보 등을 사업주와 근로자에게 제공하여야 한다. <개정 2010.6.4.>

② 고용노동부장관은 제1항에 따른 업무와 제21조와 제21조의2에 따른 직장보육시설 설치·운영의 지원에 관한 업무를 대통령령으로 정하는 바에 따라 공공기관 또는 민간에 위탁하여 수행할 수 있다. <개정 2010.6.4.>

③ 고용노동부장관은 제2항에 따라 업무를 위탁받은 기관에 업무수행에 사용되는 경비를 지원할 수 있다. <개정 2010.6.4.>

[본조신설 2007.12.21.]

[제22조의3에서 이동 <2019.8.27.>]

제4장 분쟁의 예방과 해결

<개정 2007.12.21.>

제23조(상담지원) ① 고용노동부장관은 차별, 직장 내 성희롱, 모성보호 및 일·가정 양립 등에 관한 상담을 실시하는 민간단체에 필요한 비용의 일부를 예산의 범위에서 지원할 수 있다. <개정 2010.6.4.>

② 제1항에 따른 단체의 선정요건, 비용의 지원기준과 지원절차 및 지원의 중단 등에 필요한 사항은 고용노동부령으로 정한다. <개정 2010.6.4.>

[전문개정 2007.12.21.]

제24조(명예고용평등감독관) ① 고용노동부장관은 사업장의 남녀고용평등 이행을 촉진하기 위하여 그 사업장 소속 근로자 중 노사가 추천하는 사람을 명예고용평등감독관(이하 "명예감독관"이라 한다)으로 위촉할 수 있다. <개정 2010.6.4., 2020.5.26.>

② 명예감독관은 다음 각 호의 업무를 수행한다. <개정 2010.6.4.>

1. 해당 사업장의 차별 및 직장 내 성희롱 발생 시 피해 근로자에 대한 상담·조언

2. 해당 사업장의 고용평등 이행상태 자율점검 및 지도 시 참여

3. 법령위반 사실이 있는 사항에 대하여 사업주에 대한 개선 건의 및 감독기관에 대한 신고

4. 남녀고용평등 제도에 대한 홍보·계몽

5. 그 밖에 남녀고용평등의 실현을 위하여 고용노동부장관이 정하는 업무

③ 사업주는 명예감독관으로서 정당한 임무 수행을 한 것을 이유로 해당 근로자에게 인사상 불이익 등의 불리한 조치를 하여서는 아니 된다.

④ 명예감독관의 위촉과 해촉 등에 필요한 사항은 고용노동부령으로 정한다. <개정 2010.6.4.>

[전문개정 2007.12.21.]

제25조(분쟁의 자율적 해결) 사업주는 제7조부터 제13조까지, 제13조의2, 제14조, 제14조의2, 제18조제4항, 제18조의2, 제19조, 제19조의2부터 제19조의6까지, 제21조 및 제22조의2에 따른 사항에 관하여 근로자가 고충을 신고하였을 때에는 「근로자참여 및 협력증진에 관한 법률」에 따라 해당

사업장에 설치된 노사협의회에 고충의 처리를 위임하는 등 자율적인 해결을 위하여 노력하여야 한다.

[전문개정 2007.12.21.]

제26조 삭제 <2005.12.30.>

제27조 삭제 <2005.12.30.>

제28조 삭제 <2005.12.30.>

제29조 삭제 <2005.12.30.>

제30조(입증책임) 이 법과 관련한 분쟁해결에서 입증책임은 사업주가 부담한다.

[전문개정 2007.12.21.]

제5장 보칙

<개정 2007. 12. 21.>

제31조(보고 및 검사 등) ① 고용노동부장관은 이 법 시행을 위하여 필요한 경우에는 사업주에게 보고와 관계 서류의 제출을 명령하거나 관계 공무원이 사업장에 출입하여 관계인에게 질문하거나 관계 서류를 검사하도록 할 수 있다. <개정 2010.6.4.>

② 제1항의 경우에 관계 공무원은 그 권한을 표시하는 증표를 지니고 이를 관계인에게 내보여야 한다.

[전문개정 2007.12.21.]

제31조의2(자료 제공의 요청) ① 고용노동부장관은 다음 각 호의 업무를 수행하기 위하여 보건복지부장관 또는 「국민건강보험법」에 따른 국민건강보험공단에 같은 법 제50조에 따른 임신·출산 진료비의 신청과 관련된 자료의 제공을 요청할 수 있다. 이 경우 해당 자료의 제공을 요청받은 기

관의 장은 정당한 사유가 없으면 그 요청에 따라야 한다.

1. 제3장에 따른 모성 보호에 관한 업무

2. 제3장의2에 따른 일·가정의 양립 지원에 관한 업무

3. 제3장에 따른 모성 보호, 제3장의2에 따른 일·가정의 양립 지원에 관한 안내

4. 제31조에 따른 보고 및 검사 등

② 고용노동부장관은 제1항에 따라 제공 받은 자료를 「고용정책 기본법」 제15조제3항에 따른 고용보험전산망을 통하여 처리할 수 있다.

[본조신설 2016.1.28.]

제32조(고용평등 이행실태 등의 공표) 고용노동부장관은 이 법 시행의 실효성을 확보하기 위하여 필요하다고 인정하면 고용평등 이행실태나 그 밖의 조사결과 등을 공표할 수 있다. 다만, 다른 법률에 따라 공표가 제한되어 있는 경우에는 그러하지 아니하다. <개정 2010.6.4.>

[전문개정 2007.12.21.]

제33조(관계 서류의 보존) 사업주는 이 법의 규정에 따른 사항에 관하여 대통령령으로 정하는 서류를 3년간 보존하여야 한다. 이 경우 대통령령으로 정하는 서류는 「전자문서 및 전자거래 기본법」 제2조제1호에 따른 전자문서로 작성·보존할 수 있다. <개정 2010.2.4., 2012.6.1.>

[전문개정 2007.12.21.]

제34조(파견근로에 대한 적용) 「파견근로자 보호 등에 관한 법률」에 따라 파견근로가 이루어지는 사업장에 제13조제1항을 적용할 때에는 「파견근로자 보호 등에 관한 법률」 제2조제4호에 따른 사용사업주를 이 법에 따른 사업주로 본다. <개정 2019.4.30.>

[전문개정 2007.12.21.]

제35조(경비보조) ① 국가, 지방자치단체 및 공공단체는 여성의 취업촉진과 복지증진에 관련되는 사업에 대하여 예산의 범위에서 그 경비의 전부 또는 일부를 보조할 수 있다.

② 국가, 지방자치단체 및 공공단체는 제1항에 따라 보조를 받은 자가 다음 각 호의 어느 하나에 해당하면 보조금 지급결정의 전부 또는 일부를 취소하고, 지급된 보조금의 전부 또는 일부를 반환하도록 명령할 수 있다.

1. 사업의 목적 외에 보조금을 사용한 경우

2. 보조금의 지급결정의 내용(그에 조건을 붙인 경우에는 그 조건을 포함한다)을 위반한 경우

3. 거짓이나 그 밖의 부정한 방법으로 보조금을 받은 경우

[전문개정 2007.12.21.]

제36조(권한의 위임 및 위탁) 고용노동부장관은 대통령령으로 정하는 바에 따라 이 법에 따른 권한의 일부를 지방고용노동행정기관의 장 또는 지방자치단체의 장에게 위임하거나 공공단체에 위탁할 수 있다. <개정 2010.6.4.>

[전문개정 2007.12.21.]

제36조의2(규제의 재검토) 고용노동부장관은 제31조의2에 따른 임신·출산 진료비의 신청과 관련된 자료 제공의 요청에 대하여 2016년 1월 1일을 기준으로 5년마다(매 5년이 되는 해의 1월 1일 전까지를 말한다) 그 타당성을 검토하여 개선 등의 조치를 하여야 한다.

[본조신설 2016.1.28.]

제6장 벌칙

<개정 2007.12.21.>

제37조(벌칙) ① 사업주가 제11조를 위반하여 근로자의 정년·퇴직 및 해고에서 남녀를 차별하거나 여성 근로자의 혼인, 임신 또는 출산을 퇴직사유로 예정하는 근로계약을 체결하는 경우에는 5년 이하의 징역 또는 3천만원 이하의 벌금에 처한다.

② 사업주가 다음 각 호의 어느 하나에 해당하는 위반행위를 한 경우에는 3년 이하의 징역 또는 3천만원 이하의 벌금에 처한다. <개정 2012.2.1., 2017.11.28., 2019.8.27., 2020.9.8.>

1. 제8조제1항을 위반하여 동일한 사업 내의 동일 가치의 노동에 대하여 동일한 임금을 지급하지 아니한 경우

2. 제14조제6항을 위반하여 직장 내 성희롱 발생 사실을 신고한 근로자 및 피해근로자등에게 불리한 처우를 한 경우

   2의2. 제18조의2제5항을 위반하여 배우자 출산휴가를 이유로 해고나 그 밖의 불리한 처우를 한 경우

3. 제19조제3항을 위반하여 육아휴직을 이유로 해고나 그 밖의 불리한 처우를 하거나, 같은 항 단서의 사유가 없는데도 육아휴직 기간동안 해당 근로자를 해고한 경우

4. 제19조의2제5항을 위반하여 육아기 근로시간 단축을 이유로 해당 근로자에 대하여 해고나 그 밖의 불리한 처우를 한 경우

5. 제19조의3제1항을 위반하여 육아기 근로시간 단축을 하고 있는 근로자에 대하여 근로시간에 비례하여 적용하는 경우 외에 육아기 근로시간 단축을 이유로 그 근로조건을 불리하게 한 경우

6. 제22조의2제6항을 위반하여 가족돌봄휴직 또는 가족돌봄휴가(같은 조 제4항제3호에 따라 기간이 연장된 경우를 포함한다)를 이유로 해당 근로자를 해고하거나 근로조건을 악화시키는 등 불리한 처우를 한 경우

7. 제22조의3제5항을 위반하여 근로시간 단축을 이유로 해당 근로자에게

해고나 그 밖의 불리한 처우를 한 경우

8. 제22조의4제1항을 위반하여 근로시간 단축을 하고 있는 근로자에게 근로시간에 비례하여 적용하는 경우 외에 가족돌봄 등을 위한 근로시간 단축을 이유로 그 근로조건을 불리하게 한 경우

③ 사업주가 제19조의3제3항 또는 제22조의4제3항을 위반하여 해당 근로자가 명시적으로 청구하지 아니하였는데도 육아기 또는 가족돌봄 등을 위한 근로시간 단축을 하고 있는 근로자에게 단축된 근로시간 외에 연장근로를 요구한 경우에는 1천만원 이하의 벌금에 처한다. <개정 2019.8.27.>

④ 사업주가 다음 각 호의 어느 하나에 해당하는 위반행위를 한 경우에는 500만원 이하의 벌금에 처한다.

1. 제7조를 위반하여 근로자의 모집 및 채용에서 남녀를 차별하거나, 여성 근로자를 모집·채용할 때 그 직무의 수행에 필요하지 아니한 용모·키·체중 등의 신체적 조건, 미혼 조건 등을 제시하거나 요구한 경우

2. 제9조를 위반하여 임금 외에 근로자의 생활을 보조하기 위한 금품의 지급 또는 자금의 융자 등 복리후생에서 남녀를 차별한 경우

3. 제10조를 위반하여 근로자의 교육·배치 및 승진에서 남녀를 차별한 경우

4. 제19조제1항·제4항을 위반하여 근로자의 육아휴직 신청을 받고 육아휴직을 허용하지 아니하거나, 육아휴직을 마친 후 휴직 전과 같은 업무 또는 같은 수준의 임금을 지급하는 직무에 복귀시키지 아니한 경우

5. 제19조의2제6항을 위반하여 육아기 근로시간 단축기간이 끝난 후에 육아기 근로시간 단축 전과 같은 업무 또는 같은 수준의 임금을 지급하는 직무에 복귀시키지 아니한 경우

6. 제24조제3항을 위반하여 명예감독관으로서 정당한 임무 수행을 한 것을 이유로 해당 근로자에게 인사상 불이익 등의 불리한 조치를 한 경우

[전문개정 2007.12.21.]

제38조(양벌규정) 법인의 대표자나 법인 또는 개인의 대리인, 사용인, 그 밖의 종업원이 그 법인 또는 개인의 업무에 관하여 제37조의 위반행위를 하면 그 행위자를 벌하는 외에 그 법인 또는 개인에게도 해당 조문의 벌금형을 과(科)한다. 다만, 법인 또는 개인이 그 위반행위를 방지하기 위하여 해당 업무에 관하여 상당한 주의와 감독을 게을리하지 아니한 경우에는 그러하지 아니하다.

[전문개정 2010.2.4.]

제39조(과태료) ① 사업주가 제12조를 위반하여 직장 내 성희롱을 한 경우에는 1천만원 이하의 과태료를 부과한다.

② 사업주가 다음 각 호의 어느 하나에 해당하는 위반행위를 한 경우에는 500만원 이하의 과태료를 부과한다. <개정 2012.2.1., 2017.11.28., 2019.8.27., 2020.5.26., 2020.9.8.>

1. 삭제 <2017.11.28.>

1의2. 제13조제1항을 위반하여 성희롱 예방 교육을 하지 아니한 경우

1의3. 제13조제3항을 위반하여 성희롱 예방 교육의 내용을 근로자가 자유롭게 열람할 수 있는 장소에 항상 게시하거나 갖추어 두지 아니한 경우

1의4. 제14조제2항 전단을 위반하여 직장 내 성희롱 발생 사실 확인을 위한 조사를 하지 아니한 경우

1의5. 제14조제4항을 위반하여 근무장소의 변경 등 적절한 조치를 하지 아니한 경우

1의6. 제14조제5항 전단을 위반하여 징계, 근무장소의 변경 등 필요한 조치를 하지 아니한 경우

1의7. 제14조제7항을 위반하여 직장 내 성희롱 발생 사실 조사 과정에서 알게 된 비밀을 다른 사람에게 누설한 경우

2. 제14조의2제2항을 위반하여 근로자가 고객 등에 의한 성희롱 피해를 주장하거나 고객 등으로부터의 성적 요구 등에 따르지 아니하였다는 이유로 해고나 그 밖의 불이익한 조치를 한 경우

3. 제18조의2제1항을 위반하여 근로자가 배우자의 출산을 이유로 휴가를 청구하였는데도 휴가를 주지 아니하거나 근로자가 사용한 휴가를 유급으로 하지 아니한 경우

3의2. 제18조의3제1항을 위반하여 난임치료휴가를 주지 아니한 경우

4. 제19조의2제2항을 위반하여 육아기 근로시간 단축을 허용하지 아니하였으면서도 해당 근로자에게 그 사유를 서면으로 통보하지 아니하거나, 육아휴직의 사용 또는 그 밖의 조치를 통한 지원 여부에 관하여 해당 근로자와 협의하지 아니한 경우

5. 제19조의3제2항을 위반하여 육아기 근로시간 단축을 한 근로자의 근로조건을 서면으로 정하지 아니한 경우

6. 제19조의2제1항을 위반하여 육아기 근로시간 단축 신청을 받고 육아기 근로시간 단축을 허용하지 아니한 경우

7. 제22조의2제1항을 위반하여 가족돌봄휴직의 신청을 받고 가족돌봄휴직을 허용하지 아니한 경우

8. 제22조의2제2항(같은 조 제4항제3호에 따라 기간이 연장된 경우를 포함한다)을 위반하여 가족돌봄휴가의 신청을 받고 가족돌봄휴가를 허용하지 아니한 경우

③ 다음 각 호의 어느 하나에 해당하는 자에게는 300만원 이하의 과태료를 부과한다. <개정 2017.11.28.>

1. 삭제 <2017.11.28.>

1의2. 제14조의2제1항을 위반하여 근무 장소 변경, 배치전환, 유급휴가의
    명령 등 적절한 조치를 하지 아니한 경우

2. 제17조의3제1항을 위반하여 시행계획을 제출하지 아니한 자

3. 제17조의3제2항을 위반하여 남녀 근로자 현황을 제출하지 아니하거나
    거짓으로 제출한 자

4. 제17조의4제1항을 위반하여 이행실적을 제출하지 아니하거나 거짓으로
    제출한 자(제17조의3제3항에 따라 시행계획을 제출한 자가 이행실적을
    제출하지 아니하는 경우는 제외한다)

5. 제18조제4항을 위반하여 관계 서류의 작성·확인 등 모든 절차에 적극
    협력하지 아니한 자

6. 제31조제1항에 따른 보고 또는 관계 서류의 제출을 거부하거나 거짓으
    로 보고 또는 제출한 자

7. 제31조제1항에 따른 검사를 거부, 방해 또는 기피한 자

8. 제33조를 위반하여 관계 서류를 3년간 보존하지 아니한 자

④ 제1항부터 제3항까지의 규정에 따른 과태료는 대통령령으로 정하는 바
에 따라 고용노동부장관이 부과·징수한다. <개정 2010.6.4.>

⑤ 삭제 <2016.1.28.>

⑥ 삭제 <2016.1.28.>

⑦ 삭제 <2016.1.28.>

[전문개정 2007.12.21.]

부칙

<제17602호, 2020.12.8.>

제1조(시행일) 이 법은 공포한 날부터 시행한다.

제2조(육아휴직에 관한 적용례) 제19조의4제1항의 개정규정은 이 법 시행 당시 종전의 규정에 따라 휴직하였거나 휴직 중인 사람에 대해서도 적용한다.

외국인근로자의 고용 등에 관한 법률
(약칭: 외국인고용법)

[시행 2020.5.26]

[법률 제17326호, 2020.5.26, 타법개정]

제1장 총칙

<개정 2009.10.9.>

제1조(목적) 이 법은 외국인근로자를 체계적으로 도입·관리함으로써 원활한 인력수급 및 국민경제의 균형 있는 발전을 도모함을 목적으로 한다.

[전문개정 2009.10.9.]

제2조(외국인근로자의 정의) 이 법에서 "외국인근로자"란 대한민국의 국적을 가지지 아니한 사람으로서 국내에 소재하고 있는 사업 또는 사업장에서 임금을 목적으로 근로를 제공하고 있거나 제공하려는 사람을 말한다. 다만, 「출입국관리법」 제18조제1항에 따라 취업활동을 할 수 있는 체류자격을 받은 외국인 중 취업분야 또는 체류기간 등을 고려하여 대통령령으로 정하는 사람은 제외한다.

[전문개정 2009.10.9.]

제3조(적용 범위 등) ① 이 법은 외국인근로자 및 외국인근로자를 고용하고 있거나 고용하려는 사업 또는 사업장에 적용한다. 다만, 「선원법」의 적용을 받는 선박에 승무(乘務)하는 선원 중 대한민국 국적을 가지지 아니한 선원 및 그 선원을 고용하고 있거나 고용하려는 선박의 소유자에 대하여는 적용하지 아니한다.

② 외국인근로자의 입국·체류 및 출국 등에 관하여 이 법에서 규정하지 아니한 사항은 「출입국관리법」에서 정하는 바에 따른다.

제4조(외국인력정책위원회) ① 외국인근로자의 고용관리 및 보호에 관한 주요 사항을 심의·의결하기 위하여 국무총리 소속으로 외국인력정책위원회(이하 "정책위원회"라 한다)를 둔다.

② 정책위원회는 다음 각 호의 사항을 심의·의결한다.

1. 외국인근로자 관련 기본계획의 수립에 관한 사항

2. 외국인근로자 도입 업종 및 규모 등에 관한 사항

3. 외국인근로자를 송출할 수 있는 국가(이하 "송출국가"라 한다)의 지정 및 지정취소에 관한 사항

4. 그 밖에 대통령령으로 정하는 사항

③ 정책위원회는 위원장 1명을 포함한 20명 이내의 위원으로 구성한다.

④ 정책위원회의 위원장은 국무조정실장이 되고, 위원은 기획재정부·외교부·법무부·산업통상자원부·고용노동부·중소벤처기업부의 차관 및 대통령령으로 정하는 관계 중앙행정기관의 차관이 된다. <개정 2010.6.4., 2013.3.23., 2017.7.26.>

⑤ 외국인근로자 고용제도의 운영 및 외국인근로자의 권익보호 등에 관한 사항을 사전에 심의하게 하기 위하여 정책위원회에 외국인력정책실무위원회(이하 "실무위원회"라 한다)를 둔다.

⑥ 정책위원회와 실무위원회의 구성·기능 및 운영 등에 필요한 사항은 대통령령으로 정한다.

[전문개정 2009.10.9.]

제5조(외국인근로자 도입계획의 공표 등) ① 고용노동부장관은 제4조제2항 각 호의 사항이 포함된 외국인근로자 도입계획을 정책위원회의 심의·의결을 거쳐 수립하여 매년 3월 31일까지 대통령령으로 정하는 방법으로 공

표하여야 한다. <개정 2010.6.4.>

② 고용노동부장관은 제1항에도 불구하고 국내의 실업증가 등 고용사정의 급격한 변동으로 인하여 제1항에 따른 외국인근로자 도입계획을 변경할 필요가 있을 때에는 정책위원회의 심의·의결을 거쳐 변경할 수 있다. 이 경우 공표의 방법에 관하여는 제1항을 준용한다. <개정 2010.6.4.>

③ 고용노동부장관은 필요한 경우 외국인근로자 관련 업무를 지원하기 위하여 조사·연구사업을 할 수 있으며, 이에 관하여 필요한 사항은 대통령령으로 정한다. <개정 2010.6.4.>

[전문개정 2009.10.9.]

제2장 외국인근로자 고용절차

<개정 2009.10.9.>

제6조(내국인 구인 노력) ① 외국인근로자를 고용하려는 자는 「직업안정법」 제2조의2제1호에 따른 직업안정기관(이하 "직업안정기관"이라 한다)에 우선 내국인 구인 신청을 하여야 한다.

② 직업안정기관의 장은 제1항에 따른 내국인 구인 신청을 받은 경우에는 사용자가 적절한 구인 조건을 제시할 수 있도록 상담·지원하여야 하며, 구인 조건을 갖춘 내국인이 우선적으로 채용될 수 있도록 직업소개를 적극적으로 하여야 한다.

[전문개정 2009.10.9.]

제7조(외국인구직자 명부의 작성) ① 고용노동부장관은 제4조제2항제3호에 따라 지정된 송출국가의 노동행정을 관장하는 정부기관의 장과 협의하여 대통령령으로 정하는 바에 따라 외국인구직자 명부를 작성하여야 한다.

다만, 송출국가에 노동행정을 관장하는 독립된 정부기관이 없을 경우 가장 가까운 기능을 가진 부서를 정하여 정책위원회의 심의를 받아 그 부서의 장과 협의한다. <개정 2010.6.4.>

② 고용노동부장관은 제1항에 따른 외국인구직자 명부를 작성할 때에는 외국인구직자 선발기준 등으로 활용할 수 있도록 한국어 구사능력을 평가하는 시험(이하 "한국어능력시험"이라 한다)을 실시하여야 하며, 한국어능력시험의 실시기관 선정 및 선정취소, 평가의 방법, 그 밖에 필요한 사항은 대통령령으로 정한다. <개정 2010.6.4.>

③ 한국어능력시험의 실시기관은 시험에 응시하려는 사람으로부터 대통령령으로 정하는 바에 따라 수수료를 징수하여 사용할 수 있다. 이 경우 수수료는 외국인근로자 선발 등을 위한 비용으로 사용하여야 한다. <신설 2014.1.28., 2020.5.26.>

④ 고용노동부장관은 제1항에 따른 외국인구직자 선발기준 등으로 활용하기 위하여 필요한 경우 기능 수준 등 인력 수요에 부합되는 자격요건을 평가할 수 있다. <개정 2010.6.4., 2014.1.28.>

⑤ 제4항에 따른 자격요건 평가기관은 「한국산업인력공단법」에 따른 한국산업인력공단(이하 "한국산업인력공단"이라 한다)으로 하며, 자격요건 평가의 방법 등 필요한 사항은 대통령령으로 정한다. <개정 2014.1.28.>

[전문개정 2009.10.9.]

제8조(외국인근로자 고용허가) ① 제6조제1항에 따라 내국인 구인 신청을 한 사용자는 같은 조 제2항에 따른 직업소개를 받고도 인력을 채용하지 못한 경우에는 고용노동부령으로 정하는 바에 따라 직업안정기관의 장에게 외국인근로자 고용허가를 신청하여야 한다. <개정 2010.6.4.>

② 제1항에 따른 고용허가 신청의 유효기간은 3개월로 하되, 일시적인 경영악화 등으로 신규 근로자를 채용할 수 없는 경우 등에는 대통령령으로 정하는 바에 따라 1회에 한정하여 고용허가 신청의 효력을 연장

할 수 있다.

③ 직업안정기관의 장은 제1항에 따른 신청을 받으면 외국인근로자 도입 업종 및 규모 등 대통령령으로 정하는 요건을 갖춘 사용자에게 제7조제1항에 따른 외국인구직자 명부에 등록된 사람 중에서 적격자를 추천하여야 한다.

④ 직업안정기관의 장은 제3항에 따라 추천된 적격자를 선정한 사용자에게는 지체 없이 고용허가를 하고, 선정된 외국인근로자의 성명 등을 적은 외국인근로자 고용허가서를 발급하여야 한다.

⑤ 제4항에 따른 외국인근로자 고용허가서의 발급 및 관리 등에 필요한 사항은 대통령령으로 정한다.

⑥ 직업안정기관이 아닌 자는 외국인근로자의 선발, 알선, 그 밖의 채용에 개입하여서는 아니 된다.

[전문개정 2009.10.9.]

제9조(근로계약) ① 사용자가 제8조제4항에 따라 선정한 외국인근로자를 고용하려면 고용노동부령으로 정하는 표준근로계약서를 사용하여 근로계약을 체결하여야 한다. <개정 2010.6.4.>

② 사용자는 제1항에 따른 근로계약을 체결하려는 경우 이를 한국산업인력공단에 대행하게 할 수 있다. <개정 2014.1.28.>

③ 제8조에 따라 고용허가를 받은 사용자와 외국인근로자는 제18조에 따른 기간 내에서 당사자 간의 합의에 따라 근로계약을 체결하거나 갱신할 수 있다. <개정 2012.2.1.>

④ 제18조의2에 따라 취업활동 기간이 연장되는 외국인근로자와 사용자는 연장된 취업활동 기간의 범위에서 근로계약을 체결할 수 있다.

⑤ 제1항에 따른 근로계약을 체결하는 절차 및 효력발생 시기 등에 관하여 필요한 사항은 대통령령으로 정한다.

제10조(사증발급인정서) 제9조제1항에 따라 외국인근로자와 근로계약을 체결한 사용자는 「출입국관리법」 제9조제2항에 따라 그 외국인근로자를 대리하여 법무부장관에게 사증발급인정서를 신청할 수 있다.

제11조(외국인 취업교육) ① 외국인근로자는 입국한 후에 고용노동부령으로 정하는 기간 이내에 대통령령으로 정하는 기관에서 국내 취업활동에 필요한 사항을 주지(周知)시키기 위하여 실시하는 교육(이하 "외국인 취업교육"이라 한다)을 받아야 한다. <개정 2010.6.4.>

② 사용자는 외국인근로자가 외국인 취업교육을 받을 수 있도록 하여야 한다.

③ 외국인 취업교육의 시간과 내용, 그 밖에 외국인 취업교육에 필요한 사항은 고용노동부령으로 정한다. <개정 2010.6.4.>

제12조(외국인근로자 고용의 특례) ① 다음 각 호의 어느 하나에 해당하는 사업 또는 사업장의 사용자는 제3항에 따른 특례고용가능확인을 받은 후 대통령령으로 정하는 사증을 발급받고 입국한 외국인으로서 국내에서 취업하려는 사람을 고용할 수 있다. 이 경우 근로계약의 체결에 관하여는 제9조를 준용한다.

1. 건설업으로서 정책위원회가 일용근로자 노동시장의 현황, 내국인근로자 고용기회의 침해 여부 및 사업장 규모 등을 고려하여 정하는 사업 또는 사업장

2. 서비스업, 제조업, 농업 또는 어업으로서 정책위원회가 산업별 특성을 고려하여 정하는 사업 또는 사업장

② 제1항에 따른 외국인으로서 제1항 각 호의 어느 하나에 해당하는

사업 또는 사업장에 취업하려는 사람은 외국인 취업교육을 받은 후에 직업안정기관의 장에게 구직 신청을 하여야 하고, 고용노동부장관은 이에 대하여 외국인구직자 명부를 작성·관리하여야 한다. <개정 2010.6.4.>

③ 제6조제1항에 따라 내국인 구인 신청을 한 사용자는 같은 조 제2항에 따라 직업안정기관의 장의 직업소개를 받고도 인력을 채용하지 못한 경우에는 고용노동부령으로 정하는 바에 따라 직업안정기관의 장에게 특례고용가능확인을 신청할 수 있다. 이 경우 직업안정기관의 장은 외국인근로자의 도입 업종 및 규모 등 대통령령으로 정하는 요건을 갖춘 사용자에게 특례고용가능확인을 하여야 한다. <개정 2010.6.4.>

④ 제3항에 따라 특례고용가능확인을 받은 사용자는 제2항에 따른 외국인구직자 명부에 등록된 사람 중에서 채용하여야 하고, 외국인근로자가 근로를 시작하면 고용노동부령으로 정하는 바에 따라 직업안정기관의 장에게 신고하여야 한다. <개정 2010.6.4.>

⑤ 특례고용가능확인의 유효기간은 3년으로 한다. 다만, 제1항제1호에 해당하는 사업 또는 사업장으로서 공사기간이 3년보다 짧은 경우에는 그 기간으로 한다.

⑥ 직업안정기관의 장이 제3항에 따라 특례고용가능확인을 한 경우에는 대통령령으로 정하는 바에 따라 해당 사용자에게 특례고용가능확인서를 발급하여야 한다.

⑦ 제1항에 따른 외국인근로자에 대하여는 「출입국관리법」 제21조를 적용하지 아니한다.

⑧ 고용노동부장관은 제1항에 따른 외국인이 취업을 희망하는 경우에는 입국 전에 고용정보를 제공할 수 있다. <개정 2010.6.4.>

[전문개정 2009.10.9.]

제3장 외국인근로자의 고용관리

<개정 2009.10.9.>

제13조(출국만기보험·신탁) ① 외국인근로자를 고용한 사업 또는 사업장의 사용자(이하 "사용자"라 한다)는 외국인근로자의 출국 등에 따른 퇴직금 지급을 위하여 외국인근로자를 피보험자 또는 수익자(이하 "피보험자 등"이라 한다)로 하는 보험 또는 신탁(이하 "출국만기보험등"이라 한다)에 가입하여야 한다. 이 경우 보험료 또는 신탁금은 매월 납부하거나 위탁하여야 한다. <개정 2014.1.28.>

② 사용자가 출국만기보험등에 가입한 경우 「근로자퇴직급여 보장법」 제8조제1항에 따른 퇴직금제도를 설정한 것으로 본다.

③ 출국만기보험등의 가입대상 사용자, 가입방법·내용·관리 및 지급 등에 필요한 사항은 대통령령으로 정하되, 지급시기는 피보험자등이 출국한 때부터 14일(체류자격의 변경, 사망 등에 따라 신청하거나 출국일 이후에 신청하는 경우에는 신청일부터 14일) 이내로 한다. <개정 2014.1.28.>

④ 출국만기보험등의 지급사유 발생에 따라 피보험자등이 받을 금액(이하 "보험금등"이라 한다)에 대한 청구권은 「상법」 제662조에도 불구하고 지급사유가 발생한 날부터 3년간 이를 행사하지 아니하면 소멸시효가 완성한다. 이 경우 출국만기보험등을 취급하는 금융기관은 소멸시효가 완성한 보험금등을 1개월 이내에 한국산업인력공단에 이전하여야 한다. <신설 2014.1.28.>

[전문개정 2009.10.9.]

제13조의2(휴면보험금등관리위원회) ① 제13조제4항에 따라 이전받은 보험금등의 관리·운용에 필요한 사항을 심의·의결하기 위하여 한국산업인력공단에 휴면보험금등관리위원회를 둔다.

② 제13조제4항에 따라 이전받은 보험금등은 우선적으로 피보험자등을 위하여 사용되어야 한다.

③ 휴면보험금등관리위원회의 구성 및 운영, 그 밖에 필요한 사항은 대통령령으로 정한다.

[본조신설 2014.1.28.]

제14조(건강보험) 사용자 및 사용자에게 고용된 외국인근로자에게 「국민건강보험법」을 적용하는 경우 사용자는 같은 법 제3조에 따른 사용자로, 사용자에게 고용된 외국인근로자는 같은 법 제6조제1항에 따른 직장가입자로 본다.

[전문개정 2009.10.9.]

제15조(귀국비용보험·신탁) ① 외국인근로자는 귀국 시 필요한 비용에 충당하기 위하여 보험 또는 신탁에 가입하여야 한다.

② 제1항에 따른 보험 또는 신탁의 가입방법·내용·관리 및 지급 등에 필요한 사항은 대통령령으로 정한다.

③ 제1항에 따른 보험 또는 신탁의 지급사유 발생에 따라 가입자가 받을 금액에 대한 청구권의 소멸시효, 소멸시효가 완성한 금액의 이전 및 관리·운용 등에 관하여는 제13조제4항 및 제13조의2를 준용한다. <신설 2014.1.28.>

[전문개정 2009.10.9.]

제16조(귀국에 필요한 조치) 사용자는 외국인근로자가 근로관계의 종료, 체류기간의 만료 등으로 귀국하는 경우에는 귀국하기 전에 임금 등 금품관계를 청산하는 등 필요한 조치를 하여야 한다.

[전문개정 2009.10.9.]

제17조(외국인근로자의 고용관리) ① 사용자는 외국인근로자와의 근로계약을 해지하거나 그 밖에 고용과 관련된 중요 사항을 변경하는 등 대통령령

으로 정하는 사유가 발생하였을 때에는 고용노동부령으로 정하는 바에 따라 직업안정기관의 장에게 신고하여야 한다. <개정 2010.6.4.>

② 사용자가 제1항에 따른 신고를 한 경우 그 신고사실이 「출입국관리법」 제19조제1항 각 호에 따른 신고사유에 해당하는 때에는 같은 항에 따른 신고를 한 것으로 본다. <신설 2016.1.27.>

③ 제1항에 따라 신고를 받은 직업안정기관의 장은 그 신고사실이 제2항에 해당하는 때에는 지체 없이 사용자의 소재지를 관할하는 지방출입국・외국인관서의 장에게 통보하여야 한다. <신설 2016.1.27.>

④ 외국인근로자의 적절한 고용관리 등에 필요한 사항은 대통령령으로 정한다. <개정 2016.1.27.>

[전문개정 2009.10.9.]

제18조(취업활동 기간의 제한) 외국인근로자는 입국한 날부터 3년의 범위에서 취업활동을 할 수 있다.

[전문개정 2012.2.1.]

제18조의2(취업활동 기간 제한에 관한 특례) ① 다음 각 호의 외국인근로자는 제18조에도 불구하고 한 차례만 2년 미만의 범위에서 취업활동 기간을 연장받을 수 있다. <개정 2010.6.4., 2012.2.1., 2020.5.26.>

1. 제8조제4항에 따른 고용허가를 받은 사용자에게 고용된 외국인근로자로서 제18조에 따른 취업활동 기간 3년이 만료되어 출국하기 전에 사용자가 고용노동부장관에게 재고용 허가를 요청한 근로자

2. 제12조제3항에 따른 특례고용가능확인을 받은 사용자에게 고용된 외국인근로자로서 제18조에 따른 취업활동 기간 3년이 만료되어 출국하기 전에 사용자가 고용노동부장관에게 재고용 허가를 요청한 근로자

② 제1항에 따른 사용자의 재고용 허가 요청 절차 및 그 밖에 필요한

사항은 고용노동부령으로 정한다. <개정 2010.6.4., 2012.2.1.>

[전문개정 2009.10.9.]

제18조의3(재입국 취업의 제한) 국내에서 취업한 후 출국한 외국인근로자 (제12조제1항에 따른 외국인근로자는 제외한다)는 출국한 날부터 6개월이 지나지 아니하면 이 법에 따라 다시 취업할 수 없다.

[본조신설 2012.2.1.]

제18조의4(재입국 취업 제한의 특례) ① 제18조의3에도 불구하고 다음 각 호의 요건을 모두 갖춘 외국인근로자로서 제18조의2에 따라 연장된 취업 활동 기간이 만료되어 출국하기 전에 사용자가 재입국 후의 고용허가를 신청하면 고용노동부장관은 그 외국인근로자에 대하여 출국한 날부터 3개 월이 지나면 이 법에 따라 다시 취업하도록 할 수 있다.

1. 제18조 및 제18조의2에 따른 취업활동 기간 중에 사업 또는 사업 장 변경을 하지 아니하였을 것(제25조제1항제2호에 따라 사업 또는 사업장을 변경한 경우에는 재입국 후의 고용허가를 신청하는 사용 자와 취업활동 기간 만료일까지의 근로계약 기간이 1년 이상일 것)

2. 정책위원회가 도입 업종이나 규모 등을 고려하여 내국인을 고용하 기 어렵다고 정하는 사업 또는 사업장에서 근로하고 있을 것

3. 재입국하여 근로를 시작하는 날부터 효력이 발생하는 1년 이상의 근로계약을 해당 사용자와 체결하고 있을 것

② 제1항에 따른 재입국 후의 고용허가 신청과 재입국 취업활동에 대 하여는 제6조, 제7조제2항, 제11조를 적용하지 아니한다.

③ 제1항에 따른 재입국 취업은 한 차례만 허용되고, 재입국 취업을 위한 근로계약의 체결에 관하여는 제9조를 준용하며, 재입국한 외국인 근로자의 취업활동에 대하여는 제18조, 제18조의2 및 제25조를 준용 한다. <개정 2020.5.26.>

④ 제1항에 따른 사용자의 고용허가 신청 절차 및 그 밖에 필요한 사항은 고용노동부령으로 정한다.

[본조신설 2012.2.1.]

제19조(외국인근로자 고용허가 또는 특례고용가능확인의 취소) ① 직업안정기관의 장은 다음 각 호의 어느 하나에 해당하는 사용자에 대하여 대통령령으로 정하는 바에 따라 제8조제4항에 따른 고용허가나 제12조제3항에 따른 특례고용가능확인을 취소할 수 있다.

1. 거짓이나 그 밖의 부정한 방법으로 고용허가나 특례고용가능확인을 받은 경우

2. 사용자가 입국 전에 계약한 임금 또는 그 밖의 근로조건을 위반하는 경우

3. 사용자의 임금체불 또는 그 밖의 노동관계법 위반 등으로 근로계약을 유지하기 어렵다고 인정되는 경우

② 제1항에 따라 외국인근로자 고용허가나 특례고용가능확인이 취소된 사용자는 취소된 날부터 15일 이내에 그 외국인근로자와의 근로계약을 종료하여야 한다.

[전문개정 2009.10.9.]

제20조(외국인근로자 고용의 제한) ① 직업안정기관의 장은 다음 각 호의 어느 하나에 해당하는 사용자에 대하여 그 사실이 발생한 날부터 3년간 외국인근로자의 고용을 제한할 수 있다. <개정 2014.1.28.>

1. 제8조제4항에 따른 고용허가 또는 제12조제3항에 따른 특례고용가능확인을 받지 아니하고 외국인근로자를 고용한 자

2. 제19조제1항에 따라 외국인근로자의 고용허가나 특례고용가능확인이 취소된 자

3. 이 법 또는 「출입국관리법」을 위반하여 처벌을 받은 자

4. 그 밖에 대통령령으로 정하는 사유에 해당하는 자

② 고용노동부장관은 제1항에 따라 외국인근로자의 고용을 제한하는 경우에는 그 사용자에게 고용노동부령으로 정하는 바에 따라 알려야 한다. <개정 2010.6.4.>

[전문개정 2009.10.9.]

제21조(외국인근로자 관련 사업) 고용노동부장관은 외국인근로자의 원활한 국내 취업활동 및 효율적인 고용관리를 위하여 다음 각 호의 사업을 한다. <개정 2010.6.4.>

1. 외국인근로자의 출입국 지원사업

2. 외국인근로자 및 그 사용자에 대한 교육사업

3. 송출국가의 공공기관 및 외국인근로자 관련 민간단체와의 협력사업

4. 외국인근로자 및 그 사용자에 대한 상담 등 편의 제공 사업

5. 외국인근로자 고용제도 등에 대한 홍보사업

6. 그 밖에 외국인근로자의 고용관리에 관한 사업으로서 대통령령으로 정하는 사업

[전문개정 2009.10.9.]

제4장 외국인근로자의 보호

제22조(차별 금지) 사용자는 외국인근로자라는 이유로 부당하게 차별하여 처우하여서는 아니 된다.

[전문개정 2009.10.9.]

제22조의2(기숙사의 제공 등) ① 사용자가 외국인근로자에게 기숙사를 제공하는 경우에는 「근로기준법」 제100조에서 정하는 기준을 준수하고, 건강과 안전을 지킬 수 있도록 하여야 한다.

② 사용자는 제1항에 따라 기숙사를 제공하는 경우 외국인근로자와 근로계약을 체결할 때에 외국인근로자에게 다음 각 호의 정보를 사전에 제공하여야 한다. 근로계약 체결 후 다음 각 호의 사항을 변경하는 경우에도 또한 같다.

1. 기숙사의 구조와 설비

2. 기숙사의 설치 장소

3. 기숙사의 주거 환경

4. 기숙사의 면적

5. 그 밖에 기숙사 설치 및 운영에 필요한 사항

③ 제2항에 따른 기숙사 정보 제공의 기준 등에 필요한 사항은 대통령령으로 정한다.

[본조신설 2019.1.15.]

제23조(보증보험 등의 가입) ① 사업의 규모 및 산업별 특성 등을 고려하여 대통령령으로 정하는 사업 또는 사업장의 사용자는 임금체불에 대비하여 그가 고용하는 외국인근로자를 위한 보증보험에 가입하여야 한다.

② 산업별 특성 등을 고려하여 대통령령으로 정하는 사업 또는 사업장에서 취업하는 외국인근로자는 질병·사망 등에 대비한 상해보험에 가입하여야 한다.

③ 제1항 및 제2항에 따른 보증보험, 상해보험의 가입방법·내용·관리 및 지급 등에 필요한 사항은 대통령령으로 정한다.

[전문개정 2009.10.9.]

제24조(외국인근로자 관련 단체 등에 대한 지원) ① 국가는 외국인근로자에 대한 상담과 교육, 그 밖에 대통령령으로 정하는 사업을 하는 기관 또는 단체에 대하여 사업에 필요한 비용의 일부를 예산의 범위에서 지원할 수 있다.

② 제1항에 따른 지원요건·기준 및 절차 등에 관하여 필요한 사항은 대통령령으로 정한다.

[전문개정 2009.10.9.]

제24조의2(외국인근로자 권익보호협의회) ① 외국인근로자의 권익보호에 관한 사항을 협의하기 위하여 직업안정기관에 관할 구역의 노동자단체와 사용자단체 등이 참여하는 외국인근로자 권익보호협의회를 둘 수 있다.

② 외국인근로자 권익보호협의회의 구성·운영 등에 필요한 사항은 고용노동부령으로 정한다. <개정 2010.6.4.>

[본조신설 2009.10.9.]

제25조(사업 또는 사업장 변경의 허용) ① 외국인근로자(제12조제1항에 따른 외국인근로자는 제외한다)는 다음 각 호의 어느 하나에 해당하는 사유가 발생한 경우에는 고용노동부령으로 정하는 바에 따라 직업안정기관의 장에게 다른 사업 또는 사업장으로의 변경을 신청할 수 있다. <개정 2010.6.4., 2012.2.1., 2019.1.15.>

1. 사용자가 정당한 사유로 근로계약기간 중 근로계약을 해지하려고 하거나 근로계약이 만료된 후 갱신을 거절하려는 경우

2. 휴업, 폐업, 제19조제1항에 따른 고용허가의 취소, 제20조제1항에 따른 고용의 제한, 제22조의2를 위반한 기숙사의 제공, 사용자의 근로조건 위반 또는 부당한 처우 등 외국인근로자의 책임이 아닌 사유로 인하여 사회통념상 그 사업 또는 사업장에서 근로를 계속할 수 없게 되었다고 인정하여 고용노동부장관이 고시한 경우

3. 그 밖에 대통령령으로 정하는 사유가 발생한 경우

② 사용자가 제1항에 따라 사업 또는 사업장 변경 신청을 한 후 재취업하려는 외국인근로자를 고용할 경우 그 절차 및 방법에 관하여는 제6조·제8조 및 제9조를 준용한다.

③ 제1항에 따른 다른 사업 또는 사업장으로의 변경을 신청한 날부터 3개월 이내에 「출입국관리법」 제21조에 따른 근무처 변경허가를 받지 못하거나 사용자와 근로계약이 종료된 날부터 1개월 이내에 다른 사업 또는 사업장으로의 변경을 신청하지 아니한 외국인근로자는 출국하여야 한다. 다만, 업무상 재해, 질병, 임신, 출산 등의 사유로 근무처 변경허가를 받을 수 없거나 근무처 변경신청을 할 수 없는 경우에는 그 사유가 없어진 날부터 각각 그 기간을 계산한다.

④ 제1항에 따른 외국인근로자의 사업 또는 사업장 변경은 제18조에 따른 기간 중에는 원칙적으로 3회를 초과할 수 없으며, 제18조의2제1항에 따라 연장된 기간 중에는 2회를 초과할 수 없다. 다만, 제1항제2호의 사유로 사업 또는 사업장을 변경한 경우는 포함하지 아니한다. <개정 2014.1.28.>

[전문개정 2009.10.9.]

제5장 보칙

제26조(보고 및 조사 등) ① 고용노동부장관은 필요하다고 인정하면 사용자나 외국인근로자 또는 제24조제1항에 따라 지원을 받는 외국인근로자 관련 단체에 대하여 보고, 관련 서류의 제출이나 그 밖에 필요한 명령을 할 수 있으며, 소속 공무원으로 하여금 관계인에게 질문하거나 관련 장부·서류 등을 조사하거나 검사하게 할 수 있다. <개정 2010.6.4.>

② 제1항에 따라 조사 또는 검사를 하는 공무원은 그 신분을 표시하는 증명서를 지니고 이를 관계인에게 내보여야 한다.

[전문개정 2009.10.9.]

제26조의2(관계 기관의 협조) ① 고용노동부장관은 중앙행정기관·지방자치단체·공공기관 등 관계 기관의 장에게 이 법의 시행을 위하여 다음 각 호의 자료 제출을 요청할 수 있다.

1. 업종별·지역별 인력수급 자료

2. 외국인근로자 대상 지원사업 자료

② 제1항에 따라 자료의 제출을 요청받은 기관은 정당한 사유가 없으면 요청에 따라야 한다.

[본조신설 2014.1.28.]

제27조(수수료의 징수 등) ① 제9조제2항에 따라 사용자와 외국인근로자의 근로계약 체결(제12조제1항 각 호 외의 부분 후단, 제18조의4제3항 및 제25조제2항에 따라 근로계약 체결을 준용하는 경우를 포함한다. 이하 이 조에서 같다)을 대행하는 자는 고용노동부령으로 정하는 바에 따라 사용자로부터 수수료와 필요한 비용을 받을 수 있다. <개정 2010.6.4., 2012.2.1.>

② 고용노동부장관은 제21조에 따른 외국인근로자 관련 사업을 하기 위하여 필요하면 고용노동부령으로 정하는 바에 따라 사용자로부터 수수료와 필요한 비용을 받을 수 있다. <개정 2010.6.4.>

③ 제27조의2제1항에 따라 외국인근로자의 고용에 관한 업무를 대행하는 자는 고용노동부령으로 정하는 바에 따라 사용자로부터 수수료와 필요한 비용을 받을 수 있다. <개정 2010.6.4.>

④ 다음 각 호의 어느 하나에 해당하는 자가 아닌 자는 근로계약 체결의 대행이나 외국인근로자 고용에 관한 업무의 대행 또는 외국인근로자 관련 사업을 하는 대가로 어떠한 금품도 받아서는 아니 된다. <개정 2010.6.4., 2020.5.26.>

1. 제9조제2항에 따라 사용자와 외국인근로자의 근로계약 체결을 대행하는 자

2. 제27조의2제1항에 따라 외국인근로자의 고용에 관한 업무를 대행하는 자

3. 제21조에 따른 고용노동부장관의 권한을 제28조에 따라 위임·위탁받아 하는 자

[전문개정 2009.10.9.]

제27조의2(각종 신청 등의 대행) ① 사용자 또는 외국인근로자는 다음 각 호에 따른 신청이나 서류의 수령 등 외국인근로자의 고용에 관한 업무를 고용노동부장관이 지정하는 자(이하 "대행기관"이라 한다)에게 대행하게 할 수 있다. <개정 2010.6.4., 2012.2.1.>

1. 제6조제1항에 따른 내국인 구인 신청(제25조제2항에 따라 준용하는 경우를 포함한다)

2. 제18조의2에 따른 사용자의 재고용 허가 요청

3. 제18조의4제1항에 따른 재입국 후의 고용허가 신청

4. 제25조제1항에 따른 사업 또는 사업장 변경 신청

5. 그 밖에 고용노동부령으로 정하는 외국인근로자 고용 등에 관한 업무

② 제1항에 따른 대행기관의 지정요건, 업무범위, 지정절차 및 대행에 필요한 사항은 고용노동부령으로 정한다. <개정 2010.6.4.>

[본조신설 2009.10.9.]

제27조의3(대행기관의 지정취소 등) ① 고용노동부장관은 대행기관이 다음 각 호의 어느 하나에 해당하는 경우에는 고용노동부령으로 정하는 바에 따라 지정 취소, 6개월 이내의 업무정지 또는 시정명령을 할 수 있다. <개정 2010.6.4.>

1. 거짓이나 그 밖의 부정한 방법으로 지정을 받은 경우

2. 지정요건에 미달하게 된 경우

3. 지정받은 업무범위를 벗어나 업무를 한 경우

4. 그 밖에 선량한 관리자의 주의를 다하지 아니하거나 업무처리 절차 를 위배한 경우

② 고용노동부장관은 제1항에 따라 대행기관을 지정취소할 경우에는 청문을 실시하여야 한다. <개정 2010.6.4.>

[본조신설 2009.10.9.]

제28조(권한의 위임·위탁) 고용노동부장관은 이 법에 따른 권한의 일부를 대 통령령으로 정하는 바에 따라 지방고용노동관서의 장에게 위임하거나 한국산 업인력공단 또는 대통령령으로 정하는 자에게 위탁할 수 있다. 다만, 제21조 제1호의 사업은 한국산업인력공단에 위탁한다. <개정 2010.6.4., 2014.1.28.>

[전문개정 2009.10.9.]

제6장 벌칙

<개정 2009. 10. 9.>

제29조(벌칙) 다음 각 호의 어느 하나에 해당하는 자는 1년 이하의 징역 또는 1천만원 이하의 벌금에 처한다. <개정 2014.1.28.>

1. 제8조제6항을 위반하여 외국인근로자의 선발, 알선, 그 밖의 채용에 개입한 자

2. 제16조를 위반하여 귀국에 필요한 조치를 하지 아니한 사용자

3. 제19조제2항을 위반하여 근로계약을 종료하지 아니한 사용자

4. 제25조에 따른 외국인근로자의 사업 또는 사업장 변경을 방해한 자

5. 제27조제4항을 위반하여 금품을 받은 자

[전문개정 2009.10.9.]

제30조(벌칙) 다음 각 호의 어느 하나에 해당하는 자는 500만원 이하의 벌금에 처한다.

1. 제13조제1항 전단을 위반하여 출국만기보험등에 가입하지 아니한 사용자

2. 제23조에 따른 보증보험 또는 상해보험에 가입하지 아니한 자

[전문개정 2009.10.9.]

제31조(양벌규정) 법인의 대표자나 법인 또는 개인의 대리인, 사용인, 그 밖의 종업원이 그 법인 또는 개인의 업무에 관하여 제29조 또는 제30조의 위반행위를 하면 그 행위자를 벌하는 외에 그 법인 또는 개인에게도 해당 조문의 벌금형을 과(科)한다. 다만, 법인 또는 개인이 그 위반행위를 방지하기 위하여 해당 업무에 관하여 상당한 주의와 감독을 게을리하지 아니한 경우에는 그러하지 아니하다.

[전문개정 2009.10.9.]

제32조(과태료) ① 다음 각 호의 어느 하나에 해당하는 자에게는 500만원 이하의 과태료를 부과한다.

1. 제9조제1항을 위반하여 근로계약을 체결할 때 표준근로계약서를 사용하지 아니한 자

2. 제11조제2항을 위반하여 외국인근로자에게 취업교육을 받게 하지 아니한 사용자

3. 제12조제3항에 따른 특례고용가능확인을 받지 아니하고 같은 조 제1항에 따른 사증을 발급받은 외국인근로자를 고용한 사용자

4. 제12조제4항을 위반하여 외국인구직자 명부에 등록된 사람 중에서 채용하지 아니한 사용자 또는 외국인근로자가 근로를 시작한 후 직업안정기관의 장에게 신고를 하지 아니하거나 거짓으로 신고한 사용자

5. 제13조제1항 후단을 위반하여 출국만기보험등의 매월 보험료 또는 신탁금을 3회 이상 연체한 사용자

6. 제15조제1항을 위반하여 보험 또는 신탁에 가입하지 아니한 외국인근로자

7. 제17조제1항을 위반하여 신고를 하지 아니하거나 거짓으로 신고한 사용자

8. 제20조제1항에 따라 외국인근로자의 고용이 제한된 사용자로서 제12조제1항에 따른 사증을 발급받은 외국인근로자를 고용한 사용자

9. 제26조제1항에 따른 명령을 따르지 아니하여 보고를 하지 아니하거나 거짓으로 보고한 자, 관련 서류를 제출하지 아니하거나 거짓으로 제출한 자, 같은 항에 따른 질문 또는 조사·검사를 거부·방해

하거나 기피한 자

10. 제27조제1항·제2항 또는 제3항에 따른 수수료 및 필요한 비용
   외의 금품을 받은 자

② 제1항에 따른 과태료는 대통령령으로 정하는 바에 따라 고용노동부
장관이 부과·징수한다. <개정 2010.6.4.>

[전문개정 2009.10.9.]

부칙

<제17326호, 2020.5.26.>

(법률용어 정비를 위한 환경노동위원회 소관 65개 법률 일부개정을 위한 법률)
이 법은 공포한 날부터 시행한다. <단서 생략>

장애인고용촉진 및 직업재활법

(약칭: 장애인고용법)

[시행 2020. 12. 10] [법률 제17435호, 2020. 6. 9, 일부개정]

제1장 총칙

제1조(목적) 이 법은 장애인이 그 능력에 맞는 직업생활을 통하여 인간다운 생활을 할 수 있도록 장애인의 고용촉진 및 직업재활을 꾀하는 것을 목적으로 한다.

제2조(정의) 이 법에서 사용하는 용어의 뜻은 다음과 같다. <개정 2010.6. 4., 2020.5.26.>

1. "장애인"이란 신체 또는 정신상의 장애로 장기간에 걸쳐 직업생활에 상당한 제약을 받는 사람으로서 대통령령으로 정하는 기준에 해당하는 사람을 말한다.

2. "중증장애인"이란 장애인 중 근로 능력이 현저하게 상실된 사람으로서 대통령령으로 정하는 기준에 해당하는 사람을 말한다.

3. "고용촉진 및 직업재활"이란 장애인의 직업지도, 직업적응훈련, 직업능력개발훈련, 취업알선, 취업, 취업 후 적응지도 등에 대하여 이 법에서 정하는 조치를 강구하여 장애인이 직업생활을 통하여 자립할 수 있도록 하는 것을 말한다.

4. "사업주"란 근로자를 사용하여 사업을 행하거나 하려는 자를 말한다.

5. "근로자"란 「근로기준법」 제2조제1항제1호에 따른 근로자를 말한다. 다만, 소정근로시간이 대통령령으로 정하는 시간 미만인 사람 (중증장애인은 제외한다)은 제외한다.

6. "직업능력개발훈련"이란 「근로자직업능력 개발법」 제2조제1호에 따른 훈련을 말한다.

7. "직업능력개발훈련시설"이란 「근로자직업능력 개발법」 제2조제3호에 따른 직업능력개발훈련시설을 말한다.

8. "장애인 표준사업장"이란 장애인 고용 인원·고용비율 및 시설·임금에 관하여 고용노동부령으로 정하는 기준에 해당하는 사업장 (「장애인복지법」 제58조제1항제3호에 따른 장애인 직업재활시설은 제외한다)을 말한다.

제3조(국가와 지방자치단체의 책임) ① 국가와 지방자치단체는 장애인의 고용촉진 및 직업재활에 관하여 사업주 및 국민 일반의 이해를 높이기 위하여 교육·홍보 및 장애인 고용촉진 운동을 지속적으로 추진하여야 한다. ② 국가와 지방자치단체는 사업주·장애인, 그 밖의 관계자에 대한 지원과 장애인의 특성을 고려한 직업재활 조치를 강구하여야 하고, 장애인의 고용촉진을 꾀하기 위하여 필요한 시책을 종합적이고 효과적으로 추진하여야 한다. 이 경우 중증장애인과 여성장애인에 대한 고용촉진 및 직업재활을 중요시하여야 한다.

제4조(국고의 부담) ① 국가는 매년 장애인 고용촉진 및 직업재활 사업에 드는 비용의 일부를 일반회계에서 부담할 수 있다. ② 국가는 매년 예산의 범위에서 장애인 고용촉진 및 직업재활 사업의 사무 집행에 드는 비용을 적극 지원한다.

제5조(사업주의 책임) ① 사업주는 장애인의 고용에 관한 정부의 시책에 협조하여야 하고, 장애인이 가진 능력을 정당하게 평가하여 고용의 기회를 제공함과 동시에 적정한 고용관리를 할 의무를 가진다.

② 사업주는 근로자가 장애인이라는 이유로 채용·승진·전보 및 교육훈련 등 인사관리상의 차별대우를 하여서는 아니 된다.

③ 삭제 <2017.11.28.>

④ 삭제 <2017.11.28.>

제5조의2(직장 내 장애인 인식개선 교육) ① 사업주는 장애인에 대한 직장 내 편견을 제거함으로써 장애인 근로자의 안정적인 근무여건을 조성하고 장애인 근로자 채용이 확대될 수 있도록 장애인 인식개선 교육을 실시하여야 한다.

② 사업주 및 근로자는 제1항에 따른 장애인 인식개선 교육을 받아야 한다.

③ 사업의 규모나 특성을 고려하여 대통령령으로 정하는 사업주가 자체적으로 제1항에 따른 장애인 인식개선 교육을 실시하는 경우에는 고용노동부령으로 정하는 강사의 자격기준을 갖춘 사람이 실시하여야 한다. <신설 2020.6.9.>

④ 고용노동부장관은 제1항 및 제2항에 따른 교육실시 결과에 대한 점검을 할 수 있다. <개정 2020.6.9.>

⑤ 고용노동부장관은 제1항에 따른 사업주의 장애인 인식개선 교육이 원활하게 이루어지도록 교육교재 등을 개발하여 보급하여야 한다. <개정 2020.6.9.>

⑥ 제1항 및 제2항에 따른 장애인 인식개선 교육의 내용·방법 및 횟수 등은 대통령령으로 정한다. <개정 2020.6.9.>

[본조신설 2017.11.28.]

제5조의3(장애인 인식개선 교육의 위탁 등) ① 사업주는 장애인 인식개선 교육을 고용노동부장관이 지정하는 기관(이하 "장애인 인식개선 교육기관"이라 한다)에 위탁할 수 있다.

② 장애인 인식개선 교육기관의 장은 고용노동부령으로 정하는 바에 따라 교육을 실시하여야 하며, 사업주 및 장애인 인식개선 교육기관의 장은 교육 실시 관련 자료를 3년간 보관하고 사업주나 교육 대상자가

원하는 경우 그 자료를 내주어야 한다. <개정 2020.5.26.>

③ 장애인 인식개선 교육기관은 고용노동부령으로 정하는 강사를 1명 이상 두어야 한다.

④ 고용노동부장관은 장애인 인식개선 교육기관이 다음 각 호의 어느 하나에 해당하면 그 지정을 취소할 수 있다. 다만, 제1호에 해당하는 경우에는 그 지정을 취소하여야 한다.

1. 거짓이나 그 밖의 부정한 방법으로 지정을 받은 경우
2. 정당한 사유 없이 제3항에 따른 강사를 6개월 이상 계속하여 두지 아니한 경우

⑤ 고용노동부장관은 제4항에 따라 장애인 인식개선 교육기관의 지정을 취소하려면 청문을 하여야 한다.

[본조신설 2017.11.28.]

제6조(장애인의 자립 노력 등) ① 장애인은 직업인으로서의 자각을 가지고 스스로 능력 개발·향상을 도모하여 유능한 직업인으로 자립하도록 노력하여야 한다.

② 장애인의 가족 또는 장애인을 보호하고 있는 자는 장애인에 관한 정부의 시책에 협조하여야 하고, 장애인의 자립을 촉진하기 위하여 적극적으로 노력하여야 한다.

제7조(장애인 고용촉진 및 직업재활 기본계획 등) ① 고용노동부장관은 관계 중앙행정기관의 장과 협의하여 장애인의 고용촉진 및 직업재활을 위한 기본계획(이하 "기본계획"이라 한다)을 5년마다 수립하여야 한다. <개정 2008.2.29., 2009.10.9., 2010.6.4., 2016.1.27.>

② 제1항의 기본계획에는 다음 각 호의 사항이 포함되어야 한다. <개정 2010.6.4., 2016.1.27.>

1. 직전 기본계획에 대한 평가
2. 장애인의 고용촉진 및 직업재활에 관한 사항
3. 제68조에 따른 장애인 고용촉진 및 직업재활 기금에 관한 사항
4. 장애인을 위한 시설의 설치·운영 및 지원에 관한 사항

5. 그 밖에 장애인의 고용촉진 및 직업재활을 위하여 고용노동부장 관이 필요하다고 인정하는 사항

③ 제1항의 기본계획, 장애인의 고용촉진 및 직업재활에 관한 중요 사항은 「고용정책 기본법」 제10조에 따른 고용정책심의회(이하 "고용정책심의회"라 한다)의 심의를 거쳐야 한다. <개정 2009.10.9.>

④ 삭제 <2009.10.9.>

⑤ 삭제 <2009.10.9.>

⑥ 삭제 <2009.10.9.>

제8조(교육부 및 보건복지부와의 연계) ① 교육부장관은 「장애인 등에 대한 특수교육법」에 따른 특수교육 대상자의 취업을 촉진하기 위하여 필요하다고 인정하면 직업교육 내용 등에 대하여 고용노동부장관과 협의하여야 한다. <개정 2008.2.29., 2009.10.9., 2010.6.4., 2013.3.23.>

② 보건복지부장관은 직업재활 사업 등이 효율적으로 추진될 수 있도록 고용노동부장관과 긴밀히 협조하여야 한다. <개정 2008.2.29., 2010.1.18., 2010.6.4.>

[제목개정 2008.2.29., 2010.1.18., 2013.3.23.]

제2장 장애인 고용촉진 및 직업재활

제9조(장애인 직업재활 실시 기관) ① 장애인 직업재활 실시 기관(이하 "재활실시기관"이라 한다)은 장애인에 대한 직업재활 사업을 다양하게 개발하여 장애인에게 직접 제공하여야 하고, 특히 중증장애인의 자립 능력을 높이기 위한 직업재활 실시에 적극 노력하여야 한다.

② 재활실시기관은 다음 각 호의 어느 하나와 같다. <개정 2009.10.9., 2010.6.4., 2012.1.26.>

1. 「장애인 등에 대한 특수교육법」 제2조제10호에 따른 특수교육기관
2. 「장애인복지법」 제58조제1항제2호에 따른 장애인 지역사회재활시설
3. 「장애인복지법」 제58조제1항제3호에 따른 장애인 직업재활시설
4. 「장애인복지법」 제63조에 따른 장애인복지단체
5. 「근로자직업능력 개발법」 제2조제3호에 따른 직업능력개발훈련시설
6. 그 밖에 고용노동부령으로 정하는 기관으로서 고용노동부장관이 장애인에 대한 직업재활 사업을 수행할 능력이 있다고 인정하는 기관

제10조(직업지도) ① 고용노동부장관과 보건복지부장관은 장애인이 그 능력에 맞는 직업에 취업할 수 있도록 하기 위하여 장애인에 대한 직업상담, 직업적성 검사 및 직업능력 평가 등을 실시하고, 고용정보를 제공하는 등 직업지도를 하여야 한다. <개정 2008.2.29., 2010.1.18., 2010.6.4.>

② 고용노동부장관과 보건복지부장관은 장애인이 그 능력에 맞는 직업생활을 할 수 있도록 하기 위하여 장애인에게 적합한 직종 개발에 노력하여야 한다. <개정 2008.2.29., 2010.1.18., 2010.6.4.>

③ 고용노동부장관과 보건복지부장관이 제1항에 따른 직업지도를 할 때에 특별히 전문적 지식과 기술이 필요하다고 인정하면 이를 재활실시기관 등 관계 전문기관에 의뢰하고 그 비용을 지급할 수 있다. <개정 2008.2.29., 2010.1.18., 2010.6.4.>

④ 고용노동부장관과 보건복지부장관은 직업지도를 실시하거나 하려는 자에게 필요한 비용을 융자·지원할 수 있다. <개정 2008.2.29., 2010.1.18., 2010.6.4.>

⑤ 제3항과 제4항에 따른 비용 지급 및 융자·지원의 기준 등에 필요한 사항은 대통령령으로 정한다.

제11조(직업적응훈련) ① 고용노동부장관과 보건복지부장관은 장애인이 그 희망·적성·능력 등에 맞는 직업생활을 할 수 있도록 하기 위하여 필요하다고 인정하면 직업 환경에 적응시키기 위한 직업적응훈련을 실

시할 수 있다. <개정 2008.2.29., 2010.1.18., 2010.6.4.>

② 고용노동부장관과 보건복지부장관은 제1항에 따른 직업적응훈련의 효율적 실시를 위하여 필요하다고 인정하면 그 훈련 기준 등을 따로 정할 수 있다. <개정 2008.2.29., 2010.1.18., 2010.6.4.>

③ 고용노동부장관과 보건복지부장관은 장애인의 직업능력 개발·향상을 위하여 직업적응훈련 시설 또는 훈련 과정을 설치·운영하거나 하려는 자에게 필요한 비용(훈련비를 포함한다)을 융자·지원할 수 있다. <개정 2008.2.29., 2010.1.18., 2010.6.4.>

④ 고용노동부장관과 보건복지부장관은 직업적응훈련 시설에서 직업적응훈련을 받는 장애인에게 훈련수당을 지원할 수 있다. <개정 2008.2.29., 2010.1.18., 2010.6.4.>

⑤ 제3항과 제4항에 따른 융자·지원의 기준 및 훈련수당의 지급 기준 등에 필요한 사항은 대통령령으로 정한다.

제12조(직업능력개발훈련) ① 고용노동부장관은 장애인이 그 희망·적성·능력 등에 맞는 직업생활을 할 수 있도록 하기 위하여 장애인에게 직업능력개발훈련을 실시하여야 한다. <개정 2010.6.4.>

② 고용노동부장관은 장애인의 직업능력 개발·향상을 위하여 직업능력개발훈련시설 또는 훈련 과정을 설치·운영하거나 하려는 자에게 필요한 비용(훈련비를 포함한다)을 융자·지원할 수 있다. <개정 2010.6.4.>

③ 고용노동부장관은 직업능력개발훈련시설에서 직업능력개발훈련을 받는 장애인에게 훈련수당을 지원할 수 있다. <개정 2010.6.4.>

④ 제2항과 제3항에 따른 융자·지원 기준 및 훈련수당의 지급 기준 등에 필요한 사항은 대통령령으로 정한다.

제13조(지원고용) ① 고용노동부장관과 보건복지부장관은 중증장애인 중 사업주가 운영하는 사업장에서는 직무 수행이 어려운 장애인이 직무를

수행할 수 있도록 지원고용을 실시하고 필요한 지원을 하여야 한다. <개정 2008.2.29., 2010.1.18., 2010.6.4.>

② 제1항에 따른 지원의 내용 및 기준 등에 필요한 사항은 대통령령으로 정한다.

제14조(보호고용) 국가와 지방자치단체는 장애인 중 정상적인 작업 조건에서 일하기 어려운 장애인을 위하여 특정한 근로 환경을 제공하고 그 근로 환경에서 일할 수 있도록 보호고용을 실시하여야 한다.

제15조(취업알선 등) ① 고용노동부장관은 고용정보를 바탕으로 장애인의 희망·적성·능력과 직종 등을 고려하여 장애인에게 적합한 직업을 알선하여야 한다. <개정 2010.6.4.>

② 고용노동부장관은 장애인이 직업생활을 통하여 자립할 수 있도록 장애인의 고용촉진을 위한 시책을 강구하여야 한다. <개정 2010.6.4.>

③ 고용노동부장관은 제1항과 제2항에 따른 취업알선 및 고용촉진을 할 때에 필요한 경우에는 그 업무의 일부를 재활실시기관 등 관계 전문기관에 의뢰하고 그 비용을 지급할 수 있다. <개정 2010.6.4.>

④ 고용노동부장관은 취업알선 시설을 설치·운영하거나 하려는 자에게 필요한 비용(취업알선을 위한 지원금을 포함한다)을 융자·지원할 수 있다. <개정 2010.6.4.>

⑤ 제3항과 제4항에 따른 비용 지급 및 융자·지원 기준 등에 필요한 사항은 대통령령으로 정한다.

제16조(취업알선기관 간의 연계 등) ① 고용노동부장관은 장애인의 취업 기회를 확대하기 위하여 취업알선 업무를 수행하는 재활실시기관 간에 구인·구직 정보의 교류와 장애인 근로자 관리 등의 효율적인 연계를 꾀하고, 제43조에 따른 한국장애인고용공단에서 이를 종합적으로 집중 관리할 수 있도록 취업알선전산망 구축 등의 조치를 강구하여야 한다.

<개정 2009.10.9., 2010.6.4.>

② 고용노동부장관이 제1항에 따른 취업알선전산망 구축 등의 조치를 강구할 때에는 「직업안정법」 제2조의2제1호에 따른 직업안정기관과 연계되도록 하여야 한다. <개정 2009.10.9., 2010.6.4.>

제17조(자영업 장애인 지원) ① 고용노동부장관은 자영업을 영위하려는 장애인에게 창업에 필요한 자금 등을 융자하거나 영업장소를 임대할 수 있다. <개정 2010.6.4.>

② 제1항에 따른 영업장소의 연간 임대료는 「국유재산법」에도 불구하고 그 재산 가액(價額)에 1천분의 10 이상을 곱한 금액으로 고용노동부장관이 정하되, 월할(月割)이나 일할(日割)로 계산할 수 있다. <개정 2010.6.4.>

③ 제1항과 제2항에 따른 융자·임대의 기준 등에 필요한 사항은 고용노동부령으로 정한다. <개정 2010.6.4.>

제18조(장애인 근로자 지원) ① 고용노동부장관은 장애인 근로자의 안정적인 직업생활을 위하여 필요한 자금을 융자할 수 있다. <개정 2010.6.4.>

② 제1항에 따른 융자 기준 등에 필요한 사항은 고용노동부령으로 정한다. <개정 2010.6.4.>

제19조(취업 후 적응지도) ① 고용노동부장관과 보건복지부장관은 장애인의 직업안정을 위하여 필요하다고 인정하면 사업장에 고용되어 있는 장애인에게 작업환경 적응에 필요한 지도를 실시하여야 한다. <개정 2008.2.29., 2010.1.18., 2010.6.4.>

② 제1항에 따른 지도의 내용 등에 필요한 사항은 대통령령으로 정한다.

제19조의2(근로지원인 서비스의 제공) ① 고용노동부장관은 중증장애인의 직업생활을 지원하는 사람(이하 이 조에서 "근로지원인"이라 한다)

을 보내 중증장애인이 안정적·지속적으로 직업생활을 할 수 있도록
하는 등 필요한 서비스를 제공할 수 있다.

② 제1항에 따른 근로지원인 서비스 제공대상자의 선정 및 취소, 서비
스의 제공방법 등 필요한 사항은 대통령령으로 정한다.

[본조신설 2011.3.9.]

제20조(사업주에 대한 고용 지도) 고용노동부장관은 장애인을 고용하거
나 고용하려는 사업주에게 필요하다고 인정하면 채용, 배치, 작업 보
조구, 작업 설비 또는 작업 환경, 그 밖에 장애인의 고용관리에 관하
여 기술적 사항에 대한 지도를 실시하여야 한다. <개정 2010.6.4.>

제21조(장애인 고용 사업주에 대한 지원) ① 고용노동부장관은 장애인을
고용하거나 고용하려는 사업주에게 장애인 고용에 드는 다음 각 호의
비용 또는 기기 등을 융자하거나 지원할 수 있다. 이 경우 중증장애인
및 여성장애인을 고용하거나 고용하려는 사업주를 우대하여야 한다.
<개정 2009.10.9., 2010.6.4., 2016.2.3.>

1. 장애인을 고용하는 데에 필요한 시설과 장비의 구입·설치·수리
   등에 드는 비용
2. 장애인의 직업생활에 필요한 작업 보조 공학기기 또는 장비 등
3. 장애인의 적정한 고용관리를 위하여 장애인 직업생활 상담원, 작
   업 지도원, 한국수어 통역사 또는 낭독자 등을 배치하는 데에 필
   요한 비용
4. 그 밖에 제1호부터 제3호까지의 규정에 준하는 것으로서 장애인
   의 고용에 필요한 비용 또는 기기

② 고용노동부장관은 장애인인 사업주가 장애인을 고용하거나 고용하
려는 경우에는 해당 사업주 자신의 직업생활에 필요한 작업 보조 공학
기기 또는 장비 등을 지원할 수 있다. <신설 2011.7.25.>

③ 제1항 및 제2항에 따른 융자 또는 지원의 대상 및 기준 등에 필요
한 사항은 대통령령으로 정한다. <개정 2011.7.25.>

제22조(장애인 표준사업장에 대한 지원) ① 고용노동부장관은 장애인 표준사업장을 설립 · 운영하거나 설립하려는 사업주에게 그 설립 · 운영에 필요한 비용을 융자하거나 지원할 수 있다. <개정 2010.6.4.>

② 고용노동부장관은 제1항에 따른 융자 또는 지원을 할 때에 다음 각 호의 사업주를 우대하여야 한다. <개정 2010.6.4.>

1. 중증장애인과 여성장애인을 고용하거나 고용하려는 사업주
2. 지방자치단체로부터 지원을 받거나 비영리 법인 또는 다른 민간 기업으로부터 출자를 받는 등 지역 사회의 적극적 참여를 통하여 장애인 표준사업장을 설립 · 운영하거나 설립하려는 사업주

③ 제28조제1항에 따른 장애인 고용의무가 있는 사업주가 장애인표준사업장을 발행주식 총수 또는 출자총액 등 대통령령으로 정하는 기준에 따라 실질적으로 지배하고 있는 경우에는 제28조 · 제29조 및 제33조를 적용할 때에는 그 장애인 표준사업장에 고용된 근로자를 해당 사업주가 고용하는 근로자 수(다만, 여성 · 중증장애인을 제외한 장애인은 그 총수의 2분의 1에 해당하는 수를 말하며, 그 수에서 소수점 이하는 올린다)에 포함하고, 해당 장애인 표준사업장을 해당 사업주의 사업장으로 본다. <신설 2007.7.13., 2009.10.9.>

④ 제3항에도 불구하고 장애인 고용의무가 있는 둘 이상의 사업주가 장애인 표준사업장의 주식을 소유하거나 출자한 경우에는 그 비율에 해당하는 근로자 수(그 수에 소수점이 있는 경우에는 버린다)를 해당 사업주가 고용하고 있는 근로자 수에 포함한다. 다만, 장애인 고용의무가 있는 둘 이상의 사업주 중 제3항에 따른 실질적 지배사업주가 있는 경우에는 장애인 고용의무가 있는 다른 사업주가 주식을 소유하거나 출자한 비율에 해당하는 근로자 수를 제외한 나머지 근로자 수를 실질적 지배사업주가 고용하는 근로자 수에 포함한다. <신설 2011.3.9.>

⑤ 제1항과 제2항에 따른 융자 또는 지원의 기준 등에 필요한 사항은

대통령령으로 정한다. <개정 2007.7.13., 2011.3.9., 2012.12.18.>

제22조의2(불공정거래행위 금지에 대한 특례) 제22조제3항에 따라 장애인 표준사업장을 실질적으로 지배하고 있는 사업주가 대통령령으로 정하는 바에 따라 사전에 공개한 합리적인 기준에 의하여 해당 장애인 표준사업장을 지원하는 경우에는 「독점규제 및 공정거래에 관한 법률」 제23조제1항제7호에 따른 불공정거래행위에 해당하지 아니하는 것으로 본다.

[본조신설 2012.12.18.]

제22조의2(불공정거래행위 금지에 대한 특례) 제22조제3항에 따라 장애인 표준사업장을 실질적으로 지배하고 있는 사업주가 대통령령으로 정하는 바에 따라 사전에 공개한 합리적인 기준에 의하여 해당 장애인 표준사업장을 지원하는 경우에는 「독점규제 및 공정거래에 관한 법률」 제45조제1항제9호에 따른 불공정거래행위에 해당하지 아니하는 것으로 본다. <개정 2020.12.29.>

[본조신설 2012.12.18.]

[시행일 : 2021.12.30.] 제22조의2

제22조의3(장애인 표준사업장 생산품의 우선구매 등) ① 「중소기업제품 구매촉진 및 판로지원에 관한 법률」 제2조제2호에 따른 공공기관(이하 이 조에서 "공공기관"이라 한다)의 장은 물품·용역에 관한 계약을 체결하는 경우에는 장애인 표준사업장에서 생산한 물품과 제공하는 용역(이하 "장애인 표준사업장 생산품"이라 한다)을 우선구매하여야 한다.

② 공공기관의 장은 장애인 표준사업장 생산품의 구매계획과 전년도 구매실적을 대통령령으로 정하는 바에 따라 고용노동부장관에게 제출하여야 한다. 이 경우 구매계획에는 공공기관별 총구매액(물품과 용역에 대한 총구매액을 말하되, 공사비용은 제외한다)의 100분의 1의 범위에서 고용노동부장관이 정하는 비율 이상에 해당하는 장애인 표준사

업장 생산품의 구매목표를 제시하여야 한다.

③ 공공기관의 장은 장애인 표준사업장 생산품을 수의계약으로 구매할 수 있다. 이 경우 수의계약의 절차 및 방법 등에 관하여는 「국가를 당사자로 하는 계약에 관한 법률」 등 관계 법령에 따른다.

④ 공공기관의 장은 소속 기관 등에 대한 평가를 실시하는 경우에는 장애인 표준사업장 생산품의 구매실적을 포함하여야 한다.

⑤ 고용노동부장관은 구매계획의 이행 점검 등을 위하여 공공기관의 장에게 장애인 표준사업장 생산품의 구매실적의 제출을 요구할 수 있다. 이 경우 공공기관의 장은 특별한 사유가 없으면 이에 따라야 한다. <개정 2020.5.26.>

⑥ 고용노동부장관은 제2항에 따라 공공기관의 장이 제출한 전년도 구매실적과 해당 연도의 구매계획을 대통령령으로 정하는 바에 따라 고용노동부 인터넷 홈페이지에 게시하여야 한다. <신설 2016.12.27.>

[본조신설 2012.12.18.]

제22조의4(장애인 표준사업장의 인증 및 인증취소) ① 장애인 표준사업장을 운영하려는 자는 제2조제8호의 기준을 갖추어 고용노동부장관의 인증을 받아야 한다.

② 고용노동부장관은 장애인 표준사업장이 다음 각 호의 어느 하나에 해당하는 경우에는 제1항에 따른 인증을 취소할 수 있다. 다만, 제1호에 해당하는 경우에는 인증을 취소하여야 한다.

1. 거짓이나 그 밖의 부정한 방법으로 인증을 받은 경우
2. 제2조제8호의 기준을 갖추지 못하게 된 경우
3. 불가피한 경영상의 사유 등으로 고용노동부장관에게 인증의 취소를 요청한 경우

③ 고용노동부장관은 제1항에 따라 장애인 표준사업장을 인증하거나 제2항에 따라 인증을 취소한 경우에는 이를 공고하여야 한다.

④ 제1항과 제2항에 따른 장애인 표준사업장 인증, 인증취소의 방법 및 절차 등 필요한 사항은 고용노동부령으로 정한다.

⑤ 제1항에 따라 인증을 받지 아니한 자는 장애인 표준사업장 또는 이와 유사한 명칭을 사용하여서는 아니 된다.

⑥ 제1항에 따라 인증을 받은 자는 다른 사람에게 자기의 성명 또는 상호를 사용하여 장애인 표준사업장을 운영하게 하거나 인증서를 대여하여서는 아니 된다.

[본조신설 2012.12.18.]

제23조(부당 융자 또는 지원금 등의 징수 및 지급제한 등) ① 고용노동부장관은 제21조 또는 제22조에 따라 융자 또는 지원을 받은 자가 다음 각 호의 어느 하나에 해당하는 경우에는 해당 융자 또는 지원을 취소하고, 그 금액 또는 지원에 상응하는 금액을 징수하여야 한다.

1. 거짓 또는 그 밖의 부정한 방법으로 융자 또는 지원을 받은 경우
2. 동일한 사유로 국가 또는 지방자치단체(위탁받은 기관도 포함한다)로부터 중복하여 융자 또는 지원을 받은 경우
3. 동일한 사유로 제2항에 따른 시정요구를 2회 이상 받고도 시정하지 아니한 경우
4. 융자 또는 지원의 취소를 요청하는 경우

② 고용노동부장관은 제21조 또는 제22조에 따라 융자 또는 지원을 받은 자가 다음 각 호의 어느 하나에 해당하는 경우에는 기간을 정하여 시정을 요구할 수 있다.

1. 융자 또는 지원을 위한 조건을 이행하지 아니한 경우
2. 융자 또는 지원금을 제21조제1항 각 호, 같은 조 제2항 및 제22조제1항에 따른 사업의 목적에 맞게 집행하지 아니한 경우
3. 그 밖에 고용노동부장관이 정하여 고시하는 경우

③ 고용노동부장관은 제1항 각 호의 어느 하나에 해당하는 경우에는 그 사실이 있는 날부터 3년간 융자 또는 지원을 제한할 수 있다.

④ 제1항부터 제3항까지의 규정에 따른 취소, 징수, 시정요구 및 지급 제한 등에 필요한 사항은 고용노동부령으로 정한다.

[전문개정 2012.12.18.]

제24조(장애인 고용 우수사업주에 대한 우대) ① 고용노동부장관은 장애인의 고용에 모범이 되는 사업주를 장애인 고용 우수사업주로 선정하여 사업을 지원하는 등의 조치(이하 "우대조치"라 한다)를 할 수 있다. <개정 2010.6.4.>

② 국가, 지방자치단체 또는 「공공기관의 운영에 관한 법률」 제4조에 따른 공공기관의 장은 공사·물품·용역 등의 계약을 체결하는 경우에는 장애인 고용 우수사업주를 우대할 수 있다. <신설 2017.11.28.>

③ 제1항 및 제2항에 따른 장애인 고용 우수사업주의 선정·우대조치 등에 필요한 사항은 대통령령으로 정한다. <개정 2017.11.28.>

제25조(사업주에 대한 자료 제공) 고용노동부장관은 장애인을 고용하거나 고용하려는 사업주에게 장애인의 신체적·정신적 조건, 직업능력 등에 관한 정보, 그 밖의 자료를 제공하여야 한다. <개정2010.6.4.>

제26조(장애인 실태조사) ① 고용노동부장관은 장애인의 고용촉진 및 직업재활을 위하여 매년 1회 이상 장애인의 취업직종·근로형태·근속기간·임금수준 등 고용현황 및 장애인근로자의 산업재해 현황에 대하여 전국적인 실태조사를 실시하여야 한다. <개정 2010.6.4., 2017.11.28.>

② 제1항에 따른 실태조사에 포함되어야 할 사항과 실태조사의 방법 및 절차 등은 고용노동부령으로 정한다. <신설 2017.11.28.>

[전문개정 2007.7.13.]

제26조의2(장애인 기능경기 대회 개최) ① 고용노동부장관 및 특별시장·광역시장·특별자치시장·도지사 또는 특별자치도지사는 사회와 기업의 장애인고용에 대한 관심을 촉구하고 장애인의 기능을 향상시키기

위하여 장애인 기능경기 대회를 개최할 수 있다.

② 고용노동부장관은 제1항에 따른 장애인 기능경기 대회의 개최에 필요한 비용의 일부를 지원할 수 있다.

③ 제1항에 따른 장애인 기능경기 대회의 참가자격 등 참가와 개최에 필요한 사항은 대통령령으로 정한다.

[본조신설 2017.4.18.]

제26조의3(국제장애인기능올림픽대회 개최 등) ① 고용노동부장관은 장애인의 국제교류를 통하여 기능 수준을 향상시키고 사회참여를 증진시키기 위하여 국제장애인기능올림픽대회에 선수단을 파견하거나 국내에서 대회를 개최할 수 있다.

② 제1항에 따른 국제장애인기능올림픽대회에 참가할 선수의 선발기준 등 참가와 개최에 필요한 사항은 대통령령으로 정한다.

③ 고용노동부장관은 국내에서 개최되는 제1항에 따른 국제장애인기능올림픽대회의 준비 및 운영을 위하여 필요한 경우 관계 중앙행정기관 및 지방자치단체와 그 밖의 「공공기관의 운영에 관한 법률」에 따른 공공기관 등 법인·기관·단체에 행정적·재정적 지원을 요청할 수 있다.

[본조신설 2017.4.18.]

제3장 장애인 고용 의무 및 부담금

제27조(국가와 지방자치단체의 장애인 고용 의무) ① 국가와 지방자치단체의 장은 장애인을 소속 공무원 정원에 대하여 다음 각 호의 구분에 해당하는 비율 이상 고용하여야 한다. <개정 2016.12.27.>

1. 2017년 1월 1일부터 2018년 12월 31일까지: 1천분의 32
2. 2019년 이후: 1천분의 34

② 국가와 지방자치단체의 각 시험 실시 기관(이하 "각급기관"이라 한

다)의 장은 신규채용시험을 실시할 때 신규채용 인원에 대하여 장애인이 제1항 각 호의 구분에 따른 해당 연도 비율(장애인 공무원의 수가 제1항 각 호의 구분에 따른 해당 연도 비율 미만이면 그 비율의 2배) 이상 채용하도록 하여야 한다. <개정 2016.12.27.>

③ 임용권을 위임받은 기관의 장이 공개채용을 하지 아니하고 공무원을 모집하는 경우에도 제2항을 준용한다.

④ 제1항과 제2항은 공안직군 공무원, 검사, 경찰·소방·경호 공무원 및 군인 등에 대하여는 적용하지 아니한다. 다만, 국가와 지방자치단체의 장은 본문에 규정된 공안직군 공무원 등에 대하여도 장애인이 고용될 수 있도록 노력하여야 한다.

⑤ 제2항과 제3항에 따른 채용시험 및 모집에 응시하는 장애인의 응시 상한 연령은 중증장애인인 경우에는 3세, 그 밖의 장애인인 경우에는 2세를 각각 연장한다.

⑥ 다음 각 호의 어느 하나에 해당하는 기관의 장은 소속 각급기관의 공무원 채용계획을 포함한 장애인 공무원 채용계획과 그 실시 상황을 대통령령으로 정하는 바에 따라 고용노동부장관에게 제출하여야 한다. <개정 2010.6.4., 2012.12.18.>
1. 국회사무총장, 법원행정처장, 헌법재판소사무처장, 중앙선거관리위원회 사무총장, 중앙행정기관의 장 등 대통령령으로 정하는 국가기관의 장
2. 「지방자치법」에 따른 지방자치단체의 장
3. 「지방교육자치에 관한 법률」에 따른 교육감

⑦ 고용노동부장관은 제6항에 따른 장애인 공무원 채용계획이 적절하지 아니하다고 인정되면 장애인 공무원 채용계획을 제출한 자에게 그 계획의 변경을 요구할 수 있고, 제1항에 따른 고용 의무의 이행 실적이 현저히 부진한 때에는 그 내용을 공표할 수 있다. <개정 2010.6.4.>

제28조(사업주의 장애인 고용 의무) ① 상시 50명 이상의 근로자를 고용

하는 사업주(건설업에서 근로자 수를 확인하기 곤란한 경우에는 공사 실적액이 고용노동부장관이 정하여 고시하는 금액 이상인 사업주)는 그 근로자의 총수(건설업에서 근로자 수를 확인하기 곤란한 경우에는 대통령령으로 정하는 바에 따라 공사 실적액을 근로자의 총수로 환산한다)의 100분의 5의 범위에서 대통령령으로 정하는 비율(이하 "의무고용률"이라 한다) 이상에 해당(그 수에서 소수점 이하는 버린다)하는 장애인을 고용하여야 한다. <개정 2010.6.4.>

② 제1항에도 불구하고 특정한 장애인의 능력에 적합하다고 인정되는 직종에 대하여는 장애인을 고용하여야 할 비율을 대통령령으로 따로 정할 수 있다. 이 경우 그 비율은 의무고용률로 보지 아니한다.

③ 의무고용률은 전체 인구 중 장애인의 비율, 전체 근로자 총수에 대한 장애인 근로자의 비율, 장애인 실업자 수 등을 고려하여 5년마다 정한다.

④ 제1항에 따른 상시 고용하는 근로자 수 및 건설업에서의 공사 실적액 산정에 필요한 사항은 대통령령으로 정한다.

제28조의2(공공기관 장애인 의무고용률의 특례) 제28조에도 불구하고 「공공기관의 운영에 관한 법률」에 따른 공공기관, 「지방공기업법」에 따른 지방공사·지방공단과 「지방자치단체 출자·출연 기관의 운영에 관한 법률」에 따른 출자기관·출연기관은 상시 고용하고 있는 근로자 수에 대하여 장애인을 다음 각 호의 구분에 해당하는 비율 이상 고용하여야 한다. 이 경우 의무고용률에 해당하는 장애인 수를 계산할 때에 소수점 이하는 버린다.
1. 2017년 1월 1일부터 2018년 12월 31일까지: 1천분의 32
2. 2019년 이후: 1천분의 34
[전문개정 2016.12.27.]

제28조의3(장애인 고용인원 산정의 특례) 제27조·제28조·제28조의2·제29조·제33조 및 제79조에 따라 장애인 고용인원을 산정하는 경우

중증장애인의 고용은 그 인원의 2배에 해당하는 장애인의 고용으로 본다. 다만, 소정근로시간이 대통령령으로 정하는 시간 미만인 중증장애인은 제외한다. <개정 2016.12.27.>

[본조신설 2009.10.9.]

제29조(사업주의 장애인 고용 계획 수립 등) ① 고용노동부장관은 사업주에게 대통령령으로 정하는 바에 따라 장애인의 고용에 관한 계획과 그 실시 상황 기록을 작성하여 제출하도록 명할 수 있다. <개정 2010.6.4.>

② 고용노동부장관은 제1항에 따른 계획이 적절하지 아니하다고 인정하는 때에는 사업주에게 그 계획의 변경을 명할 수 있다. <개정 2010.6.4.>

③ 고용노동부장관은 제28조제1항에 따른 사업주가 정당한 사유 없이 장애인 고용계획의 수립 의무 또는 장애인 고용 의무를 현저히 불이행하면 그 내용을 공표할 수 있다. <개정 2010.6.4.>

제30조(장애인 고용장려금의 지급) ① 고용노동부장관은 장애인의 고용 촉진과 직업 안정을 위하여 장애인을 고용한 사업주(제28조제1항을 적용받지 아니하는 사업주를 포함한다)에게 고용장려금을 지급할 수 있다. <개정 2010.6.4.>

② 고용장려금은 매월 상시 고용하고 있는 장애인 수에서 의무고용률(제28조제1항을 적용받지 아니하는 사업주에게 고용장려금을 지급할 때에도 같은 비율을 적용한다)에 따라 고용하여야 할 장애인 총수(그 수에서 소수점 이하는 올린다)를 뺀 수에 제3항에 따른 지급단가를 곱한 금액으로 한다. 다만, 제33조에 따라 낼 부담금이 있는 경우에는 그 금액을 뺀 금액으로 한다.

③ 고용장려금의 지급단가 및 지급기간은 고용노동부장관이 「최저임금법」에 따라 월 단위로 환산한 최저임금액의 범위에서 제33조제3항에 따른 부담기초액, 장애인 고용부담금 납부 의무의 적용 여부, 그 장애인 근로자에게 지급하는 임금, 고용기간 및 장애정도 등을 고려하여

다르게 정할 수 있다. 이 경우 중증장애인과 여성장애인에 대하여는 우대하여 정하여야 한다. <개정 2009.10.9., 2010.6.4.>

④ 「고용보험법」과 「산업재해보상보험법」에 따른 지원금 및 장려금 지급 대상인 장애인 근로자 및 그 밖에 장애인 고용촉진과 직업안정을 위하여 국가나 지방자치단체로부터 지원을 받는 등 대통령령으로 정하는 장애인 근로자에 대하여는 대통령령으로 정하는 바에 따라 고용장려금의 지급을 제한할 수 있다. <개정 2009.10.9.>

⑤ 제1항에 따른 고용장려금의 지급 및 청구에 필요한 사항은 대통령령으로 정하고, 그 지급 시기·절차 등에 필요한 사항은 고용노동부장관이 정한다. <개정 2010.6.4.>

제31조(부당이득금의 징수 및 지급 제한) ① 고용노동부장관은 제30조에 따른 고용장려금을 받은 자가 다음 각 호의 어느 하나에 해당하는 경우에는 각 호에 따라 지급한 금액을 징수하여야 한다. 다만, 제1호의 경우에는 지급한 금액의 5배의 범위에서 고용노동부령으로 정하는 금액을 추가로 징수하여야 한다. <개정 2010.6.4., 2011.3.9.>
1. 거짓이나 그 밖의 부정한 방법으로 고용장려금을 받은 경우
2. 그 밖에 잘못 지급된 고용장려금이 있는 경우

② 제1항 각 호 외의 부분 단서에 따라 추가 징수를 하는 경우 거짓이나 그 밖의 부정한 방법으로 고용장려금의 지급신청을 한 날부터 3개월 이내에 자진하여 그 부정행위를 신고한 자에 대하여는 추가징수를 면제할 수 있다. <개정 2020.5.26.>

③고용노동부장관은 고용장려금을 거짓이나 그 밖의 부정한 방법으로 지급받았거나 받으려 한 자에 대하여는 1년간의 고용장려금을 지급하지 아니한다. 다만, 고용장려금을 받은 날부터 3년이 지난 경우에는 그러하지 아니하다. <개정 2010.6.4., 2011.3.9.>

④ 제3항을 적용할 때 고용장려금의 지급제한기간은 고용노동부장관이

지급제한을 한 날부터 기산한다. <신설 2011.3.9., 2020. 5.26.>

제32조(포상금) 거짓이나 그 밖의 부정한 방법으로 제30조에 따른 고용장려금을 지급받은 자를 지방고용노동관서, 제43조에 따른 한국장애인고용공단 또는 수사기관에 신고하거나 고발한 자에게는 대통령령으로 정하는 바에 따라 포상금을 지급할 수 있다. <개정 2009.10.9., 2010.6.4.>

제32조의2(국가와 지방자치단체 등의 장애인 고용부담금의 납부 등) ① 제27조제6항 각 호에 따른 기관 중 같은 조 제1항에 따른 의무고용률에 못 미치는 장애인 공무원을 고용한 기관의 장은 매년 고용노동부장관에게 장애인 고용부담금(이하 "부담금"이라 한다)을 납부하여야 한다.

② 부담금 납부에 관하여는 제33조제2항부터 제11항까지, 제33조의2, 제34조부터 제36조까지, 제38조부터 제40조까지, 제41조(같은 조 제1항제6호 및 제2항제5호는 제외한다) 및 제42조(같은 조 제1호는 제외한다)를 준용한다. 이 경우 "사업주"는 "제27조제6항 각 호에 따른 기관의 장"으로, "의무고용률"은 "제27조제1항에 따른 의무고용률"로, "근로자"는 "공무원"으로 본다.

[본조신설 2016.12.27.]

제33조(사업주의 부담금 납부 등) ① 의무고용률에 못 미치는 장애인을 고용하는 사업주(상시 50명 이상 100명 미만의 근로자를 고용하는 사업주는 제외한다)는 대통령령으로 정하는 바에 따라 매년 고용노동부장관에게 부담금을 납부하여야 한다. <개정 2010.6.4., 2016.12.27.>
② 부담금은 사업주가 의무고용률에 따라 고용하여야 할 장애인 총수에서 매월 상시 고용하고 있는 장애인 수를 뺀 수에 제3항에 따른 부담기초액을 곱한 금액의 연간 합계액으로 한다. <개정 2009.10.9.>
③ 부담기초액은 장애인을 고용하는 경우에 매월 드는 다음 각 호의 비용의 평균액을 기초로 하여 고용정책심의회의 심의를 거쳐 「최저임금법」에 따라 월 단위로 환산한 최저임금액의 100분의 60 이상의 범위에서 고용노동부장관이 정하여 고시하되, 장애인 고용률(매월 상시 고용하

고 있는 근로자의 총수에 대한 고용하고 있는 장애인 총수의 비율)에 따라 부담기초액의 2분의 1 이내의 범위에서 가산할 수 있다. 다만, 장애인을 상시 1명 이상 고용하지 아니한 달이 있는 경우에는 그 달에 대한 사업주의 부담기초액은 「최저임금법」에 따라 월 단위로 환산한 최저임금액으로 한다. <개정 2009.10.9., 2010.6.4., 2011.3.9.>

1. 장애인을 고용하는 경우 필요한 시설·장비의 설치, 수리에 드는 비용
2. 장애인의 적정한 고용관리를 위한 조치에 필요한 비용
3. 그 밖에 장애인을 고용하기 위하여 특별히 드는 비용 등

④ 고용노동부장관은 제22조의4제1항에 따라 인증을 받은 장애인 표준사업장 또는 「장애인복지법」 제58조제1항제3호의 장애인 직업재활시설에 도급을 주어 그 생산품을 납품받는 사업주에 대하여 부담금을 감면할 수 있다. <개정 2010.6.4., 2016.12.27.>

⑤ 사업주는 다음 연도 1월 31일(연도 중에 사업을 그만두거나 끝낸 경우에는 그 사업을 그만두거나 끝낸 날부터 60일)까지 고용노동부장관에게 부담금 산출에 필요한 사항으로서 대통령령으로 정하는 사항을 적어 신고하고 해당 연도의 부담금을 납부하여야 한다. <개정 2009.10.9., 2010.6.4., 2011.7.25.>

⑥ 고용노동부장관은 사업주가 제5항에서 정한 기간에 신고를 하지 아니하였을 때에는 이를 조사하여 부담금을 징수할 수 있다. <개정 2009.10.9., 2010.6.4., 2016.12.27.>

⑦ 고용노동부장관은 제5항에 따라 부담금을 신고(제8항에 따른 수정신고를 포함한다. 이하 이 조에서 같다) 또는 납부한 사업주가 다음 각 호의 어느 하나에 해당하는 경우에는 이를 조사하여 해당 사업주가 납부하여야 할 부담금을 징수할 수 있다. <개정 2016.12.27.>

1. 사업주가 신고한 부담금이 실제로 납부하여야 할 금액에 미치지 못하는 경우
2. 사업주가 납부한 부담금이 신고한 부담금에 미치지 못하는 경우
3. 사업주가 신고한 부담금을 납부하지 아니한 경우

⑧ 사업주는 제5항에 따라 신고한 부담금이 실제 납부하여야 하는 부담금에 미치지 못할 때에는 해당 연도 2월 말일까지 대통령령으로 정하는 바에 따라 수정신고하고 그 부담금의 차액을 추가로 납부할 수

있다. <신설 2016.12.27.>

⑨ 고용노동부장관은 사업주가 납부한 부담금이 실제 납부하여야 할 부담금을 초과한 경우에는 대통령령으로 정하는 바에 따라 그 초과한 금액에 대통령령으로 정하는 이자율에 따라 산정한 금액을 가산하여 환급하여야 한다. <신설 2016.12.27.>

⑩ 부담금은 대통령령으로 정하는 대로 분할 납부를 하게 할 수 있다. 이 경우 분할 납부를 할 수 있는 부담금을 제5항에 따른 납부 기한에 모두 납부하는 경우에는 그 부담금액의 100분의 5 이내의 범위에서 대통령령으로 정하는 금액을 공제할 수 있다. <개정 2016.12.27.>

⑪ 제4항에 따른 도급의 기준, 그 밖에 부담금 감면의 요건·기준 등에 필요한 사항은 고용노동부장관이 정한다. <개정 2010.6.4., 2016.12.27.>

[제목개정 2016.12.27.]

제33조의2(신용카드등으로 하는 부담금등의 납부) ① 부담금과 이 법에 따른 그 밖의 징수금(이하 이 조에서 "부담금등"이라 한다)의 납부 의무자는 부담금등의 납부를 대행할 수 있도록 대통령령으로 정하는 신용카드회사 등(이하 이 조에서 "부담금등납부대행기관"이라 한다)을 통하여 신용카드, 직불카드 등(이하 이 조에서 "신용카드등"이라 한다)으로 부담금등을 납부할 수 있다.

② 신용카드등으로 부담금등을 납부하는 경우에는 부담금등납부대행기관의 승인일을 부담금등의 납부일로 본다.

③ 부담금등납부대행기관은 납부 의무자로부터 신용카드등에 의한 부담금등의 납부대행 용역의 대가로 수수료를 받을 수 있다.

④ 부담금등납부대행기관의 운영과 수수료 등에 필요한 사항은 대통령령으로 정한다.

[본조신설 2016.12.27.]

제33조의3(부담금의 우선 적용) 이 법은 국가와 지방자치단체의 장 및 사업주의 부담금에 관하여 다른 법률에 우선하여 적용한다.

[본조신설 2018.10.16.]

제34조(부담금 등 과오납금의 충당과 환급) 고용노동부장관은 사업주가 부담금, 그 밖에 이 법에 따른 징수금과 체납처분비로 납부한 금액 중 잘못 납부한 금액을 환급하려는 때 또는 제30조에 따라 사업주에게 고용장려금을 지급하여야 하는 때에는 대통령령으로 정하는 순위에 따라 납부하여야 하는 부담금, 그 밖에 이 법에 따른 징수금에 우선 충당하고, 그 잔액을 해당 사업주에게 환급하거나 지급할 수 있다. <개정 2010.6.4.>

제35조(가산금과 연체금의 징수) ① 고용노동부장관은 제33조제6항 및 제7항제1호에 따라 부담금을 징수하는 때에는 사업주가 납부하여야 할 부담금의 100분의 10에 상당하는 금액을 가산금으로 징수한다. <개정 2010.6.4., 2016.12.27.>

② 고용노동부장관은 제1항에도 불구하고 제33조제8항의 수정신고에 따라 사업주가 추가로 납부할 부담금의 차액에 대해서는 제1항에 따른 가산금의 100분의 50을 감면할 수 있다. <신설 2016.12.27.>

③ 고용노동부장관은 부담금의 납부 의무자가 제33조제5항에 따른 납부 기한(같은 조 제8항에 따라 수정신고를 한 사업주의 경우는 2월 말일)까지 부담금을 납부하지 아니하였을 때에는 그 연체 기간에 대하여 36개월을 초과하지 아니하는 범위에서 「은행법」 제2조에 따른 은행의 연체이자율 등을 고려하여 대통령령으로 정하는 대로 월 단위로 연체금을 징수한다. <개정 2010.5.17., 2010.6.4., 2016.12.27.>

④ 제1항부터 제3항까지의 규정에 따른 가산금 또는 연체금은 그 금액이 소액이거나 징수가 적절하지 아니하다고 인정되는 등 대통령령으로 정하는 경우에는 징수하지 아니한다. <개정 2016.12.27.>

제36조(통지) 고용노동부장관은 제33조제6항 및 제7항에 따른 징수를 하려 할 때에는 고용노동부령으로 정하는 바에 따라 납부 의무자에게 그 금액과 납부 기한을 서면으로 알려야 한다. <개정 2010.6.4.>

제37조(독촉 및 체납처분) ① 고용노동부장관은 부담금, 그 밖에 이 법에 따른 징수금을 납부 의무자가 납부하지 아니하였을 때에는 기한을 정

하여 독촉하여야 한다. <개정 2010.6.4.>

② 고용노동부장관은 제1항에 따라 독촉을 하는 경우에는 독촉장을 발부하여야 한다. 이 경우에는 10일 이상의 납부 기간을 주어야 한다. <개정 2010.6.4.>

③ 제1항에 따라 독촉을 받은 자가 그 납부 기한까지 부담금이나 그 밖에 이 법에 따른 징수금을 납부하지 아니하였을 때에 고용노동부장관은 국세 체납처분의 예에 따라 징수할 수 있다. <개정 2010.6.4.>

④ 고용노동부장관은 제3항에 따른 체납처분의 예에 따라 압류한 재산의 공매(公賣)에 전문 지식이 필요하거나 그 밖에 특수한 사정이 있어 직접 공매하기에 적당하지 아니하다고 인정하는 때에는 대통령령으로 정하는 대로 「한국자산관리공사 설립 등에 관한 법률」에 따라 설립된 한국자산관리공사(이하 "공사"라 한다)에 이를 대행하게 할 수 있고, 이 경우 공매는 고용노동부장관이 한 것으로 본다. <개정 2010.6.4., 2011.5.19., 2019.11.26.>

⑤ 고용노동부장관은 제4항에 따라 공사가 공매를 대행하면 고용노동부령으로 정하는 바에 따라 수수료를 지급할 수 있다. <개정 2010.6.4.>

⑥ 제4항에 따라 공사가 공매를 대행하는 경우에 공사의 임원·직원은 「형법」 제129조부터 제132조까지의 규정을 적용하는 경우 공무원으로 본다.

제38조(징수 우선순위) 부담금과 이 법에 따른 그 밖의 징수금(이하 이 조에서 "부담금등"이라 한다)은 국세 및 지방세를 제외한 다른 채권보다 우선하여 징수한다. 다만, 부담금등의 납부기한 전에 전세권·질권·저당권 또는 「동산·채권 등의 담보에 관한 법률」에 따른 담보권의 설정을 등기하거나 등록한 사실이 증명되는 재산을 매각하여 그 매각대금 중에서 부담금등을 징수하는 경우에 그 전세권·질권·저당권 또는 는 「동산·채권 등의 담보에 관한 법률」에 따른 담보권에 의하여 담보

된 채권에 대하여는 그러하지 아니하다.

[전문개정 2012.12.18.]

제39조(서류의 송달) 부담금이나 그 밖에 이 법에 따른 징수금에 관한 서류의 송달에 관하여는 「국세기본법」 제8조부터 제12조까지의 규정을 준용한다.

제40조(소멸시효) 부담금이나 그 밖에 이 법에 따른 징수금을 징수하거나 그 환급을 받을 권리와 고용장려금을 받을 권리는 3년간 행사하지 아니하면 소멸시효가 완성된다.

제41조(시효의 중단) ① 제40조에 따른 소멸시효는 다음 각 호의 어느 하나에 해당하는 사유로 중단된다. <개정 2016.12.27.>
1. 제30조에 따른 고용장려금의 청구
2. 제31조제1항에 따른 고용장려금 환수금의 반환 명령
3. 제33조제9항에 따른 부담금 환급금의 청구
4. 제36조에 따른 납부 통지
5. 제37조에 따른 독촉
6. 제37조에 따른 체납처분 절차에 따라 행하는 교부 청구
7. 그 밖의 「민법」에서 규정하고 있는 시효중단 사유

② 제1항에 따라 중단된 소멸시효는 다음 각 호의 어느 하나에 해당하는 기간이 지난 때부터 새로 진행한다. 다만, 제1항제7호에 따라 중단된 소멸시효의 진행은 「민법」에 따른다.
1. 반환 명령에 따른 납부 기한
2. 부담금 환급금의 청구 중의 기간
3. 제36조에 따라 통지한 납부 기한
4. 독촉에 따른 납부 기한
5. 교부청구 중의 기간

제42조(결손처분) 고용노동부장관은 체납자에게 다음 각 호의 어느 하나에 해당하는 사유가 있을 때에는 부담금이나 그 밖에 이 법에 따른 징

수금을 결손처분(缺損處分)할 수 있다. <개정 2010.6.4.>

1. 체납처분이 종결되고 체납액에 충당될 배분 금액이 체납액보다 적을 때
2. 제40조에 따라 소멸시효가 완성될 때
3. 그 밖에 대통령령으로 정하는 바에 따라 징수 가능성이 없을 때

제4장 한국장애인고용공단 <개정 2009.10.9.>

제43조(한국장애인고용공단의 설립) ① 장애인이 직업생활을 통하여 자립할 수 있도록 지원하고, 사업주의 장애인 고용을 전문적으로 지원하기 위하여 한국장애인고용공단(이하 "공단"이라 한다)을 설립한다. <개정 2009.10.9.>

② 공단은 다음 각 호의 사업을 수행한다. <개정 2010.6.4.>

1. 장애인의 고용촉진 및 직업재활에 관한 정보의 수집·분석·제공 및 조사·연구
2. 장애인에 대한 직업상담, 직업적성 검사, 직업능력 평가 등 직업지도
3. 장애인에 대한 직업적응훈련, 직업능력개발훈련, 취업알선, 취업 후 적응지도
4. 장애인 직업생활 상담원 등 전문요원의 양성·연수
5. 사업주의 장애인 고용환경 개선 및 고용 의무 이행 지원
6. 사업주와 관계 기관에 대한 직업재활 및 고용관리에 관한 기술적 사항의 지도·지원
7. 장애인의 직업적응훈련 시설, 직업능력개발훈련시설 및 장애인 표준사업장 운영
8. 장애인의 고용촉진을 위한 취업알선 기관 사이의 취업알선전산망 구축·관리, 홍보·교육 및 장애인 기능경기 대회 등 관련 사업
9. 장애인 고용촉진 및 직업재활과 관련된 공공기관 및 민간 기관 사이의 업무 연계 및 지원
10. 장애인 고용에 관한 국제 협력
11. 그 밖에 장애인의 고용촉진 및 직업재활을 위하여 필요한 사업 및

고용노동부장관 또는 중앙행정기관의 장이 위탁하는 사업

12. 제1호부터 제11호까지의 사업에 딸린 사업

③ 공단은 제2항에 따른 사업을 효율적으로 수행하기 위하여 고용노동부장관의 승인을 받아 법인 또는 단체에 그 업무의 일부를 위탁할 수 있다. <개정 2010.6.4.>

[제목개정 2009.10.9.]

제44조(법인격) 공단은 법인으로 한다.

제45조(사무소) ① 공단의 주된 사무소의 소재지는 정관으로 정한다.

② 공단은 필요하다고 인정하면 고용노동부장관의 승인을 받아 분사무소를 둘 수 있다. <개정 2010.6.4.>

제46조(설립등기) ① 공단은 주된 사무소의 소재지에서 설립등기를 함으로써 성립된다.

② 제1항에 따른 설립등기와 분사무소의 설치·이전, 그 밖의 등기에 필요한 사항은 대통령령으로 정한다.

제47조(정관) ① 공단의 정관에는 다음 각 호의 사항을 적어야 한다. <개정 2009.10.9.>

1. 목적
2. 명칭
3. 주된 사무소·분사무소 및 제55조에 따른 산하기관의 설치·운영
4. 업무와 그 집행
5. 재산과 회계
6. 임직원
7. 이사회의 운영
8. 정관의 변경
9. 공고의 방법
10. 내부규정의 제정·개정 및 폐지
11. 해산

② 공단의 정관은 고용노동부장관의 인가를 받아야 한다. 이를 변경하려고 할 때에도 같다. <개정 2010.6.4.>

제48조(임원의 임면) ① 공단에 이사장 1명을 포함한 10명 이상 15명 이하의 이사 및 감사 1명을 둔다.

② 이사장을 포함한 이사 3명은 상임으로 한다. <개정 2009.10.9.>

③ 임원의 임면(任免)에 관하여는 「공공기관의 운영에 관한 법률」 제26조에 따르되, 상임이사와 비상임이사 중 각각 3분의 1 이상은 장애인 중에서 임명하여야 한다. <개정 2009.10.9.>

④ 삭제 <2009.10.9.>

⑤ 삭제 <2009.10.9.>

제49조(임원의 임기) 이사장의 임기는 3년으로 하고, 이사와 감사의 임기는 2년으로 하되, 1년을 단위로 연임할 수 있다. <개정 2009.10.9.>

제50조(임원의 직무) ① 이사장은 공단을 대표하고 공단의 업무를 총괄한다.

② 이사장이 부득이한 사유로 그 직무를 수행할 수 없을 때에는 정관으로 정하는 바에 따라 상임이사 중 1명이 그 직무를 대행하고, 상임이사가 없거나 그 직무를 대행할 수 없을 때에는 정관으로 정하는 임원이 그 직무를 대행한다. <개정 2009.10.9.>

③ 이사는 이사회에 부쳐진 안건을 심의하고 의결에 참여하며, 상임이사는 정관으로 정하는 바에 따라 공단의 사무를 집행한다. <신설 2009.10.9.>

④ 감사는 「공공기관의 운영에 관한 법률」 제32조제5항의 감사기준에 따라 공단의 업무와 회계를 감사하고, 그 의견을 이사회에 제출한다. <개정 2009.10.9.>

제51조(임원의 결격사유) 다음 각 호의 어느 하나에 해당하는 사람은 임

원이 될 수 없다. <개정 2009.10.9.>

1. 「국가공무원법」 제33조 각 호의 결격사유에 해당하는 사람

2. 「공공기관의 운영에 관한 법률」 제34조제1항제2호에 해당하는 사람

제52조(임직원의 겸직 제한) ① 공단의 상임임원과 직원은 그 직무 외에 영리를 목적으로 하는 업무에 종사하지 못한다.

② 상임임원이 그 임명권자나 제청권자의 허가를 받은 경우와 직원이 이사장의 허가를 받은 경우에는 비영리 목적의 업무를 겸할 수 있다.

[전문개정 2009.10.9.]

제53조(이사회) ① 공단에 「공공기관의 운영에 관한 법률」 제17조제1항 각 호의 사항을 심의·의결하기 위하여 이사회를 둔다.

② 이사회는 이사장을 포함한 이사로 구성한다.

③ 이사장은 이사회의 의장이 된다.

④ 이사회의 회의는 의장이나 재적이사 3분의 1 이상의 요구로 소집하고, 재적이사 과반수의 찬성으로 의결한다.

⑤ 감사는 이사회에 출석하여 의견을 진술할 수 있다.

[전문개정 2009.10.9.]

제54조(직원의 임면) 공단의 직원은 정관으로 정하는 바에 따라 이사장이 임면한다. 이 경우 장애인 채용을 고려하여야 한다.

제55조(산하기관) ① 공단은 제43조제2항에 따른 사업을 효율적으로 수행하기 위하여 고용노동부장관의 승인을 받아 필요한 산하기관을 둘 수 있다. <개정 2010.6.4.>

② 공단의 이사장은 산하기관을 지휘·감독한다.

③ 산하기관의 설치, 운영 등에 필요한 사항은 공단의 정관으로 정한다.

제56조(국유재산 등의 무상대부) 국가는 공단의 설립 및 운영을 위하여

필요하면 「국유재산법」 및 「물품관리법」에 따라 국유재산과 물품을 공단에 무상으로 대부할 수 있다.

제57조(자금의 차입) 공단은 제43조제2항에 따른 사업을 위하여 필요하면 고용노동부장관의 승인을 받아 자금을 차입(국제기구, 외국 정부 또는 외국인으로부터의 차입을 포함한다)할 수 있다. <개정 2010.6.4.>

제58조(공단의 회계) ① 공단의 사업연도는 정부의 회계연도에 따른다.

② 공단은 회계규정을 정하여 고용노동부장관의 승인을 받아야 한다. <개정 2010.6.4.>

제58조의2(공단의 수입) 공단의 수입은 다음 각 호와 같다.
1. 정부 또는 정부 외의 자로부터 받은 출연금 또는 기부금
2. 제68조에 따른 장애인 고용촉진 및 직업재활 기금으로부터 받은 출연금
3. 제57조에 따른 차입금
4. 그 밖의 공단의 수입금
[본조신설 2011.7.25.]

제59조 삭제 <2009.10.9.>

제60조(예산의 편성 등) ① 이사장은 회계연도마다 「공공기관의 운영에 관한 법률」 제46조에 따라 수립한 경영목표와 같은 법 제50조에 따라 통보된 경영지침에 따라 다음 회계연도의 예산안을 편성하고, 다음 회계연도가 시작되기 전까지 이사회의 의결을 거쳐 고용노동부장관의 승인을 받아 예산을 확정하여야 한다. 예산을 변경하는 경우에도 또한 같다. <개정 2010.6.4.>

② 공단은 제1항에 따라 예산이 확정되면 지체 없이 이사회의 의결을 거쳐 그 회계연도의 예산에 따른 운영계획을 수립하고 그 운영계획을 예산이 확정된 후 2개월 이내에 고용노동부장관에게 제출하여야 한다. 예산이 변경되어 운영계획을 변경하는 경우에도 또한 같다. <개정 2010.6.4.>

[전문개정 2009.10.9.]

제61조(결산서의 제출) 공단은 사업연도마다 세입·세출결산서를 작성하고, 감사원규칙으로 정하는 바에 따라 공인회계사나 「공인회계사법」 제23조에 따라 설립된 회계법인을 선정하여 회계감사를 받아 매 회계연도 종료 후 2개월 이내에 고용노동부장관에게 제출하여야 한다. <개정 2010.6.4.>

[전문개정 2009.10.9.]

제62조(잉여금의 처리) 공단은 사업연도마다 사업연도말의 결산 결과 잉여금이 생긴 때에는 이월손실을 보전(補塡)하고 나머지는 다음 연도에 이월하여 사용할 수 있다.

제63조(수수료의 징수) 공단은 제43조제2항에 따른 사업에 관하여 수수료나 그 밖의 실비를 받을 수 있다.

제64조(출자 등) ① 공단은 사업을 효율적으로 수행하기 위하여 필요하면 제43조제2항제7호 및 제11호의 사업에 출자하거나 출연(出捐)할 수 있다.

② 공단은 제17조에 따른 영업장소 임대를 목적으로 하는 시설을 관리·운영하기 위하여 고용노동부장관의 허가를 받아 관리기구를 설립할 수 있다. 이 경우 관리기구는 법인으로 하여야 한다. <개정 2010.6.4.>

③ 공단은 제2항에 따라 설립된 관리기구의 업무에 관하여 지도·감독한다.

④ 제1항과 제2항에 따른 출자·출연 및 관리기구의 설립에 필요한 사항은 대통령령으로 정한다.

제65조(업무의 지도·감독) ① 고용노동부장관은 공단의 업무를 지도·감독한다. <개정 2010.6.4.>

② 고용노동부장관은 공단에 대하여 업무·회계 및 재산에 관하여 필요한 사항을 보고하게 하거나 그 밖에 필요한 조치를 할 수 있다. <개정 2010.6.4.>

제65조의2(비밀누설 등의 금지) 공단의 임원 또는 직원이나 그 직에 있었던 사람은 그 직무상 알게 된 비밀을 누설하거나 도용하여서는 아니된다. <개정 2020.5. 26.>

[본조신설 2007.12.27.]

제66조(비슷한 명칭의 사용 금지) 공단이 아닌 자는 한국장애인고용공단 또는 이와 비슷한 명칭을 사용하지 못한다. <개정 2009.10.9.>

제67조(「민법」의 준용) 공단에 관하여는 이 법과 「공공기관의 운영에 관한 법률」에 규정된 것 외에는 「민법」 중 재단법인에 관한 규정을 준용한다. <개정 2009.10.9.>

제5장 장애인 고용촉진 및 직업재활 기금

제68조(장애인 고용촉진 및 직업재활 기금의 설치) 고용노동부장관은 공단의 운영, 고용장려금의 지급 등 장애인의 고용촉진 및 직업재활을 위한 사업을 수행하기 위하여 장애인 고용촉진 및 직업재활 기금(이하 "기금"이라 한다)을 설치한다. <개정 2010.6.4.>

제69조(기금의 재원) ① 기금은 다음 각 호의 재원으로 조성한다.
1. 정부 또는 정부 외의 자로부터의 출연금 또는 기부금
2. 제33조와 제35조에 따른 부담금·가산금 및 연체금
3. 기금의 운용에 따라 생기는 수익금과 그 밖의 공단 수입금
4. 제57조에 따른 차입금
5. 제70조에 따른 차입금

② 정부는 회계연도마다 제1항제1호에 따른 출연금을 세출예산에 계상(計上)하여야 한다.

제70조(차입금) 기금을 지출할 때 자금이 부족하거나 부족할 것으로 예상되면 기금의 부담으로 금융기관 및 다른 기금, 그 밖의 재원 등으로

부터 차입을 할 수 있다.

제71조(기금의 용도) 기금은 다음 각 호에 규정하는 비용의 지급에 사용한다. <개정 2011.7.25.>

1. 공단에의 출연
2. 제30조에 따른 고용장려금
3. 장애인 고용촉진 및 직업재활 정책에 관한 조사·연구에 필요한 경비
4. 직업지도, 직업적응훈련, 직업능력개발훈련, 취업알선 또는 장애인 고용을 위한 시설과 장비의 설치·수리에 필요한 비용의 융자·지원
5. 장애인을 고용하거나 고용하려는 사업주에 대한 비용·기기 등의 융자·지원
6. 장애인 표준사업장을 설립하여 운영하거나 설립·운영하려는 사업주에 대한 비용의 융자·지원
7. 직업지도, 취업알선, 취업 후 적응지도를 행하는 자에 대한 필요한 경비의 융자·지원
8. 장애인에 대한 직업적응훈련, 직업능력개발훈련을 행하는 자 및 그 장애인에 대한 훈련비·훈련수당
9. 자영업 장애인에 대한 창업자금 융자 및 영업장소 임대, 장애인 근로자에 대한 직업생활 안정 자금 등의 융자
10. 사업주의 장애인 고용관리를 위한 장애인 직업생활 상담원 등의 배치에 필요한 경비
11. 제70조에 따른 차입금의 상환금과 이자
12. 이 법에 따라 장애인과 사업주 등이 금융기관으로부터 대여받은 자금의 이차보전(利差補塡)
13. 제32조에 따른 포상금
14. 그 밖에 장애인 고용촉진 및 직업재활을 위하여 대통령령으로 정하는 사업에 필요한 비용과 제1호부터 제10호까지의 사업 수행에 따르는 경비

제72조(기금의 운용·관리) ① 기금은 고용노동부장관이 운용·관리한다. <개정 2010.6.4.>

② 기금의 회계연도는 정부의 회계연도에 따른다.

③ 기금을 운용할 때에는 그 수익이 대통령령으로 정하는 수준 이상이 되도록 하여야 하고, 다음 각 호의 어느 하나에 해당되는 방법에 따라 운용하여야 한다. <개정 2010.5.17.>

1. 「은행법」이나 그 밖의 법률에 따른 은행 또는 체신관서에의 예탁
2. 국가 또는 지방자치단체가 발행하는 채권의 매입
3. 「은행법」이나 그 밖의 법률에 따른 은행이나 그 밖에 대통령령으로 정하는 자가 그 지급을 보증하는 채권의 매입
4. 「공공자금관리기금법」에 따른 공공자금관리기금으로의 예탁
5. 그 밖에 대통령령으로 정하는 방법

제73조(기금의 회계기관) ① 고용노동부장관은 기금의 수입과 지출에 관한 사무를 행하게 하기 위하여 소속 공무원 중에서 기금수입징수관, 기금재무관, 기금지출관 및 기금출납공무원을 임명한다. <개정 2010.6.4.>

② 고용노동부장관은 제82조에 따라 공단에 업무를 위탁한 경우에는 기금의 출납 업무 수행을 위하여 공단의 상임이사 중에서 기금수입담당이사와 기금지출원인행위 담당이사를, 공단의 직원 중에서 기금지출원과 기금출납원을 각각 임명하여야 한다. 이 경우 기금수입담당이사는 기금수입징수관의 업무를, 기금지출원인행위 담당이사는 기금재무관의 업무를, 기금지출원은 기금지출관의 업무를, 기금출납원은 기금출납공무원의 업무를 각각 수행한다. <개정 2009.10.9., 2010.6.4.>

제74조(자금계정의 설치) 고용노동부장관은 기금지출관으로 하여금 한국은행에 기금계정을 설치하도록 하여야 한다. <개정 2010.6.4.>

제6장 보칙

제74조의2(장애인지원관의 지정 등) ① 제27조제6항 각 호에 따른 기관의 장은 해당 기관의 장애인 공무원과 근로자에 대한 근로지원 등의

업무를 효율적으로 수행하기 위하여 그 기관의 소속 공무원 중에서 장애인지원관을 지정하여야 한다. 이 경우 「장애인복지법」 제12조제1항에 따라 장애인정책책임관을 지정한 기관은 장애인지원관을 지정한 것으로 본다.

② 제1항에 따른 장애인지원관의 지정 및 업무 등에 필요한 사항은 국회규칙, 대법원규칙, 헌법재판소규칙, 중앙선거관리위원회규칙 또는 대통령령으로 정한다.

[본조신설 2016.12.27.]

제75조(장애인 직업생활 상담원 등) ① 고용노동부장관은 장애인의 직업지도, 직업적응훈련, 직업능력개발훈련, 취업 후 적응지도 등 장애인의 고용촉진 및 직업재활을 위한 업무를 담당하는 장애인 직업생활 상담원 등 전문요원을 양성하여야 한다. <개정 2010.6.4.>

② 대통령령으로 정하는 일정 수 이상의 장애인 근로자를 고용하는 사업주는 제1항에 따른 장애인 직업생활 상담원을 두어야 한다.

③ 고용노동부장관은 필요하다고 인정하면 제9조제2항에 따른 재활실시기관에서 제1항에 따른 전문요원에 대한 협조 요청이 있을 때에는 지원하여야 한다. <개정 2010.6.4.>

④ 제1항에 따른 전문요원의 종류·양성·배치·역할 및 자격 등에 필요한 사항은 고용노동부령으로 정한다. <개정 2010.6.4.>

제76조(보고와 검사 등) ① 고용노동부장관은 장애인 실태 조사, 장애인 고용 의무 이행 점검, 고용장려금 및 사업주에 대한 각종 지원, 부담금 징수 등의 업무 수행을 위하여 필요하다고 인정하면 관계 공무원으로 하여금 사업장에 출입하여 관계자에게 질문 또는 서류 검사를 하게 하거나 필요한 보고를 하게 할 수 있다. <개정 2010.6.4.>

② 제1항에 따라 사업장에 출입하는 공무원은 그 권한을 표시하는 증

표를 지니고 이를 관계인에게 내보여야 한다. 이 경우 증표는 공무원 증으로 대신할 수 있다.

제77조(세제 지원) 제69조제1호에 따른 정부 외의 자에게서 받은 출연금 또는 기부금과 제71조제2호의 고용장려금, 제4호부터 제9호 및 제14호의 지원에 대하여는 「조세특례제한법」으로 정하는 바에 따라 조세를 감면한다.

제78조(경비 보조) 국가 또는 지방자치단체는 장애인 고용촉진 사업을 수행하는 자에게는 그에 따른 비용의 전부 또는 일부를 대통령령으로 정하는 바에 따라 보조할 수 있다.

제79조(국가와 지방자치단체의 의무고용률 등에 대한 특례) ① 제28조에도 불구하고 제27조제6항 각 호에 따른 기관의 장이 공무원이 아닌 근로자를 상시 50명 이상 고용하는 경우에는 상시 고용하고 있는 근로자 수에 대하여 장애인을 다음 각 호의 구분에 해당하는 비율 이상 고용하여야 한다. 이 경우 의무고용률에 해당하는 장애인 수를 계산할 때에 소수점 이하는 버린다.

1. 2017년 1월 1일부터 2018년 12월 31일까지: 1천분의 29
2. 2019년 이후: 1천분의 34

② 제1항에 따라 공무원이 아닌 근로자를 고용하는 경우에는 그 근로자에 대하여 제19조의2, 제21조, 제29조, 제33조, 제33조의2, 제34조부터 제36조까지, 제38조부터 제40조까지, 제41조(같은 조 제1항제6호 및 제2항제5호는 제외한다) 및 제42조(같은 조 제1호는 제외한다)를 준용한다.

③ 제1항에 따른 비율을 산정하는 경우 다음 각 호의 어느 하나에 해당하는 사람은 근로자 및 장애인 총수에서 제외한다.

1. 「국가공무원법」 제26조의4에 따른 수습근무 중인 사람
2. 「국가공무원법」 제50조제1항 및 「지방공무원법」 제74조제1항에 따른 교육훈련(실무수습을 포함한다)을 받고 있는 공무원 임용 예정자
3. 그 밖에 국가와 지방자치단체의 복지대책, 실업대책 등에 따라 고용하는 사람으로서 고용노동부령으로 정하는 사람

[전문개정 2016.12.27.]

제80조(협조) ① 국가기관, 지방자치단체, 재활실시기관, 그 밖에 장애인과 관련된 기관 및 단체는 장애인의 고용촉진 및 직업재활을 위하여 고용노동부장관이 실시하는 시책에 협조하여야 한다. <개정 2010.6.4.>

② 고용노동부장관은 제1항에 따른 시책을 수행하는 자(국가기관과 지방자치단체는 제외한다)에게 필요한 지원을 할 수 있다. <개정 2010.6.4.>

제81조(자료 제공의 요청 등) ① 고용노동부장관은 장애인 고용촉진 및 직업재활 사업의 효율적인 운영을 위하여 필요하면 중앙행정기관, 지방자치단체, 그 밖의 장애인 고용촉진 및 직업재활 사업과 관련되는 기관·단체의 장에게 필요한 국세·지방세·소득·재산, 건강보험·국민연금, 출입국·주민등록·가족관계등록·장애인등록 정보 등에 관하여 대통령령으로 정하는 관련 전산망 또는 자료의 이용 및 제공을 요청할 수 있다. <개정 2010.6.4., 2012.12.18.>

② 제82조에 따라 고용노동부장관의 권한 일부를 위임받거나 위탁받은 공단 등은 부담금 부과·징수, 장애인의 고용촉진 및 직업재활, 그 밖에 위임받거나 위탁받은 업무 수행을 위하여 필요한 국세·지방세·소득·재산, 건강보험·국민연금, 출입국·주민등록·가족관계등록·장애인등록 정보 등에 관하여 대통령령으로 정하는 관련 전산망 또는 자료의 이용 및 제공을 행정안전부·보건복지부·국토교통부·국세청·지방자치단체 등 관계 행정기관이나 장애인 고용촉진 및 직업재활 사업과 관련되는 기관·단체 등의 장에게 요청할 수 있다. <개정 2010.6.4., 2011.7.25., 2012.12.18., 2013.3.23., 2014.11.19., 2017.7.26.>

③ 고용노동부장관 및 제82조에 따라 고용노동부장관의 권한 일부를 위임받거나 위탁받은 공단 등은 제1항 및 제2항에 따른 자료의 확인을 위하여 「사회복지사업법」 제6조의2제2항에 따른 정보시스템을 연

계하여 사용할 수 있다. <신설 2012.12.18.>

④ 제1항과 제2항에 따라 관련 전산망 또는 자료의 이용 및 제공을 요청받은 자는 정당한 사유가 없으면 이에 따라야 한다. <개정 2012.12.18.>

⑤ 제1항부터 제3항까지에 따른 관련 전산망 또는 자료를 활용하여 업무를 수행했던 사람은 제1항부터 제3항까지에 따라 제공받은 자료나 업무를 수행하면서 취득한 정보를 이 법에서 정한 목적 외의 용도로 사용하거나 다른 사람 또는 기관에 제공하거나 누설하여서는 아니 된다. <신설 2012.12.18.>

⑥ 제1항 및 제2항에 따른 관련 전산망 또는 자료의 이용 및 제공에 대하여는 수수료·사용료 등을 면제한다. <신설 2011.7.25., 2012.12.18.>

[제목개정 2012.12.18.]

제82조(권한의 위임·위탁) 이 법에 따른 고용노동부장관의 권한은 대통령령으로 정하는 바에 따라 그 일부를 지방고용노동관서의 장, 특별시장, 광역시장, 특별자치시장, 도지사 또는 특별자치도지사에게 위임하거나 공단에 위탁할 수 있다. <개정 2009.10.9., 2010.6.4., 2016.12.27.>

제83조(다른 법률과의 관계) 이 법에서 정하지 아니하는 사항은 「근로기준법」, 「직업안정법」, 「근로자직업능력 개발법」 등 노동 관계법에 따른다.

제84조(벌칙) 제31조제1항제1호에 따른 거짓이나 그 밖의 부정한 방법으로 고용장려금을 지급받은 자는 5년 이하의 징역 또는 1천만원 이하의 벌금에 처한다.

제84조의2(벌칙) 제65조의2를 위반하여 비밀을 누설하거나 도용한 자는 2년 이하의 징역 또는 1천만원 이하의 벌금에 처한다.

[본조신설 2007.12.27.]

제85조(양벌규정) 법인의 대표자나 법인 또는 개인의 대리인, 사용인, 그

밖의 종업원이 그 법인 또는 개인의 업무에 관하여 제84조의 위반행위를 하면 그 행위자를 벌하는 외에 그 법인 또는 개인에게도 해당 조문의 벌금형을 과(科)한다. 다만, 법인 또는 개인이 그 위반행위를 방지하기 위하여 해당 업무에 관하여 상당한 주의와 감독을 게을리하지 아니한 경우에는 그러하지 아니하다.

[전문개정 2009.10.9.]

제86조(과태료) ① 다음 각 호의 어느 하나에 해당하는 자에게는 1천만원 이하의 과태료를 부과한다. <개정 2012.12.18.>

1. 제22조의4제5항을 위반하여 장애인 표준사업장 또는 이와 유사한 명칭을 사용한 자
2. 제22조의4제6항을 위반하여 다른 사람에게 자기의 성명 또는 상호를 사용하여 장애인 표준사업장을 운영하게 하거나 인증서를 대여한 자
3. 제29조제1항 또는 제2항에 따른 명령을 위반한 자

② 다음 각 호의 어느 하나에 해당하는 자에게는 300만원 이하의 과태료를 부과한다. <신설 2017.11.28.>

1. 제5조의2제1항을 위반하여 장애인 인식개선 교육을 실시하지 아니한 자
2. 제5조의3제2항을 위반하여 장애인 인식개선 교육 실시 관련 자료를 3년간 보관하지 아니한 자

③ 다음 각 호의 어느 하나에 해당하는 자에게는 200만원 이하의 과태료를 부과한다. <개정 2017.11.28.>

1. 제33조제5항에 따른 신고를 하지 아니하였거나 거짓된 신고를 한 때
2. 제76조제1항에 따른 검사를 거부·방해·기피한 때 또는 보고를 하지 아니하였거나 거짓된 보고를 하였을 때

④ 다음 각 호의 어느 하나에 해당하는 자에게는 100만원 이하의 과태료를 부과한다. <개정 2017.11.28.>

1. 제66조를 위반하였을 때
2. 제75조제2항을 위반하였을 때

3. 제76조제1항에 따른 질문에 대하여 답변을 거부·방해·기피하거나 또는 거짓된 답변을 하였을 때

⑤ 제1항부터 제4항까지의 규정에 따른 과태료는 대통령령으로 정하는 바에 따라 고용노동부장관이 부과·징수한다. <개정 2010.6.4., 2017.11.28.>

⑥ 삭제 <2009.10.9.>

⑦ 삭제 <2009.10.9.>

제87조(벌칙 적용에서의 공무원 의제) 제82조에 따라 이 법의 업무를 위탁받아 행하는 공단의 임원 및 직원은 「형법」 제129조부터 제132조까지의 규정을 적용하는 경우 공무원으로 본다.

부칙

<제17435호, 2020. 6. 9.>

이 법은 공포 후 6개월이 경과한 날부터 시행한다.

◨ 편 저 김 종 석 ◨

• 대한실무법률편찬연구회 회장

• 저서 : 소법전
　　　　계약서작성 처음부터 끝까지(공저)
　　　　이것도 모르면 대부업체 이용하지마세요
　　　　민법지식법전
　　　　산업재해 이렇게 해결하라
　　　　근로자인 당신 이것만이라도 꼭 알아 둡시다.
　　　　계약서 작성방법, 여기 다 있습니다.
　　　　생활법률백과
　　　　이혼절차와 재산분할의 이해

사회복지사가 꼭 알아야 할 취약계층 고용

초판 1쇄 인쇄　2021년 5월 10일
초판 1쇄 발행　2021년 5월 15일

편　저　김종석
발행인　김현호
발행처　법문북스
공급처　법률미디어

주소　서울 구로구 경인로 54길4(구로동 636-62)
전화　02)2636-2911~2,　팩스 02)2636-3012
홈페이지　www.lawb.co.kr

등록일자　1979년 8월 27일
등록번호　제5-22호

ISBN 978-89-7535-935-4 (03330)

정가　24,000원

이 도서의 국립중앙도서관 출판예정도서목록(CIP)은 서지정보유통지원시스템 홈페이지(http://seoji.nl.go.kr)와 국가자료종합목록 구축시스템(http://kolis-net.nl.go.kr)에서 이용하실 수 있습니다.